엑셈 기술만화
만화로 보는 오라클 튜닝

㈜ 엑셈

만화로 보는 오라클 튜닝

Copyright ⓒ2016 by EXEM co. Ltd.
All rights reserved. Including the rights of reproduction in
whole or in part in any form. Printed in KOREA.

초판1쇄 발행 2016년 8월 9일

글 | (주)엑셈 컨설팅본부
그림 | 김혜림
펴낸이 | 조종암
펴낸곳 | (주)엑셈
출판등록 | 제16-3805호
등록일자 | 2006년 1월 3일
주소 | 서울시 강서구 양천로 583, A동 1208호(염창동 우림비즈니스센터)
전화 | 02-6203-6300
팩스 | 02-6203-6301

ISBN | 978-89-968179-6-3   07000

이 책은 저작권의 보호를 받으며, 출판권자의 승인을 받지 않은 복사, 변형, 유포, 게재,
디지털 매체로의 저장 및 전송, 촬영, 녹취 등의 일체 행위는 금지됩니다.
※ 본 도서는 한국데이터진흥원의 「K-Global 데이터 글로벌」 사업의 지원을 받아 제작되었습니다.

「이 도서의 국립중앙도서관 출판시도서목록(CIP)은 e-CIP홈페이지(http://www.nl.go.kr/ecip)와
국가자료공동목록시스템(http://www.nl.go.kr/kolisnet)에서 이용하실 수 있습니다.(CIP제어번호: CIP2016018708)」

㈜ 엑셈

추천사

"복잡하고 심오한 데이터 기술을 비전문가도 이해하기 쉽게 간결한 만화로 풀어낸 조종암 대표의 혜안과 엑셈의 창조적 도전에 큰 감명을 받았다. "천하의 큰 일도 아주 작은 일에서 비롯된다(天下大事 必作於細)"는 말과 같이 엑셈연합군의 다양한 창조적 도전들은, 다가올 제4차 산업혁명의 대변혁속에 대한민국을 세계속의 데이터 강국으로 부상시키는 소중한 자산이 될 것으로 기대한다."

한국데이터진흥원 | **이영덕 원장**

"만화로 보는 오라클 튜닝"은 엑셈의 대한민국 소프트웨어 산업 발전을 위한 매우 의미있는 노력이라고 생각한다. 소프트웨어에 대해 아직 이해가 많이 부족한 우리의 아이들이 좀 더 쉽고 편하게 접근할 수 있는 길을 열어줌으로써 모든 분야의 기반인 소프트웨어를 이해하고 이를 활용하여 앞으로 보다 큰 가치를 창출할 수 있는 전문가로 성장할 기틀을 마련해 줄 것이라 기대한다. 나아가 본 서적이 IT인들과 현업 간의 의사소통을 위한 가교가 되기를 희망하며, 대한민국이 진정한 IT강국으로 거듭나기 위해 "만화로 보는 오라클 튜닝"이 작은 주춧돌이 되어 주었으면 하는 바람이다.

엔코아 | **이화식 대표**

"어려운 기술적 용어와 설명도 만화로 보여주니 직관적으로 이해된다. 그림도 눈에 잘 들어오고, 글도 간결명료해서 좋다. 데이터베이스로 돌아가는 회사에 근무하면서도 데이터베이스에 대해 아무것도 모르는 나같은 사람에게 매우 유용할 책이다. 기술 만화의 새 경지를 개척해나가는 엑셈 디자이너에게 격려의 박수갈채를 보낸다."

온라인 서점 알라딘 | **조유식 대표**

"만화로 보는 오라클 튜닝"은 오라클 성능 모니터링의 지표인 OWI(Oracle Wait Interface)를 오라클 사용자들이 쉽게 이해 할 수 있도록 만화로 구현한 책이다. 오라클에서 제공하는 OWI를 분석하여 가장 효율적인 Tool을 만들어 제품화 한 회사로 자리매김 하고 있는 회사는 국내 소프트웨어 회사인 엑셈사이다.
회사의 뛰어난 제품력을 인정하고 있는 사람중의 하나로써, 오라클 내부의 다양한 리소스 사용을 획득하는 과정과 이를 통해 성능을 개선할 수 있는 방안을 만화로 출간한 책을 접하고 나니, 엑셈사의 무한한 열정과, 사회적 책임감에 놀라움을 금치 못한다.

한국 오라클 | **박경희 부사장**

웹툰에 열광하고 그를 통해 스토리 습득에 익숙한 새로운 세대를 목격하고 있다. 엑셈의 "만화로 보는 오라클 튜닝"은 새로운 DB 후속세대에게 자칫 고리타분하거나 어렵게 느껴질 수 있는, 하지만 여전히 중요하고 심오한 오라클 기술을, 그들에게 편한 방식의 마중물로 안성맞춤이다. 간단치 않은 오라클 인터널의 핵심 내용들을 컬러풀하면서도 입체적이고 생동감있는 스토리텔링으로 재구성해 낸 엑셈 집필진에 찬사를 보낸다.
엑셈의 여유와 향기가 묻어나는 앙증맞은 이번 시도가 앞으로 어디로 튈지 자못 궁금하다.

성균관대학교 소프트웨어대학 | **이상원 교수**

펴내는 글

사람의 몸만큼이나 복잡한 구조를 가진 오라클의 성능문제를 진단하고 해결책을 제시한다는 것은 매우 어려운 일이었습니다. 초기에는 주로 Ratio-based 방법론으로 진단을 하였지만, Oracle 7.0.12에서 Oracle Wait Interface가 소개된 이후로 OWI 방법론이 성능진단에 관해서는 일차적인 방법론으로 자리잡게 되었습니다. 최근에는 다른 오픈소스 DBMS에서도 이를 채택하여 점점 확대해 나가고 있습니다.

그 동안 엑셈은 OWI 관련 기술서적을 다수 집필 및 출판을 해왔고 관련 세미나를 개최하였으며 고객사의 성능관련 컨설팅에 OWI 방법론을 적용하여 꾸준히 지식과 경험을 축적해 왔습니다.
이러한 지식을 자사의 시스템 성능 모니터링 솔루션인 MaxGauge에 반영함으로써 엑셈이 국내에서 OWI 방법론을 개척해 온 선구자라고 자부합니다. 이번에는 엑셈이 만화를 통해서 Oracle DBMS의 OWI 개념과 SQL 튜닝을 쉽게 설명해 보려고 합니다.

만화를 통하여 뭔가를 설명한다는 것은 대상 개념에 대한 내적인 이해를 완벽히 하고 캐리커처를 그릴 때처럼 핵심적인 내용을 뽑아내어 표현해야 하므로 소위 말해서 매우 높은 내공을 필요로 하는 작업입니다. 또한 시대에 맞는 언어와 이미지를 골라야 하고 독자의 눈높이까지 고려하여 스토리를 전개해야 공감을 얻을 수 있습니다. 최근 만화는 컬러 인쇄기술의 발달과 인터넷의 발전으로 과거에 가졌던 약간의 어두운 면을 극복하고 소설, 위인, 과학 이야기 등 많은 분야에서 출판물 또는 웹툰의 형태로 그 영역을 넓혀가고 있습니다. 하지만, IT 분야 특히 DBMS 원리에 대한 만화책으로서의 시도는 지금까지 없었습니다.

오랜 경험을 바탕으로 Oracle OWI를 쉽게 이해할 수 있는 스토리가 컨설팅본부에서 쓰여지고 엑셈의 디자이너이자 웹툰 작가인 김혜림 과장의 손끝에서 만화로 피어나게 되었습니다.
엑셈 컨설턴트들의 땀과 열정이 배인 튜닝 지식이 디자이너 김혜림 과장의 손맛 나는 만화로 탄생하기까지 모든 만화를 연필로 그리는 수고로운 작업부터 자사 블로그에 8년간 연재되는 회사의 끈기있는 지원, 그리고 최근에는 네이버 대표기술 웹툰으로 소개되는 영광도 함께 하였습니다.

이제 설레는 마음으로 또 한 번 새로운 시도를 하려고 합니다.
여러분을 위해 성실히 준비해 온 지식기업 엑셈의 컨텐츠를 마음껏 즐겨주시기 바랍니다.

마지막으로 원고 작업에 큰 도움을 준 오우경 과장에게, 제작을 지원해 준 한국데이터진흥원 관계자 여러분께 감사의 말씀을 전합니다.

2016.7.28
㈜엑셈 편집부

목차

아스터와 함께하는 Oracle Event Tour

I/O

1화	db file sequential read	10
2화	db file scattered read	14
3화	direct path read	18
4화	direct path write	26
5화	direct path read temp	30
6화	db file parallel read	34
7화	db file parallel write	38
8화	control file parallel write	42
9화	read by other session	48
10화	write complete waits	52

Library Cache

11화	SQL의 작성	58
12화	SQL의 파싱	60
13화	child LCO 생성	62
14화	latch: library cache (Function call로 인한 수행 횟수 증가)	64
15화	latch: cache buffers chains	68
16화	latch: cache buffers lru chain	72
17화	library cache pin	76
18화	latch: shared pool(bind mismatch)	80
19화	kksfbc child completion	84
20화	cursor: pin s wait on x	88
21화	latch free(simulator lru latch)	92

Lock

22화	enq: TX – row lock contention (동일 Row 변경에 의한 TX Enqueue)	96
23화	enq: TX – index contention	104
24화	enq: TX – allocate ITL entry	108
25화	enq: TM – contention	112
26화	enq: US – contention	116
27화	enq: SQ – contention	120
28화	enq: HW – contention	124
29화	enq: ST – contention	128
30화	enq: TC – contention	130

Redo Log

31화	log buffer space	134
32화	log file parallel write	138
33화	log file switch completion	142
34화	log file sync	146

RAC

35화	gc cr/current block 2-way/3-way	152
36화	gc cr/current grant 2-way	166
37화	gc cr/current multi block request	172
38화	gc buffer busy	178
39화	gc current block busy (Redo Flush에 의한 지연)	182
40화	gc cr/current block congested	188
41화	gc current split	194
42화	DFS lock handle	198
43화	gc cr failure	208

기타

44화	buffer busy waits (동일 블록 변경에 의한 Data Block에 대한 경합)	212
45화	free buffer waits	218
46화	SQL*net more data from /to client	224
47화	SGA: allocation forcing component growth	228

Mr.큐

- 1화 SQL Tuning 초짜가 고수 되는 법! ········· 232
- 2화 Oracle Dictionary View(DBA_HIST_*) ········· 234
- 3화 통계 정보관리가 중요해! ········· 236
- 4화 인덱스 컬럼의 데이터 형 변환 ········· 239
- 5화 배치 프로그램에서 튜닝대상 SQL 추출하기 ········· 242
- 6화 Table Full Scan 쿼리 추출하기 ········· 244
- 7화 Table Full Scan이 항상 비효율적인 것은 아니다! ········· 247
- 8화 10046 Trace vs. DBMS_XPLAN.DISPLAY_CURSOR ········· 250
- 9화 Function은 최종 추출 결과만큼만 수행하자! ········· 253
- 10화 With절 동작방식 이해하기 ········· 256

부록

맥가이드 MaxGauge Guide

- 1화 Lock Tree | 마일리지를 잡아라! ········· 262
- 2화 Alert 기능 | 밤새지 말란 말야~! ········· 264
- 3화 Daily Trend 기능 | 내맘대로 비교하기 ········· 266
- 4화 Top SQL 기능 | 젠틀맨 ········· 268
- 5화 Event Description 기능 | 궁금해요? 궁금하면 클릭! ········· 270
- 6화 RAC View 기능 | 본다 본다 다본다 ········· 272
- 7화 Table Space 기능 | 늘릴까 말까? ········· 274
- 8화 SQL List 기능 | 잠깐! SQL 필터링 하고 가실게요 ········· 276
- 9화 Trend Comparison 기능 | 완벽한 비교 ········· 278
- 10화 Stat Analysis 기능 | 한큐에 분석하기 ········· 280

인터미네이터 InterMax Guide

- 1화 I'll Be Back ········· 284
- 2화 GC 모니터링 ········· 286
- 3화 WAS-DB 연계분석 ········· 288
- 4화 Transaction Path View ········· 290
- 5화 Connection Pool Monitoring ········· 292
- 6화 Exception 분석 ········· 294
- 7화 JAVA Source Diff 기능 ········· 296
- 8화 WAS Workload Summary ········· 298

캐릭터 소개

Mr.큐

입사 6개월차 신입사원.
SQL 튜닝은 아직 초짜이지만
열정만은 세계 최고이다.

아스터 | Aster

나이	28살
키	176cm
별자리	사자자리
취미	여행간 곳에서 사색에 빠지기, 사람들과 토론하기, 스도쿠풀기
특기	살인미소, 걸어다니는 백과사전

맥가이드
MaxGauge Guide

기술문제는 내게 맡겨라!
해결못하는 문제가 없는
천재 기술자

인터미네이터
InterMax Guide

외계에서 왔을지도 모르는
정체를 알수 없는 APM 전문가
인터미네이터~ 곤경에
처한 DBA들을 도와준다.

10
db file sequential read

우리 회사 아줌마 대리님은 '꽃보다 준표'에 푹 빠져 있습니다.

하루를 '준표' 이야기로 시작하는건 기본이구요.

사진과 기사 스크랩까지ㅎㅎ

스크랩 하는 것처럼 원하는 데이터를 하나씩 읽어 들이는 것을 오라클에서는 싱글블록 I/O라고 하죠^^

싱글 블록 I/O는 보통 Index를 경유해서 Rowid로 Table을 액세스할 때 발생합니다.

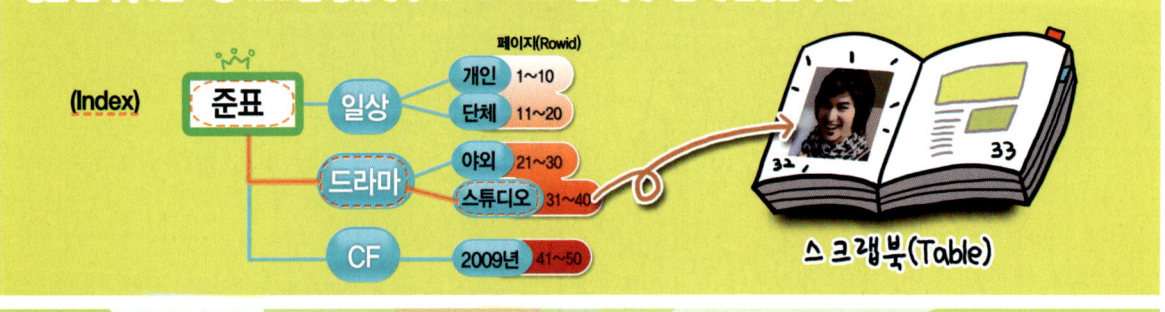

그런데, I/O를 요청하는 세션은 디스크에서 블록을 읽어 버퍼 캐시에 올리는 요청 후, 응답이 올 때까지 기다립니다.

즉, 한 블록씩 싱글블록 I/O를 요청하는 세션은 I/O 작업이 완료되어 응답이 올 때까지 기다립니다.

그런데, I/O는 항상 발생하기 때문에 일반적으로 문제가 되지 않지만, 대기하는 시간이 유난히 높으면 반드시 발생 원인을 확인해야해요.

I/O 시스템 자체가 느리지는 않는지

수행하는 SQL문이 불필요하게 많은 블록들을 요청하고 있는지

스캔하는 인덱스의 구조의 최적화가 필요한지~

여러가지 원인들을 고려해 봐야 합니다.

db file sequential read

db file sequential read 대기 이벤트는 싱글 블록 I/O 수행 시에 발생하는 대기 이벤트이다. 한번의 싱글 블록 I/O가 발생할 때마다 한 번의 db file sequential read이벤트 대기가 발생한다. 싱글 블록 I/O는 파일로부터 하나의 블록을 읽는 모든 작업들에서 발생가능하며 일반적으로 인덱스 스캔 및 ROWID에 의한 테이블 액세스 시에 발생한다.

Parameter

P1	파일#
P2	블록#
P3	블록 수(항상 1)

Wait Time

I/O를 수행하기 위해 대기한 시간을 의미한다.

Common Causes and Actions

원인	비효율적인 인덱스 스캔으로 인한 과다한 싱글 블록 I/O
진단 방법	SQL 실행 계획 확인(DBMS_XPLAN 패키지를 이용) 인덱스Clustering Factor 확인
개선 방법	• SQL 튜닝 • 인덱스 Clustering Factor 개선

원인	Row chaining 및 Row migration에 의한 추가적인 싱글 블록 I/O
진단 방법	ANALYZE TABLE 수행 V$SYSSTAT 및 V$SESSTAT의 table fetch continued row 값의 증가 여부 확인
개선 방법	• PCTFREE를 작게 해서 테이블 재생성 • 더 큰 블록 크기를 이용해서 테이블 재생성

원인	선택도(Selectivity)가 좋지 않은 인덱스 사용
진단 방법	실행계획 확인
개선 방법	• SQL튜닝 • 사용인덱스 변경 또는 신규인덱스 생성

Technical Tip

인덱스 Clustering Factor

```
-- 인덱스 Clustering Factor 확인 방법
SELECT t.owner ,
       i.index_name ,
       t.blocks AS t_blocks ,
       i.num_rows ,
       i.clustering_factor
FROM   dba_indexes i ,
       dba_tables t
WHERE  i.table_name = t.table_name
AND    i.table_owner = t.owner
AND    i.index_name = :INDEX_NAME ;
```

인덱스 Clustering Factor(이하 CF)는 인덱스 키 칼럼 기준으로 테이블의 데이터들이 얼마나 잘 정렬(군집)되어 있는 지를 나타내는 수치이다. CF는 메모리에 단 하나의 블록만을 담을 수 있는 공간이 있다고 가정하고, 인덱스 스캔 시에 테이블 블록을 몇 번 액세스해야 하는지를 계산한 값이다.
즉 CF가 높을 수록 db file sequential read 대기가 증가할 수 있는 가능성이 존재한다. CF 값은 ANALYZE 명령문이나, DBMS_STAS 패키지를 이용해서 확인할 수 있다. 인덱스에 대해 통계정보를 생성하면 DBA_INDEXES.CLUSTERING_FACTOR에 CF의 값이 입력된다. CF 수치는 테이블의 블록 수에 가까울수록 좋고, 로우 수에 가까울수록 좋지 않다. 성능 문제의 원인이 CF인 경우, 테이블을 인덱스의 정렬순서와 동일한 순서로 재생성함으로써 해결할 수 있다. 하지만 테이블 재생성은 해당 테이블을 참조하는 다른 인덱스 성능에 영향을 미치므로 신중하게 고려 해야 된다.

row chaining/row migration

```
select value
from   v$sysstat
where  name = 'table fetch continued row';

select a.sid, b.value
from     v$session a, v$sesstat b, v$statname c
where  a.sid=b.sid
and      b.statistic#=c.statistic#
and      c.name='table fetch continued row';
```

인덱스의 ROWID를 이용해서 테이블을 액세스하는 경우, row chaining이나 row migration이 발생한 로우에 대해서는 추가적인 디스크 I/O가 발생하게 되면 db file sequential read 대기가 증가하게 된다. ANALYZE 명령을 이용해 통계정보를 생성하면 DBA_TABLES 뷰의 CHAIN_CNT 컬럼에 chaining이나 migration이 발생한 로우 수가 기록된다. 또한 위와 같은 SQL 문을 이용해서 현재 시스템 상에서 발생하고 있는 row chaining이나 row migration 발생 내역을 확인할 수 있다.

I/O
db file scattered read

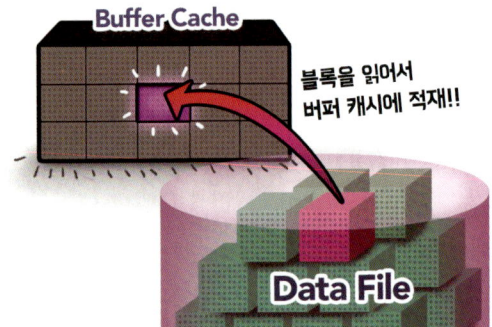

멀티블럭 I/O는 Table Full Scan이나, Index Dast Full Scan시 발생합니다.

이렇게 블록을 읽는 세션은 작업이 완료 될 때까지 db file scattered read 이벤트를 대기하는 것으로 관찰됩니다.

db file scattered read

db file scattered read 대기 이벤트는 멀티 블록 I/O시 발생하는 대기 이벤트이다. Full Table Scan 및 Index Fast Full Scan을 수행하는 경우, 성능 향상을 위해서 여러 개의 블록을 한번에 읽는 멀티 블록 I/O를 수행한다. 멀티 블록 I/O를 한번 수행할 때마다 Physical I/O가 끝나기를 기다리게 되며, db file scattered read 이벤트를 대기하게 된다. 멀티 블록 I/O는 OS마다 최대값에 한계가 있으며, DB_FILE_MULTIBLOCK_READ_COUNT 파라미터로 지정된 값만큼 수행한다.

Parameter

P1	파일#
P2	시작 블록#
P3	블록 수

Wait Time

I/O를 수행하기 위해 대기한 시간을 의미한다.

Common Causes and Actions

원인	비효율적인 Full Table Scan으로 인한 과도한 멀티 블록 I/O
진단 방법	SQL 실행 계획 확인(DBMS_XPLAN 패키지를 이용)
개선 방법	• 파티션 적용 • 인덱스 생성 • KEEP BUFFER 적용 • DB_FILE_MULTIBLOCK_READ_COUNT(MBRC) 설정 값 증가 • 큰 사이즈의 블록 사용

원인	버퍼 캐시의 크기가 지나치게 작아 반복적으로 Physical I/O가 발생		원인	불필요한 Index Fast Full Scan 사용으로 인한 과도한 멀티 블록 I/O
진단 방법	SQL 실행 계획 확인 (DBMS_XPLAN 패키지를 이용)		진단 방법	SQL 실행 계획 확인 (DBMS_XPLAN 패키지를 이용)
개선 방법	• 다중 버퍼 풀 사용 • 버퍼 캐시의 최적화		개선 방법	• SQL문 튜닝

Physical I/O 분류

Physical I/O는 Conventional Path I/O와 Direct Path I/O로 나누어진다.
Conventional Path I/O는 일반적으로 알고 있는 버퍼 캐시를 경유하여 블록을 읽는 작업을 의미한다. Direct Path I/O는 데이터파일에 있는 블록이 버퍼 캐시를 거치지 않고 PGA로 올리는 것이다. Direct Path I/O가 발생하면, I/O 작업이 발생되기 전에 체크 포인트가 발생된다. 이렇게 되면 더티 버퍼를 데이터 파일에 쓰게 되어 데이터 파일과 버퍼 캐시의 내용에 대해서 동기화를 한 후 Direct Path I/O가 발생하게 된다.

Index Full Scan vs. Index Fast Full Scan

인덱스 스캔에서 발생될 수 있는 성능문제는 넓은 범위 인덱스 스캔에 의한 I/O 발생량을 많이 일으키는 경우가 거의 대부분이다. 필연적으로 많은 양의 인덱스 스캔이 발생되어야만 하고, 정렬이 필요 없는 경우라면 싱글 블록 I/O가 발생되는 Index Full Scan이 아닌 Index Fast Full Scan을 사용하여 멀티 블록 I/O로 유도하는 것이 성능적인 측면에서 바람직하다.

- Index fast full scan 제어 파라미터 : _FAST_FULL_SCAN_ENABLED=TRUE(Default= TRUE)
- Index fast full scan 유도 힌트 : /*+ index_ffs(table_alias index_name) */

DB_FILE_MULTIBLOCK_READ_COUNT(MBRC) 설정

```
alter session set db_file_multiblock_read_count = 1000;
select /*+ full(a) */ count(*) from big_table a;

-- 아래의 예제는 10046 트레이스 파일로부터 발췌한 것이다.
-- 시스템에서 허용할 수 있는 최대 MBRC는 128 블록임을 알 수 있다.

WAIT #1: nam='db file scattered read' ela= 17946 p1=6 p2=56617 p3=128
WAIT #1: nam='db file scattered read' ela= 21055 p1=6 p2=56745 p3=128
WAIT #1: nam='db file scattered read' ela= 17628 p1=6 p2=56873 p3=128
WAIT #1: nam='db file scattered read' ela= 29881 p1=6 p2=57001 p3=128
WAIT #1: nam='db file scattered read' ela= 33220 p1=6 p2=57129 p3=128
WAIT #1: nam='db file scattered read' ela= 33986 p1=6 p2=57257 p3=96
WAIT #1: nam='db file scattered read' ela= 46372 p1=6 p2=65577 p3=128
WAIT #1: nam='db file scattered read' ela= 33770 p1=6 p2=65705 p3=128
WAIT #1: nam='db file scattered read' ela= 41750 p1=6 p2=65833 p3=128
WAIT #1: nam='db file scattered read' ela= 34914 p1=6 p2=65961 p3=128
```

높은 MBRC 수치는 옵티마이저가 Full Table Scan을 선호하도록 영향을 줄 수 있다. 적절한 수치는 애플리케이션(DSS 또는 OLTP)에 따라 다르다. 높은 MBRC 수치는 Full Table Scan 수행을 좀 더 빠르게 수행할 수 있도록 하므로, 배치 처리시 유리할 수 있다. MBRC 수치는 sstiomax, DB_BLOCK_SIZE 및 DB_BLOCK_BUFFERS 등 몇 가지 요소에 따라 좌우된다. 사용 환경에 맞춰 쉽게 설정하기 위해서는, 위의 예에서 보는 바와 같이 MBRC에 아주 큰 값을 주고 오라클이 시스템에서 처리 가능한 최대값으로 수행하도록 한다. 그 후, Full Table Scan을 수행하는 SQL을 실행시킨 뒤 V$SESSION_WAIT 뷰를 조회하면 된다. 그러면 db file scattered read 대기 이벤트의 P3 파라미터의 수치가 현재 시스템의 최대값이 된다.
다른 방법은 10046 트레이스 이벤트를 설정하는 것이다. 이 최대값은 데이터베이스 레벨에 설정하기 보다는, Full Table Scan의 수행속도를 향상시킬 필요성이 있는 세션에 대해 설정해야 한다.

I/O
direct path read

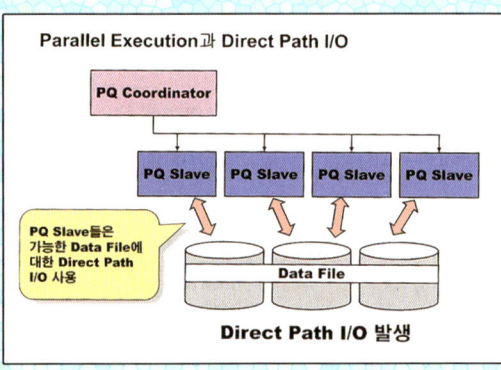

Parallel Execution에서 발생되는 Direct I/O는 위의 슬라이드에서 보듯이 Parallel Query의 실행작업을 수행하는 슬레이브 세션에서 Direct Path I/O가 발생된다. Direct Path I/O(parallel execution)중 읽기작업에 대한 대기 이벤트로는 Direct Path Read가 있다. (슬레이브 세션에서 발생)

P1: P1=절대(Absolute)파일#
P2: P2=시작 블록#
P3: 읽은 blocks

direct path read 이벤트는 Direct Path I/O가 발생될 때 읽기 작업 시 발생하게 됩니다. 이 때, 코디네이터(Coordinator) 세션은 슬레이브 세션에서 응답이 오기를 기다리며, PX Deq: Execute Reply 이벤트를 대기하는 것을 볼 수 있습니다.
Parallel Query 수행 시 발생되는 direct path read 이벤트는 필연적이라고 할 수 있습니다. direct path read 대기 이벤트가 과다하게 발생되고 성능적 문제를 안고 있다면 Parallel Query 자체의 I/O 발생량을 줄일 필요가 있습니다. 또한 시스템 성능에 비해 과다하게 Degree를 주어 Parallel Query를 수행할 경우 CPU, Memory의 증가, 체크 포인트 작업 증가 등 사이드 이펙트가 발생되어 성능저하를 가져올 수 있으므로 주의를 해야합니다. 일반적으로 CPU 사용률이 평균 50% 이상일 경우 과다한 Degree를 주어 Parallel Query를 수행할 경우 CPU, Memory의 과점유에 의한 프로그램도 같이 성능저하를 겪는 경우가 발생할 수 있습니다.

direct path read

direct path read 이벤트 대기는 Parallel Query 수행 시 슬레이브 세션(Slave Session)이 수행하는 direct path I/O에 의해 발생한다. direct path I/O는 SGA 내의 버퍼 캐시를 거치지 않고 세션의 PGA 로 직접 블록을 읽어 들이는 것으로 direct read는 I/O 방식(synchronous I/O, asynchronous I/O)에 상관없이 수행될 수 있으나 하드웨어 플랫폼과 DISK_ASYNCH_IO 파라미터에 영향을 받는다.

- **주의**: Oracle 11g에서는 병렬 작업이 아닌 일반 Query에서도 Table Full Scan에 대해 direct path read 를 수행할 수 있다. 따라서 기존에 db file scattered read 대기 이벤트가 관찰되었던 Query가 Oracle 11g에서는 direct path read 이벤트를 발생시킬 수 있다.

💡 Parameter

P1	절대(Absolute)파일#
P2	시작 블록#
P3	블록 수

💡 Wait Time

I/O를 수행하기 위해 대기한 시간을 의미한다.

💡 Common Causes and Actions

원인	Parallel Query 수행 시 슬레이브 세션이 수행하는 direct path I/O
진단 방법	SQL 실행 계획 확인(DBMS_XPLAN 패키지를 이용) 11g인 경우, DBMS_SQLTUNE.REPORT_SQL_MONITOR 이용
개선 방법	• SQL 튜닝 > Parallel Query 자체의 성능 개선

Parallel Query의 성능 향상

Parallel Query를 수행하는 과정에서의 direct path read 대기는 필연적인 것으로 이 대기 자체를 튜닝하는 것은 불가능하다. 오히려 SQL 튜닝을 통해 Parallel Query 자체의 성능을 개선하는 것이 올바른 접근 방법이다. 시스템의 용량에 비해 불필요하게 Parallel Query를 수행하는 것은 오히려 성능을 저하시키는 요인이 된다. 한가지 기억할 것은 데이터 파일에 대해 직접 읽기 작업을 수행하기 전에 읽기의 대상이 되는 객체의 더티 블록이 데이터 파일에 기록이 되어야 한다는 것이다. 즉 체크 포인트가 발생하게 된다. 이 작업을 수행하는 동안 코디네이터 세션은 enq: TC - contention대기 이벤트를 발생시킨다.

만약에 병렬 쿼리(parallel query) 슬레이브에서 direct reads가 발생한다면, 병렬 스캔(parallel scan)이 parent SQL문에 적합한지와 슬레이브의 개수가 적당한지 확인해야 한다. 또한 쿼리 슬레이브들이 시스템의 CPU와 디스크 자원을 모두 점유하지 않는지도 확인해야 한다.

Direct Path I/O

- 정렬작업을 위해 정렬 세그먼트(Sort segment)를 읽고 쓰는 경우.
  direct path read temp, direct path write temp이벤트를 대기한다.
- Parallel Query를 위해 데이터파일을 읽는 경우. direct path read 이벤트를 대기한다.
- Parallel DML(PDML), CTAS를 위해 데이터파일을 쓰는 경우. direct path write 이벤트를 대기한다
- NOCACHE 속성으로 생성된 LOB 세그먼트를 읽고 쓰는 경우 direct path read(lob), direct path write(lob) 이벤트를 대기한다.
- I/O 시스템이 데이터를 읽어서 오라클에 반환하는 속도보다 훨씬 빠른 속도로 버퍼를 요구할 때, 오라클 성능 개선을 위해 readahead I/O(이후에 읽을 것으로 판단되는 데이터를 미리 한꺼번에 읽는 I/O 작업)를 이용한다.
  이 경우 direct path read 이벤트를 대기한다.

오라클의 I/O는 기본적으로 SGA(버퍼 캐시)를 경유한다. 하지만 특수한 상황에서는 SGA를 우회해서 PGA에 데이터를 올린다. 데이터를 공유할 필요가 없을 때는 버퍼 캐시에 데이터를 적재하는 과정에서 발생하는 오버헤드를 피함으로써 성능을 개선하는 것이 가능하다. 버퍼 캐시내의 변경된 블록을 데이터파일에 기록하는 것은 DBWR 프로세스 고유의 작업이다. 반면 버퍼 캐시를 우회하는 쓰기 작업은 개별 프로세스가 직접 수행하게 된다. 이처럼 버퍼 캐시를 우회하는 I/O 작업을 direct path I/O 라고 부른다. 오라클은 다음과 같은 경우에 direct path I/O를 사용한다.

_DB_FILE_DIRECT_IO_COUNT의 조정

_DB_FILE_DIRECT_IO_COUNT 히든 파라미터의 값이 direct path I/O에서의 최대 I/O 버퍼 크기를 결정한다. 오라클 9i부터 이 값은 기본적으로 1M의 값을 가진다. 하지만 실제로는 O/S나 하드웨어 설정에 따라 최대값이 결정된다. 이 값을 높이면 Parallel Query의 성능이 높아질 수도 있으나, 대부분 실제 사용 가능한 값은 1M보다 작은 값이므로 실제로는 변경할 필요가 없다.

direct path read와 undo

```
ERROR at line 1:
ORA-12801: error signaled in parallel query server P002
ORA-01555: snapshot too old: rollback segment number 68 with name
"_SYSSMU68$" too small
```

— PQ 슬레이브 세션이 데이터 파일에 대해 direct read를 수행하면서 변경된 블록을 발견하면 언두 데이터를 참조

Direct path read가 비록 데이터파일에서 직접 데이터를 읽지만, 언두를 참조하는 메커니즘은 동일하다. 즉, direct path read는 SGA를 경유하지 않을 뿐, 읽기 일관성(Read consistency)을 보장하는 방법은 동일하다. 이것을 증명하는 방법은 크기가 작은 언두 테이블스페이스(Undo tablespace)를 생성한 후, Parallel Query를 수행하면서 다른 세션에서 DML을 과다하게 수행할 때 ORA-01555(Snapshot too old)에러가 나는 것을 관찰하는 것이다.

DB_FILE_DIRECT_IO_COUNT

DB_FILE_DIRECT_IO_COUNT 파라미터는 direct path read 성능에 영향을 미칠 수 있다. 해당 파라미터는 direct reads, direct writes에 대한 최대 I/O 버퍼크기로 설정해야 한다. 오라클 8i까지는 대부분의 플랫폼에서 기본 설정 값은 64 블록이었다. 따라서 DB_BLOCK_SIZE가 8K인 경우 direct reads, direct writes에 대한 최대 I/O 버퍼크기는 512K(8K*64)이다. 최대 I/O 버퍼 크기는 하드웨어의 한계값에 의해서도 제한된다.
오라클 9i에서는 DB_FILE_DIRECT_IO_COUNT파라미터는 hidden 파라미터로 변경되었고, 블록수가 아니라 바이트(byte)단위로 변경되었다. 오라클 9i의 기본 설정 값은 1MB이다. 실질적인 direct I/O 크기는 하드웨어 환경설정(configuration) 및 한계값에 의해서도 영향을 받는다.

Direct Read I/O 크기 알기

```
WAIT #1: nam='direct path read' ela= 4 p1=4 p2=86919 p3=8
WAIT #1: nam='direct path read' ela= 5 p1=4 p2=86927 p3=8
WAIT #1: nam='direct path read' ela= 10 p1=4 p2=86935 p3=8
WAIT #1: nam='direct path read' ela= 39 p1=4 p2=86943 p3=8
WAIT #1: nam='direct path read' ela= 5 p1=4 p2=86951 p3=8
WAIT #1: nam='direct path read' ela= 38 p1=4 p2=86959 p3=8
...
```

direct read를 수행하는 세션에 대해 10046 트레이스 이벤트를 레벨 8로 설정한다. P3 파라미터는 읽은 블록 수를 나타낸다. 위의 예제의 경우, 블록 크기가 8K이므로 direct path read I/O 크기는 64K(8K*8블록)이다. 또한, V$SESSION_WAIT 뷰를 조회하여 direct path read 대기 이벤트의 P3값을 확인할 수 있다.

데이터 파일에 대한 direct path read의 증명

Session A: Degree가 4 인 pq_test 테이블에 대해 PQ를 여러번 수행하면서 direct path read 유발

```
declare
v_count number;
begin
for idx in 1 .. 100 loop
        select count(*) into v_count from pq_test;
end loop;
end;
/
```

Session B: Session A에서 발생한 PQ의 슬레이브 세션에 대해 direct path read 이벤트를 캡쳐한다.
(Session A의 SID = 162)

```
set serveroutput on size 100000
declare
begin
        for px in (select * from v$px_session where qcsid = 162) loop
            for wait in (select * from v$session_wait where
                 sid = px.sid and event like '%direct path read%') loop
                            dbms_output.put_line('SID='||wait.sid ||
', P1=' || wait.P1);
            end loop;
        end loop;
end;
/


-- Session B의 수행결과
SID=138, P1=1
SID=152, P1=1
SID=144, P1=1
...
SID=142, P1=1
SID=144, P1=1
SID=138, P1=1
-- direct path read 대기 이벤트의 P1 = file#이므로 해당되는 파일이 실제 데이터파일인지 확인할 수 있다.
```

```
SQL>exec print_table('select * from v$datafile where file# = 1');

FILE#                        : 1
...
BLOCK_SIZE                   : 8192
NAME                         :
C:\ORACLE\PRODUCT\10.1.0\ORADATA\UKJADB\SYSTEM01.DBF
PLUGGED_IN                   : 0
BLOCK1_OFFSET                : 8192
AUX_NAME                     : NONE
-- 위와 같이 system01.dbf라는 데이터 파일에 대한 direct path read임을 알 수 있다.
```

하나의 세션에서 PQ를 수행한 후, PQ가 수행되는 동안 다른 세션에서 V$SESSION_WAIT 뷰를 조회해서 P1 값을 얻으면 어떤 파일에 대한 direct path read 인지 알 수 있다.

Memo

I/O
direct path write

Append 힌트를 사용하면, SGA를 거치지 않고 바로 datafile에 write 하거든.
우리가 Fast Ticket을 발권해서 바로 입장하는 것 처럼 ^0^

그 뿐만 아니라, 추가된 Data에 대한 Undo가 생성 되지 않고

테이블을 Nologging 모드로 지정해주면, Redo도 생성되지 않는다고!

이때, Insert를 수행하는 세션이 겪는 이벤트가 direct path write야. 필연적이라 할 수 있지.

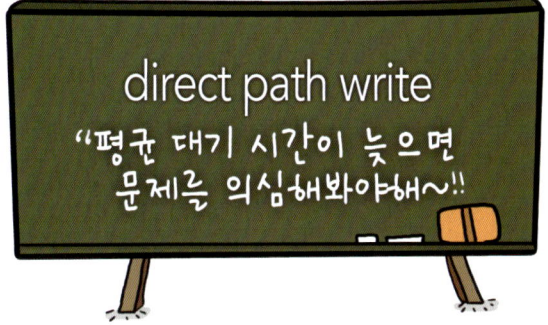

direct path write

direct path write 대기 이벤트는 세션 PGA 내부의 버퍼로부터 데이터파일로 기록할 때 발생된다. 세션은 다수의 direct write를 요청한 후 처리를 진행한다. 세션이 I/O 처리가 완료되었다고 인지하는 시점에 direct path write 대기 이벤트를 대기한다.

direct path write 대기는 Direct load 작업이 발생함을 의미한다. 이러한 작업이 요청될 경우 오라클은 SGA를 경유하지 않고 데이터 파일에 직접 쓰기 작업을 수행한다. 즉, DBWR 프로세스에 의해 쓰기 작업이 이루어지는 것이 아니라 서버 프로세스에 의해 직접 쓰기작업이 이루어진다. CTAS나 Insert /*+ append */, Direct 모드로 SQL*Loader를 수행할 때 direct load 작업이 수행된다.

Parameter

P1	절대(Absolute) 파일#
P2	시작 블록#
P3	블록 수

Wait Time

I/O를 수행하기 위해 대기한 시간을 의미한다.

Common Causes and Actions

원인	Direct load 작업(CTAS, insert/*+ append*/ ...)의 수행
진단 방법	대량의 Direct load를 수행하고 있는 세션 및 SQL 문 파악
개선 방법	• Direct 모드와 Parallel 모드를 병행하여 수행(PCTAS, direct parallel 모드로 SQL*Loader 등)

Direct load 작업의 특징

- SGA를 거치지 않고, 데이터 파일에 직접 쓰기를 수행한다.
- HWM 이후에 블록을 추가(Append)한다.
  즉, 프리리스트(FLM)나 비트맵 블록(ASSM)에서 관리하는 프리 블록들을 사용하지 않는다.
- 추가된 데이터에 대해 언두를 생성하지 않는다.(단 CTAS의 경우 딕셔너리 변경에 대한 언두는 생성된다.)
- 테이블에 Nologging 옵션이 주어진 경우에는 리두(Redo)가 생성되지 않는다.
- 테이블에 대해 TM 락을 Exclusive하게 획득하기 때문에 다른 세션에서의 DML이 허용되지 않는다.

Direct 모드와 Parallel 모드를 병행해서 수행함으로써 성능을 더욱 극대화할 수 있다. PCTAS(Parallel CTAS), Insert /*+ parallel append*/ 나 direct parallel 모드로 SQL*Loader를 수행하는 것이 대표적인 예이다.

Direct 모드인 경우에는 데이터가 직접 테이블 세그먼트로 기록되지만, Parallel 모드와 병행되는 경우에는 일단 테이블 세그먼트가 속한 영구 테이블스페이스(Permanent Tablespace)내의 임시 세그먼트(Temporary Segment)에 직접 기록한 다음 모든 작업이 성공적으로 끝난 후에 테이블 세그먼트에 병합된다는 것에 유의해야 한다.

Direct load 작업 수행 시 발생하는 direct path write 대기는 필연적인 것으로 이 대기의 발생 자체를 줄일 수는 없다. 만일 direct path write 이벤트의 평균대기시간이 지나치게 높게 나온다면 파일시스템 자체의 성능에 문제가 있다고 판단할 수 있다.

비동기식 I/O가 사용될 경우, direct path write 대기 이벤트의 대기횟수와 대기시간은 오해의 소지가 있을 수 있다.

캐싱 되지 않은 LOB 세그먼트에 쓰기 I/O 작업 시 발생되는 direct path write 대기 이벤트는 오라클 8.1.7부터는 direct path write(lob) 대기 이벤트로 별도로 구분된다.

I/O
direct path read temp

아스터의 절친 사슴군은 뮤지컬 배우입니다. 그의 생생한 공연현장!

열정과 행복으로 가득찬 그의 모습~
많은 이들의 사랑을 한 몸에 받을만 하죠.

공연이 끝나고 난 후, 사진촬영과 축하인사를 마친 뒤
한참 후에야 그를 만날 수 있었습니다.

우리는 자리를 옮겨 이야기를 나누기로 했습니다.
그런데, 사슴군이 받은 선물이 너무 많아 한번에 가져갈 수 없네요.

오라클 성능분석을 하는 아스터는 이때 PGA와 Temp Tablespace를 떠올렸습니다.

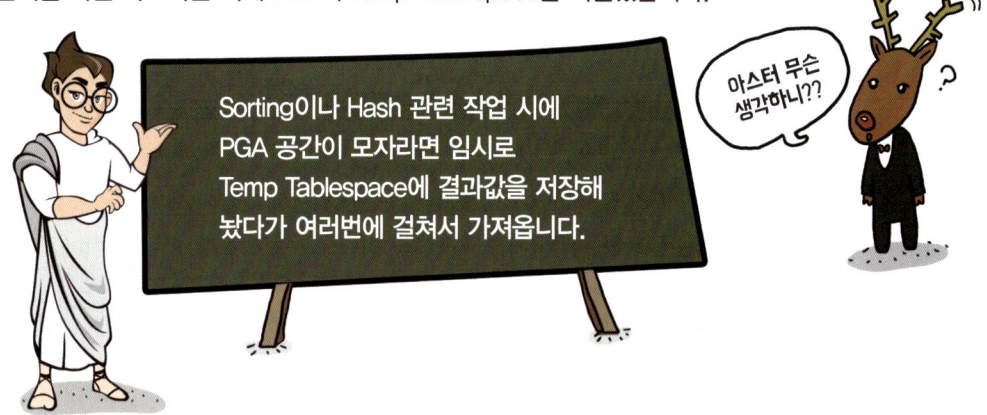

한번에 처리할 수 있으면 좋은데 여러번 왔다갔다 해야하니 번거롭죠.

번거로움이 커져서 대기하게 되면, direct path read temp라는 이벤트가 나타납니다.

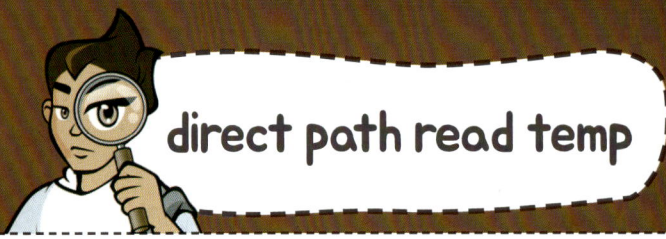

direct path read temp

정렬작업을 위해 임시 영역을 읽고 쓰는 경우에는 direct path read temp, direct path write temp 이벤트를 대기한다. 이 대기 이벤트들은 오라클 10g 이후에 분화된 것으로 오라클 9i까지는 direct path read, direct path write 대기로 관찰되었다. 정렬 세그먼트에서의 direct path I/O는 정렬해야 할 데이터가 정렬을 위해 할당된 PGA 메모리 영역보다 큰 경우에 발생한다.

Parameter

P1	절대(Absolute) 파일#
P2	시작 블록#
P4	블록수

Wait Time

I/O를 수행하기 위해 대기한 시간을 의미한다.

Common Causes and Actions

원인	정렬을 위해 할당된 PGA 메모리 영역보다 큰 크기의 데이터
진단 방법	SQL 실행 계획 확인(DBMS_XPLAN 패키지를 이용) PGA_AGGREGATE_TARGET 파라미터 값 확인
개선 방법	• 정렬이 필요한 SQL 문장의 튜닝 • 정렬작업을 위한 메모리 영역을 추가로 할당

원인	Multi pass sort 작업의 발생
진단 방법	PGA_AGGREGATE_TARGET 파라미터 값 확인
개선 방법	• PGA_AGGREGATE_TARGET의 값 증가

PGA_AGGREGATE_TARGET과 Direct I/O

```
SQL> alter system set PGA_AGGREGATE_TARGET = 200M;

SQL> @show_param max_size
_smm_max_size (Kbyte단위)
 40960

_smm_px_max_size
102400

-- 인덱스를 생성한다. 인덱스 생성시 내부 정렬작업이 발생한다.
SQL> create index pdml_idx on pdml_test(id);

SQL> @sesstat
stat_name 값을 입력하시오: 'session pga memory max'
==> 44920200
```

실제 PGA_AGGREGATE_TARGET을 설정한 경우 개별 세션의 PGA값이 어떻게 지정되는지 아래 스크립트를 통해 확인할 수 있다. PGA_AGGREGATE_TARGET을 그대로 사용하면서 특정 세션에 대해서만 작업 간의 크기를 크게 주고 싶다면, 해당 세션의 PGA 관리정책만을 변경하면 된다. 즉, alter session set workarea_size_policy = manual 로 변경한 후, alter session set sort_area_size = …을 이용해 필요한 만큼 큰 값을 주면 된다.

```
-- PGA 전체크기를 10M로 변경
SQL> alter system set pga_aggregate_target =
10M;

-- 정렬 작업 수행
SQL> create index pdml_idx on pdml_test(id);
Index created.
Elapsed: 00:00:40.07

SQL> @my_sess_event
EVENT                   TOTAL_  WAITS TIME_WAITED
----------------------- ------  ------------------
SQL*Net message           22         3251
from client
direct path read temp   4593            7
log file sync              2            4
direct path write temp   684            1
SQL*Net message           23            0
to client
direct path write          4            0
events in waitclass        1            0
Other
```

```
-- PGA 전체 크기를 1G로 늘린 후 재 수행
SQL> alter system set PGA_AGGREGATE_TARGET =
1G;
SQL> create index pdml_idx on pdml_test(id);
Index created.
Elapsed: 00:00:28.11

SQL> @my_sess_event
-- PGA_AGGREGATE_TARGET 값을 늘린 결과
direct path I/O가 사라졌다.
EVENT                   TOTAL_  WAITS TIME_WAITED
----------------------- ------  ------------------
SQL*Net message           20         8268
from client
log file switch            4           33
completion
log file sync              2            8
SQL*Net message           21            0
to client
events in waitclass        1            0
Other
direct path write          4            0
```

PGA_AGGREGATE_TARGET 값을 적절하게 설정해주는 경우, direct path I/O가 사라지고 이로 인해 direct path read temp, direct path write temp 대기현상이 완전히 사라지게 된다. 더불어 성능도 크게 개선되는 것을 확인할 수 있다.

I/O
db file parallel read

db file parallel read

이름과 달리, parallel DML or parallel query와 관련이 없다. db file parallel read는 데이터베이스 복구 수행 시 복구해야 하는 블록들을 여러개의 데이터 파일로부터 동시에 읽어 들일 때 발생합니다. 또한, 하나 이상의 데이터 파일로부터 연속되지 않는 싱글 블록들을 동시에 읽어들일 때 발생합니다.

참고〈Prefetch〉

한번에 여러개 Single Block I/O를 동시 수행하는 것입니다. 오라클을 포함한 모든 DBMS는 디스크 블록을 읽을 때 곧이어 읽을 가능성이 높은 블록을 미리 읽어오는 Prefetch 기능을 제공합니다.
데이터 블록을 읽는 도중에 물리적인 Disk I/O 서브 시스템에 I/O call을 발생 시키고 잠시 대기!! 어차피 대기 상태에서 잠시 쉬어야하므로 곧이어 읽을 가능성이 높은 블록들을 버퍼 캐시에 미리 적재해 놓는다면 대기이벤트 발생횟수를 그만큼 줄일 수 있습니다. Prefetch db file parallel read 대기 이벤트로 측정됩니다.

db file parallel read

db file parallel read 대기 이벤트는 병렬 처리(parallel DML 또는 parallel query)와 연관은 없다. 이 이벤트는 데이터베이스 복구 수행 시, 복구해야 하는 블록들을 여러 개의 데이터 파일로부터 동시에 읽어 들일 때 발생한다. 또한 하나 이상의 데이터 파일로부터 연속되지 않는 싱글 블록들을 동시에 읽어 들이는 Prefetching 시에도 발생한다.

💡 Parameter

P1	동시에 읽고 있는 파일 수
P2	읽고 있는 총 블록 수
P3	총 I/O 요청 횟수(멀티 블록 read I/O를 하지 않는 경우 P2와 동일)

💡 Wait Time

I/O를 수행하기 위해 대기한 시간을 의미한다.

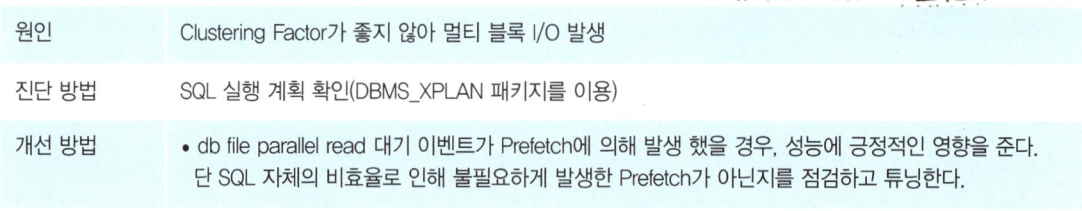

💡 Common Causes and Actions

원인	Clustering Factor가 좋지 않아 멀티 블록 I/O 발생
진단 방법	SQL 실행 계획 확인(DBMS_XPLAN 패키지를 이용)
개선 방법	• db file parallel read 대기 이벤트가 Prefetch에 의해 발생 했을 경우, 성능에 긍정적인 영향을 준다. 단 SQL 자체의 비효율로 인해 불필요하게 발생한 Prefetch가 아닌지를 점검하고 튜닝한다.

PREFETCH

Prefetch는 한 번의 I/O Call로 앞으로 읽을 가능성이 높은 블록을 함께 읽어 오는 기능이다. 특히 Clustering Factor가 좋지 않은 인덱스의 경우, 인덱스를 통한 테이블 Access시 1건의 데이터를 읽기 위해 1번의 Single Block I/O가 발생하게 된다.

이런 비효율을 개선하기 위해 1번의 I/O Call 시 앞으로 읽을 가능성이 높은 블록을 함께 읽는 Multi Block I/O 기능이다. 이 기능을 사용하여 블록을 읽을 때 목격되는 이벤트가 db file parallel read이다.

I/O
db file parallel write

db file parallel write

DBWR이 더티 블록을 기록하기 위해 I/O 요청을 보낸 후, 요청이 끝나기를 기다리는 동안 대기하는 EVENT! db file parallel write 대기는 기본적으로 I/O 이슈입니다.
DBWR 프로세스에서 이 대기가 광범위하게 나타난다면 데이터 파일과 관련된 I/O 시스템에 심각한 성능 저하 현상이 발생한 것으로 판단할 수 있습니다. 만일, I/O 시스템의 성능에 문제가 없는데도 db file parallel write 대기가 사라지지 않는다면 그때는 I/O 시스템이 감당할 수 없을 정도의 많은 쓰기 요청이 발생하는 것으로 간주할 수 있습니다.

db file parallel write

db file parallel read 대기 이벤트와 동일하게 병렬 처리(parallel DML)와 연관은 없다. 버퍼 캐시를 경유하는 모든 데이터는 DBWR 프로세스에 의해 디스크에 기록이 된다. DBWR 프로세스가 더티 블록을 기록하기 위한 I/O 요청을 보낸 후 요청이 끝나기를 기다리는 동안 db file parallel write 이벤트를 대기하게 된다.

DBWR 프로세스는 한번의 I/O 요청을 통해 하나의 더티 블록을 디스크에 기록하는 방식으로 동작하지 않는다. 한번의 I/O 요청에 여러 개의 더티 블록을 디스크에 기록하는 방식으로 동작하는데, 이것을 write batch라고 한다. DBWR 프로세스가 write batch를 수행한 후 I/O 요청이 완료되기를 대기할 때 해당 이벤트가 발생된다. 하지만 비동기식(asynchronous) I/O를 사용할 경우 DBWR 프로세스는 I/O 요청이 완료되기를 대기하지 않는다. 단지 write batch를 통해 디스크로 기록되어야 할 더티 블록들의 일부분이 디스크로 기록되고, 프리 버퍼(free buffer)로 변경된 후 lru 리스트에 등록될 때까지만 대기한다. 이것은 더 많은 쓰기 요청을 발생시킨다.

db file parallel write 대기는 기본적으로 I/O 이슈라고 보면 된다. 만일 DBWR 프로세스에서 이 대기가 광범위하게 나타난다면 데이터 파일과 관련된 I/O 시스템에 심각한 성능저하 현상이 발생하는 것으로 판단할 수 있다. 만일 I/O 시스템의 성능에 문제가 없는데도 db file parallel write 대기가 사라지지 않는다면 그 때는 I/O 시스템이 감당할 수 없을 정도의 많은 쓰기 요청이 발생하는 것으로 간주할 수 있다.

💡 Parameter

P1	I/O 요청에 대한 전체 횟수
P2	인터럽트
P3	오라클 9.2 부터는 I/O 완료를 위해 대기한 시간(1/100초 단위) 이전 버전에서는 총 I/O 요청 횟수

💡 Common Causes and Actions

원인	I/O 시스템의 성능 저하
진단 방법	I/O 시스템 확인 DB_WRITER_PROCESSES 파라미터 값 확인
개선 방법	• Raw device와 비동기 I/O(asynchronous I/O)를 조합해서 사용 • DB_WRITER_PROCESSES 값 증가(DBWR 프로세스 개수 증가)

원인	다량의 I/O 작업의 발생(체크 포인트의 잦은 발생)
진단 방법	FAST_START_MTTR_TARGET 파라미터 값 확인 리두 로그 파일 사이즈 확인
개선 방법	• FAST_START_MTTR_TARGET 파라미터 값 증가 • 리두 로그 파일의 크기가 지나치게 작을 경우 크기 증가

원인	비효율적인 버퍼 캐시 사용
진단 방법	사용 가능한 SGA 메모리 사이즈 및 버퍼 캐시 사이즈 확인
개선 방법	• 다중 버퍼 풀(DEFAULT, KEEP, RECYCLE)의 적절한 사용

Technical Tip

DB_WRITER_PROCESSES

```sql
-- CPU_COUNT 확인 방법
select name,
       value
  from v$parameter
 where name = 'cpu_count' ;

-- DBWR 프로세스 개수 확인 방법
select name,
       value
  from v$parameter
 where name = 'db_writer_processes' ;
```

대량의 DML 작업이 빈번히 발생하는 시스템이고 CPU 개수가 충분하다면, DB_WRITER_PROCESSES 파라미터 값을 조정해서 DBWR 프로세스 개수를 증가시킬 필요가 있다. 복수의 DBWR 프로세스는 비동기를 흉내내는 효과를 갖는다. 오라클이 권고하는 DBWR 프로세스 개수는 CPU_COUNT/8 이다.

잦은 체크 포인트 발생

잦은 체크 포인트가 발생하는 경우 DBWR 프로세스의 활동량이 지나치게 많아지고 이로 인해 DBWR 프로세스의 성능이 저하될 수 있다. 체크 포인트가 발생하는 경우는 아래와 같다.

- FAST_START_MTTR_TARGET 파라미터 값에 의해 발생
- 리두 로그 파일 스위치 발생
- direct path read 발생
- Truncate, Drop, Hot backup 등

I/O
control file parallel write

미니 강의

control file parallel write 대기 이벤트는 세션이 모든 컨트롤 파일(control file)에 대한 쓰기 I/O 요청이 완료되기를 대기할 때 발생합니다. 오라클 서버 프로세스는 동시에(parallel) 쓰기 I/O 요청을 합니다. control file parallel write 대기 이벤트에 대한 블로킹 세션은 존재하지 않습니다. 해당 이벤트를 대기하는 세션은 컨트롤 파일에 쓰기 I/O 요청이 완료될 때까지 O/S와 I/O 서브 시스템의 수행을 기다리는 것입니다. 만일, control file parallel write 대기 이벤트에 대한 대기현상이 광범위하게 발생한다면, 컨트롤 파일에 쓰기 I/O 요청이 많거나, 컨트롤 파일에 정보를 기록하는 성능이 좋지 않다는 것입니다.

〈참고〉
다음과 같은 경우에 컨트롤 파일과 관련된 경합이 발생할 수 있습니다.

- 로그 파일 스위치가 자주 발생하는 경우
- 체크 포인트가 자주 발생하는 경우
- Nologging에 의한 데이터파일 변경이 잦은 경우
- I/O 시스템 성능이 느린 경우

control file parallel write

control file parallel write 대기 이벤트는 세션이 모든 컨트롤 파일(control file)에 대한 쓰기 I/O 요청이 완료되기를 대기할 때 발생한다. control file parallel write 대기 이벤트에 대한 블로킹 세션은 존재하지 않는다. 해당 이벤트를 대기하는 세션은 컨트롤 파일에 쓰기 I/O 요청이 완료될 때까지 O/S 와 I/O 서브시스템의 수행을 기다리는 것이다. 컨트롤 파일에 정보를 기록하려는 세션은 enq: CF-contention을 획득해야 한다. 만일 control file parallel write 대기 이벤트에 대한 대기현상이 광범위하게 발생한다면, 컨트롤 파일에 쓰기 I/O 요청이 많거나, 컨트롤 파일에 정보를 기록하는 성능이 좋지 않다는 것이다.

Wait Time

모든 I/O 요청을 완료하는데 실제로 소요된 시간

Parameter

P1	컨트롤 파일 개수
P2	컨트롤 파일에 기록하려는 총 블록 수
P3	I/O 요청 횟수

Common Causes and Actions

원인	로그 파일 스위치의 빈번한 발생
진단 방법	V$LOG_HISTORY 뷰를 조회하여 로그 스위치 빈도 수 확인
개선 방법	• V$LOG 뷰를 조회하여 리두 로그 크기 점검

원인	Nologging에 의한 데이터파일의 잦은 변경
진단 방법	애플리케이션이 Nologging LOB에 대한 변경작업 수행 여부 점검
개선 방법	• 독립적인 디스크 공간에 위치 • Raw Device나 Direct I/O 사용 • 10359 이벤트를 설정하여 컨트롤 파일의 변경 방지

V$CONTROLFILE_RECORD_SECTION 뷰

```
SQL> select type, records_used from v$controlfile_record_section;

TYPE                           RECORDS_USED
------------------------------ ------------
DATABASE                       1
CKPT PROGRESS                  0
REDO THREAD                    1
REDO LOG                       3
DATAFILE                       15
FILENAME                       19
TABLESPACE                     12
TEMPORARY FILENAME             1
RMAN CONFIGURATION             0
LOG HISTORY                    292
OFFLINE RANGE                  0
ARCHIVED LOG                   0
BACKUP SET                     0
BACKUP PIECE                   0
BACKUP DATAFILE                0
BACKUP REDOLOG                 0
DATAFILE COPY                  0
BACKUP CORRUPTION              0
COPY CORRUPTION                0
DELETED OBJECT                 0
PROXY COPY                     0
BACKUP SPFILE                  0
DATABASE INCARNATION           2
FLASHBACK LOG                  0
RECOVERY DESTINATION           1
INSTANCE SPACE RESERVATION     1
REMOVABLE RECOVERY FILES       0
RMAN STATUS                    0
THREAD INSTANCE NAME MAPPING   8
MTTR                           1
DATAFILE HISTORY               0
STANDBY DATABASE MATRIX        10
GUARANTEED RESTORE POINT       0
RESTORE POINT                  0
```

V$CONTROLFILE_RECORD_SECTION 뷰를 조회하면 현재 컨트롤 파일 내에 어떤 정보가 관리되고 있는지 확인할 수 있다.

Technical Tip

Control File의 Transaction을 수행하는 세션 확인

```
select /*+ ordered */
       a.sid,
       decode(a.type, 'BACKGROUND', 'BACKGROUND-' || substr
       (a.program,instr(a.program,'(',1,1)), 'FOREGROUND') type,
       b.time_waited,
       round(b.time_waited/b.total_waits,4) average_wait,
       round((sysdate - a.logon_time)*24) hours_connected
from   v$session_event b, v$session a
where  a.sid  = b.sid
and    b.event = 'control file parallel write'
order  by type, time_waited;

SID TYPE                    TIME_WAITED  AVERAGE_WAIT  HOURS_CONNECTED
--- -----------------       -----------  ------------  ---------------
 10 BACKGROUND-(ARC0)              525         .3431              117
 11 BACKGROUND-(ARC1)              519         .3390              117
  7 BACKGROUND-(CKPT)            64147         .3431              117
  6 BACKGROUND-(LGWR)             1832         .3011              117
517 FOREGROUND                       2         .5120                1
```

컨트롤 파일의 갱신을 요청한 프로세스들은 갱신이 완료될 때까지 control file parallel write 이벤트를 대기하게 된다. 로그 스위치, 데이터파일 추가, 삭제 등과 같은 오퍼레이션은 컨트롤 파일의 변경이 필요하다. 또한 대부분의 LOB 오퍼레이션에 대해서도 컨트롤 파일 변경이 수행된다.

포그라운드 프로세스와 백그라운드 프로세스들은 컨트롤 파일에 기록할 수 있다. 3초마다 CKPT 프로세스는 온라인 리두 로그 안의 체크 포인트 위치를 컨트롤파일에 기록한다. 일반적인 환경에서 CKPT 프로세스가 control file parallel write 대기 이벤트를 가장 오래 대기한다. ARCH 프로세스는 아카이브 로그와 관련된 정보를 컨트롤 파일에 기록하며 LGWR 프로세스는 로그 스위치가 발생할 때마다 컨트롤 파일을 변경한다.

만일 LGWR 프로세스의 대기시간이 길다면, 너무 많은 로그 스위치가 발생된다는 것을 의미하며 V$LOG 뷰를 조회하여 리두 로그 크기를 점검해야 한다. 데이터베이스의 트랜잭션 양에 비해 너무 작을 수 있기 때문이다.

Memo

I/O
read by other session

아스터가 통화 대기하는 것처럼, 오라클의 세션들도 대기를 합니다.
먼저, 한 세션이 Disk에서 Buffer Cache로 블록을 적재하고 있습니다.

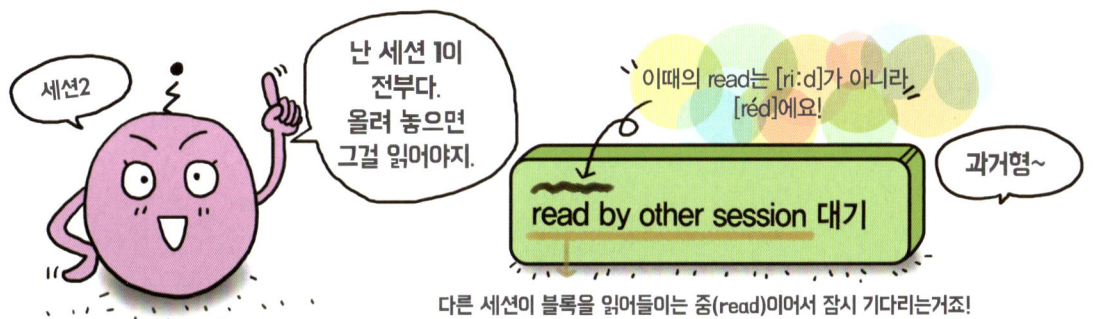

이때, 디스크에서 버퍼캐시로 적재 중인 블록을 읽으려는 세션은
적재가 끝날 때까지 기다려야하죠.

동일한 블록을 동시에 읽으려고 하거나(Hot Block)
읽어야 하는 블록이 많은 SQL문을 수행할 때 나타납니다.

이럴 때는 블록에 포함된 row의 분산이나 SQL의 튜닝이 해결방법이라 할 수 있습니다.
근데 아스터는 괜찮은 걸까요?

read by other session

read by other session 대기 이벤트는 buffer busy waits 대기 이벤트와 마찬가지로 Buffer Lock 경합과 관련이 있다. read by other session 대기 이벤트가 발생하는 상황은 다음과 같다.

- 디스크에서 메모(버퍼 캐시)로 적재하고자 하는 프로세스 A는 해당 블록에 대해 Buffer Lock을 Exclusive 모드로 획득한다.
- 동일 블록을 읽고자 하는 프로세스 B는 해당 블록에 대해 Buffer Lock을 Shared 모드로 획득하고자 한다. 이 때 프로세스 A가 Buffer Lock을 Exclusive 모드로 획득한 채로 블록을 읽고 있기 때문에, 프로세스 B는 프로세스 A의 작업이 끝날 때까지 대기해야 한다.
- 프로세스 A가 블록을 디스크에서 메모리로 읽어 들일 때까지 프로세스 B는 read by other session 이벤트를 대기한다.

read by other session 이벤트는 오라클 10g에서 추가된 이벤트이다. 오라클 9에서는 Reason Code 값이 220인 buffer busy waits 이벤트에 해당한다.

 ### Parameter

read by other session 대기 이벤트의 파라미터는 다음과 같다.

P1	File#
P2	Block#
P3	블록 클래스

 ### Wait Time

일반적으로 최대 1초까지 기다린다.

 ### Check Point & Solution

read by other session 이벤트는 블록을 디스크에서 메모리로 읽어 들이는 과정에서 필연적으로 발생한다. 따라서 이 이벤트 대기 시간이 지나치게 길지 않다면 문제가 되지 않는다. 만일 read by other session 이벤트 대기 시간이 지나치게 길다면 SQL 튜닝을 통해 Physical I/O의 일량을 줄여야 한다. 또한 동시에 여러 프로세스가 동일 블록을 읽지 않게끔 애플리케이션을 수정하는 것도 고려할 필요가 있다.

또한 read by other session 대기와 함께 db file sequential read, db file scattered read 대기와 같은 I/O 대기 현상이 항상 같이 발생하는 것에 주목해야 한다. read by other session 대기는 그 속성상 항상 Physical I/O와 함께 나타나게 된다. 따라서 read by other session 대기가 발생했던 동일한 상황에서도 데이터가 이미 버퍼 캐시에 적재되어 있는 경우에는 Physical I/O가 발생하지 않고, 자연스럽게 read by other session 대기 및 db file sequential read, db file scattered read 대기현상 또한 사라지게 된다.

Physical I/O 분류

Physical I/O는 Conventional Path I/O와 Direct Path I/O 로 나누어진다.
Conventional Path I/O는 일반적으로 알고 있는 버퍼 캐시를 경유하여 블록을 읽는 작업을 의미한다. Direct Path I/O는 데이터 파일에 있는 블록이 버퍼 캐시를 거치지 않고 PGA로 올리는 것으로 Direct Path I/O가 발생하게 되면, I/O 작업이 발생되기 전에 체크 포인트가 발생되어 더티 버퍼를 데이터 파일에 쓰게 되어 데이터 파일과 버퍼 캐시의 내용에 대해서 동기화를 한 후 Direct Path I/O가 발생하게 된다.

왜 Physical I/O 비용이 비싼가?

많은 DBA들은 Disk I/O 비용이 비싸다는 이야기를 들어왔고, 그들의 사고를 물리적 디스크와 I/O 서브시스템에 집중하도록 교육받아왔다. 물론, 스토리지 레이어는 가장 느린 콤포넌트이다. 하지만 이것이 느린 이유의 전부는 아니다. 나머지 부분은 블록을 SGA로 적재할 때 오라클 내부에서 발생되는 일들 때문이다.

블록을 SGA로 적재할 때 수많은 일들이 발생한다. 간단히 말하면, 포그라운드 프로세스는 우선 프리 버퍼 리스트를 검색해야 한다. 만일 maximum scan limit에 도달했을 때까지도 프리 버퍼를 찾지 못하면, 포그라운드 프로세스는 DBWR 프로세스에게 프리 버퍼를 만들도록 요청한다. 그런 후, 포그라운드 프로세스는 다시 프리 버퍼를 찾는다. 일단 프리 버퍼를 찾았으면, 프리 리스트 체인(free list chain)에서 해당 블록을 제거한 후, 해당 버퍼를 lru 리스트의 상단 부에 위치시키거나 lru 리스트의 중간부분에 위치시킨다(lru 리스트의 중간 부분에 위치시키는 것을 midpoint insertion이라고 하며, 오라클 8i 부터 적용되는 방식이다). 그런 후 해당 버퍼 헤더의 포인터는 적절하게 조정된다. 적어도 2개의 포인터 셋이 있으며, 변경할 때마다 래치를 획득해야 한다. 블록의 헤더 구조 또한 초기화되고 수정되어야 한다. 버퍼를 할당하거나, 블록을 버퍼캐쉬로 적재하거나, 블록을 버퍼캐쉬로 적재하는 작업을 완료할 때까지 다른 프로세스가 해당 블록을 액세스 하는 것을 방지하기 위해 블록 헤더의 특정 bit를 초기화하고 수정해야 한다.

결과적으로 db file sequential read와 db file scattered read 대기를 해결할 수 있는 최선의 방법은 Memory I/O와 디스크 I/O의 요청을 줄이는 것이다. 이것은 애플리케이션과 SQL문 튜닝을 통해 가능하다. 이제 Disk I/O 비용이 얼마나 비싼지 알았으며, Memory I/O의 비용 또한 비싸다는 것을 알게 될 것이다.

I/O
write complete waits

write complete waits

Server Process들이 DBWR 프로세스에 의해 디스크로 기록 중인 블록을 변경하고자 할 경우에는 변경이 끝날 때까지 기다려야 하며, 기다리는 동안 write complete waits 이벤트를 대기한다.

write complete waits 대기는 buffer busy waits 대기와 마찬가지로 buffer lock 경합에 의한 대기로 분류할 수 있다. DBWR 프로세스는 더티 버퍼를 디스크에 기록하는 동안에 버퍼에 대해 buffer lock을 Exclusive하게 획득한다. 이때 버퍼를 읽거나 변경하려는 다른 프로세스는 이 작업이 끝나기를 기다려야 하고 그 동안 write complete waits 이벤트를 대기하게 된다.

write complete waits 대기가 보편적으로 나타나는 경우, 애플리케이션의 문제라기보다는 DBWR 프로세스의 성능 문제일 가능성이 매우 높다. 서버 프로세스가 디스크에 기록 중인 버퍼를 읽을 확률이 실제로는 높지 않은데도, 이로 인한 대기를 겪는다는 것은 DBWR 프로세스이 더티 버퍼를 기록하는 시간이 지나치게 길다는 것을 의미한다. DBWR 프로세스의 성능이 안좋은 이유는 다양하지만 대부분 다음 범주에 속한다.

 Wait Time

1초

 Parameter

P1	파일#
P2	블록#
P3	ID(Reason Code)

 Common Causes and Actions

원인	DBWR 프로세스의 과도한 작업량(DBWR 프로세스 성능저하)
진단 방법	FAST_START_MTTR_TARGET 파라미터 값 확인 사용 가능한 SGA 메모리 사이즈 및 버퍼 캐시 사이즈 확인
개선 방법	• FAST_START_MTTR_TARGET 값 증가 • 다중 버퍼 풀(Multiple buffer pool)의 적절한 사용

FAST_START_MTTR_TARGET과 write complete waits 대기 이벤트

FAST_START_MTTR_TARGET을 변경하면서 과다한 체크 포인트가 write complete waits 대기 및 성능에 어떤 영향을 주는지 테스트해보자. 테스트 시나리오는 다음과 같다.

- 64,000건의 로우를 갖는 CBL_TEST1 ~ CBL_TEST20 테이블을 생성한다.
- 동시에 30개의 세션에서 CBL_TEST1 ~ CBL_TEST20 테이블을 각각 업데이트 한다.
- FAST_START_MTTR_TARGET 값을 1로 주어서 매우 빈번하게 체크 포인트가 발생하도록 한 경우와 체크 포인트의 빈도를 줄이기 위해 값을 600으로 준 경우에 시스템 레벨에서 write complete waits 대기가 얼마나 발생하는지 확인한다.

FAST_START_MTTR_TARGET = 600으로 주어서 증분 체크 포인트의 횟수를 줄이면 FAST_START_MTTR_TARGET = 1인 경우에 비해 write complete waits 대기가 크게 줄어들 뿐만 아니라, 그 외 다른 모든 대기 현상들도 전반적으로 적게 발생하는 것을 확인할 수 있다. V$SYSSTAT 뷰에서 체크 포인트 관련 통계 값을 조회해보면 잦은 체크 포인트 작업이 대기시간의 차이가 발생했음을 알 수 있다. 만일 시스템 전체적으로 데이터 변경 작업이 매우 많아서 체크 포인트에 의한 부하가 생긴다고 판단되면 증분 체크 포인트의 주기를 늘려줌으로써 이 문제를 해결할 수 있다. 하지만, 이 경우 복구(Recovery)에 더 많은 시간이 소요될 수 있다는 점을 유의해야 한다.

FAST_START_MTTR_TARGET과 write complete waits 대기 이벤트

(1) FAST_START_MTTR_TARGET=1 인 경우

```
-- V$SYSTEM_EVENT를 통해 확인한 write complete waits대기현상 확인
SQL> select *
from    (select event, total_waits, time_waited
         from v$system_event
         where wait_class <> 'Idle'
         order by 3 desc )
where rownum <= 100;

EVENT                                TOTAL_WAITS     TIME_WAITED
---------------------------------    -----------     -----------
log buffer space                            2440           81186
log file switch                              565           31701
(private strand flush incomplete)
free buffer waits                           1367           14198
write complete waits                          56            5334
log file parallel write                      524            4964
buffer busy waits                            133            2302
log file switch completion                   120            2215
db file sequential read                     8589            1761
os thread startup                             47            1759
...

-- V$SYSSTAT을 통해 확인한 체크 포인트 관련 통계 값을 확인.
SQL> select name, value from v$sysstat where name like '%checkpoint%';

NAME                                                VALUE
------------------------------------------------    --------
physical writes non checkpoint                         16823
DBWR checkpoint buffers written                        18024
DBWR thread checkpoint buffers written                  4063
DBWR tablespace checkpoint buffers written                 0
DBWR parallel query checkpoint buffers written             0
DBWR checkpoints                                           7
background checkpoints started                             4
background checkpoints completed                          3v
```

(2) FAST_START_MTTR_TARGET=600 인 경우

```
-- V$SYSTEM_EVENT를 통해 확인한 write complete waits대기현상 확인
SQL> select *
from    (select event, total_waits, time_waited
         from v$system_event
         where wait_class <> 'Idle'
         order by 3 desc )
where rownum <= 100;

EVENT                          TOTAL_WAITS    TIME_WAITED
------------------------------ -----------    -----------
log buffer space                      2532          77920
free buffer waits                     5208          11624
log file switch                         93           6159
(checkpoint in complete)
log file switch completion             235           5915
log file parallel write                319           4698
os thread startup                       46           1658
write complete waits                    17           1623
log file sync                           41           1554
latch: cache buffers chains            187           1452
...

-- V$SYSSTAT을 통해 확인한 체크 포인트 관련 통계 값을 확인.
SQL> select name, value from v$sysstat where name like '%checkpoint%';

NAME                                              VALUE
------------------------------------------------ --------
physical writes non checkpoint                     9661
DBWR checkpoint buffers written                    2089
DBWR thread checkpoint buffers written             1989
DBWR tablespace checkpoint buffers written            0
DBWR parallel query checkpoint buffers written        0
DBWR checkpoints                                      7
background checkpoints started                        4
background checkpoints completed                      2
```

Library Cache
SQL의 작성

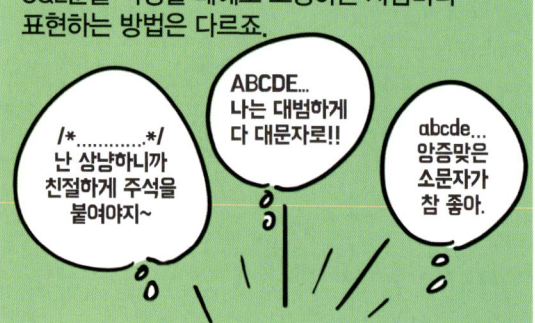

각각 다른 표현으로 이야기해도 우리의 뇌는 같은 이야기라는 것을 인식하지만,

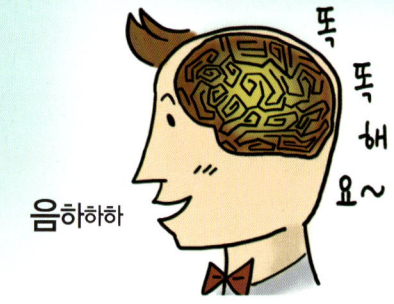

데이터베이스는 그것을 알지 못합니다.
같은 결과를 얻는 경우에도, SQL문의 표현이 다르면 새롭게 해석(파싱)합니다.

우리가 SQL문을 실행하면, 데이터베이스는 아스키 값으로 계산하기 때문입니다.

대문자, 띄어쓰기, 주석에 따라 아스키 값이 다르므로 표현이 달라지면 다른 SQL문으로 생각합니다.

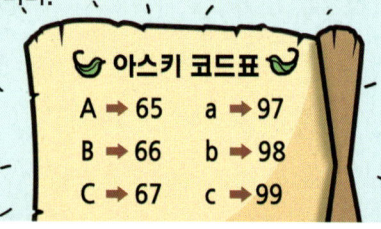

즉, 같은 결과를 얻지만 표현이 다른 SQL문은 실행할 때마다 Library Cache에서 하드파싱 됩니다.

하드파싱은 SQL문의 검색과 공간확보를 위해 Shared Pool latch와 Library Cache Latch를 필요로 합니다.

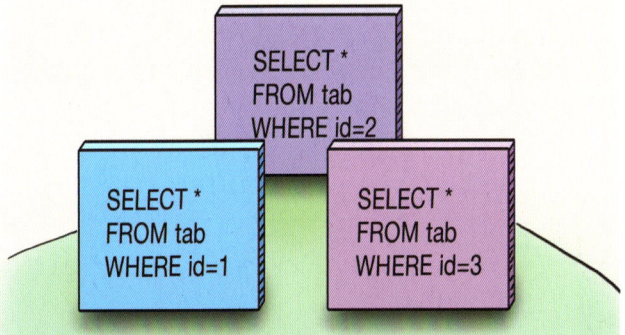

잦은 하드파싱은 리소스를 과도하게 사용하고 래치를 오래 점유하므로 SQL문의 수행에 지연이 발생합니다.

따라서 SQL을 재사용하는 소프트 파싱을 해야 합니다. 이를 위해서 SQL문의 작성 시, 대소문자, 띄어쓰기, 주석에 대한 원칙을 세웁니다.

그런데, 표현방법이 같은 SQL문인데 WHERE 절의 조건 값만 다른 경우는 어떻게 해야 할까요?

조건으로 들어가는 값도 아스키 값으로 계산하므로 값이 달라지면, 다른 SQL문으로 인식되어 하드파싱 됩니다.

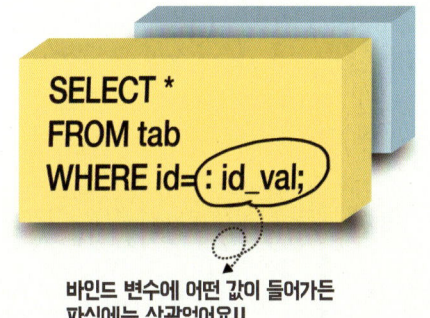

그래서 필요한 것이 바인드 변수입니다. 바인드 변수를 사용하면 소프트파싱의 가능성이 높아집니다.

바인드 변수를 사용하는 SQL문은 변수에 들어가는 값에 관계없이 파싱합니다.

파싱이 끝나면 비로소 바인드 값을 대입합니다. 따라서 적용되는 값에 상관없이 SQL을 공유할 수 있지요.

이렇게, 우리가 무심코 만든 SQL문의 DB는 띄어쓰기 하나에도 민감하게 반응한다는것! 아셨죠?

Library Cache
SQL의 파싱

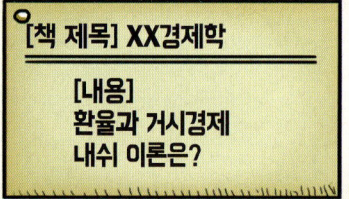

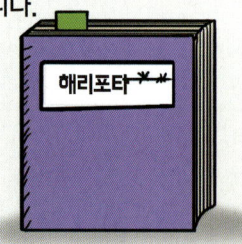

오라클 DB의 SQL 파싱과정은 아스터가 책을 빌리는 과정과 동일합니다.

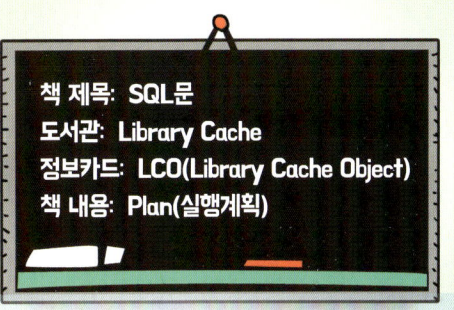

SQL을 수행하게 되면 Library Cache에서 해당 래치를 획득하고 수행하려는 SQL 실행정보(LCO)가 있는지 검색합니다.

SQL이 있으면 LCO의 생성과정을 거치지 않고 바로 실행할 수 있습니다. 이것을 소프트파싱이라고 합니다.

그런데, SQL이 Library Cache에 존재하지 않는 새로운 SQL이라면 LCO를 만들어 실행정보를 저장해야 합니다. Shared Pool 래치를 획득하여 저장할 공간을 확보합니다.

공간이 마련되면 SQL의 LCO를 생성되고 여기에 SQL문과 실행계획 등의 정보를 저장됩니다. 이렇게 만들어진 LCO로 통해 SQL이 수행됩니다.

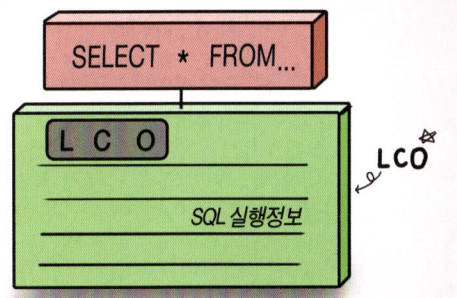

이와 같이 SQL문이 Library Cache 내에 존재하지 않아 LCO를 만들고, 여기에 실행 정보를 저장하는 과정을 하드 파싱이라고 합니다.

하드파싱과 소프트파싱.
Library Cache 내의 SQL 존재유무에 따라서 구별 됩니다.

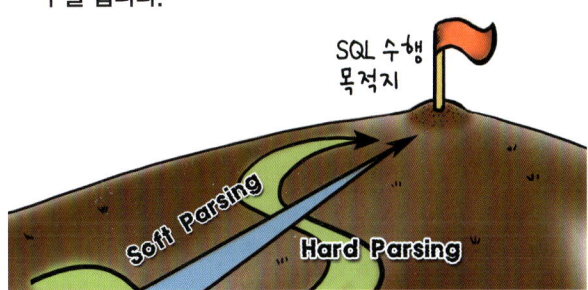

최초로 수행되는 SQL은 하드파싱을 피할 순 없습니다. 그러나 두번째 수행부터는 소프트파싱을 하는게 보다 빠르고 적은 리소스를 사용하니 효율적이겠죠?

Library Cache
child LCO 생성

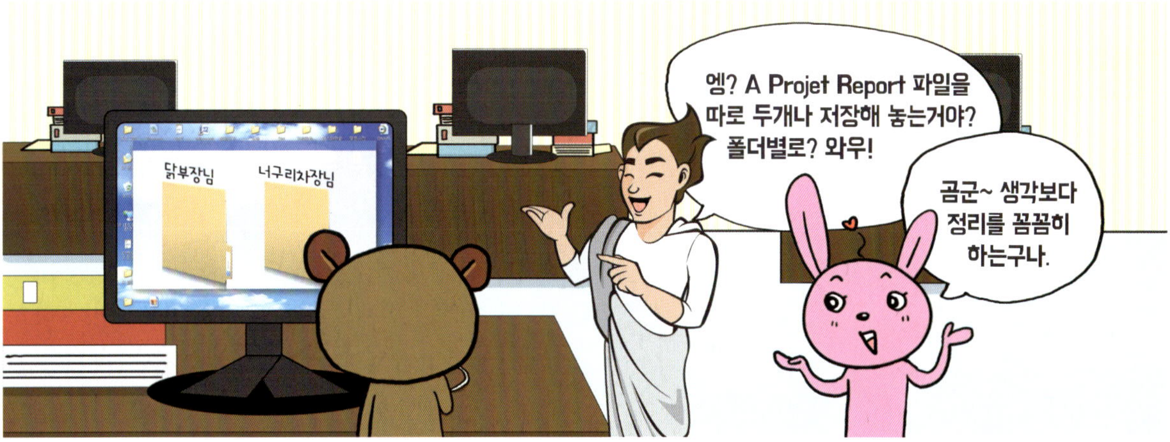

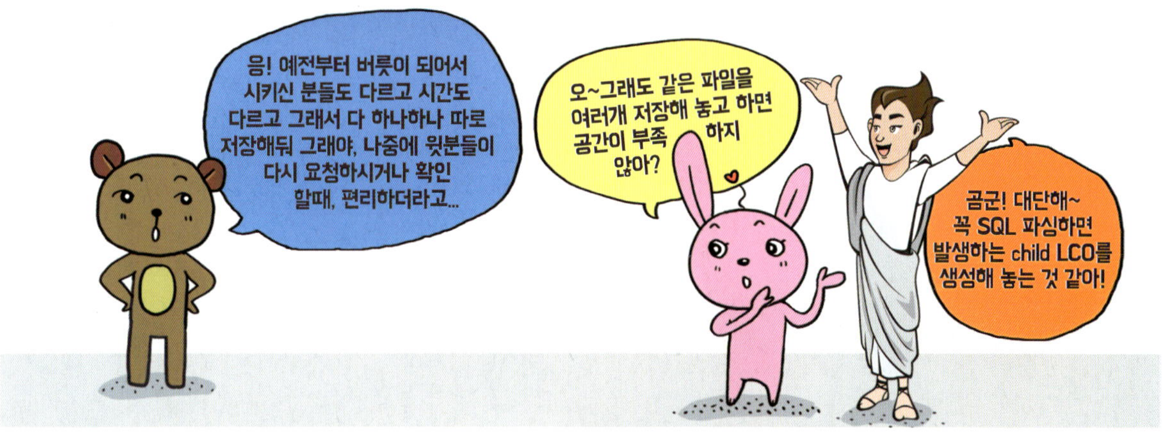

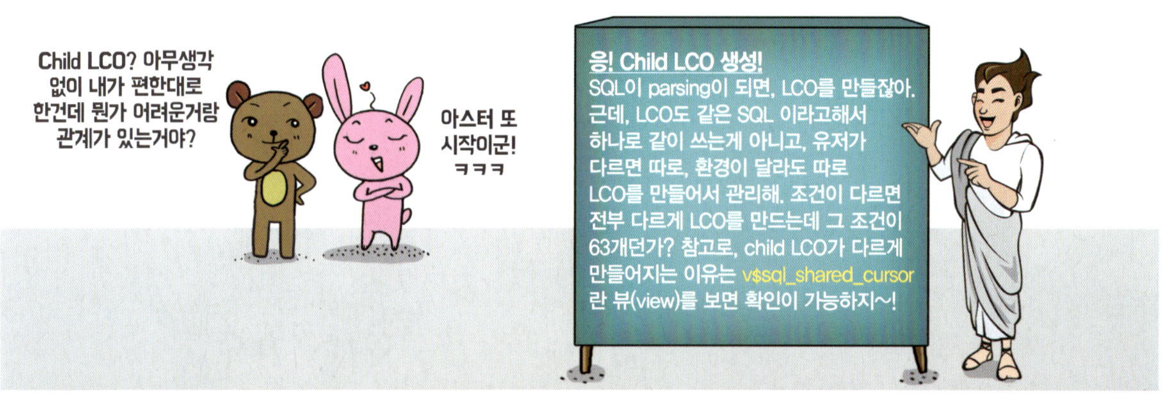

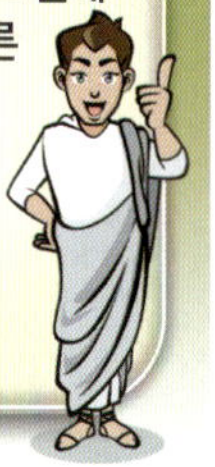

Library Cache
latch: library cache
(Function call로 인한 수행 횟수 증가)

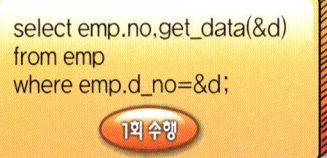

그러면, SQL 수행 시 library cache 영역을 탐색하기 위한 latch를 101번 획득해야 하므로, 동시에 이 SQL문을 자주 수행한다면 latch: library cache를 대기 할 수 있습니다.

Function을 Scalar Subquery로 변경합니다.

latch: library cache

latch: library cache 대기 이벤트는 library cache 래치를 획득하는 과정에서 경합이 발생하여 나타나는 대기 이벤트이다. Shared Pool 래치가 프리 청크를 찾기 위해 프리리스트를 스캔하고, 적절한 청크를 할당하는 작업을 보호한다면, library cache 래치는 SQL을 수행하기 위해 library cache 메모리 영역을 탐색하고 관리하는 모든 작업을 보호한다. 이 때, library cache 래치는 CPU count 보다 큰 소수(Prime Number) 중 가장 작은 수만큼 자식 래치(child latch)를 가진다.

Wait Time

이벤트의 대기시간은 기하급수적으로 증가한다.

Parameter

P1	프로세스가 대기하고 있는 래치의 메모리 주소
P2	래치 번호
P3	래치를 획득하기 위해 프로세스가 시도한 횟수

Common Causes and Actions

원인	파싱이 과다한 경우
진단 방법	latch: library cache 대기가 높은 시점의 파싱에 소요된 시간(parse time elapsed), 발생한 파싱 횟수(parse count(total), parse count(hard), SQL 수행 횟수(execute count)를 확인
개선 방법	• 바인드 변수 사용 • Web Application Server의 경우, Statement Cache 기능 사용 • 애플리케이션 수정, Static SQL을 사용 • session_cached_cursors 파라미터의 조정

원인	버전 카운트(Version count)가 높은 경우
진단 방법	• V$SQLAREA 뷰에서 latch: library cache의 보유 시간이 긴 SQL의 VERSION_COUNT 컬럼 값을 확인

원인	SGA 영역의 페이지 아웃(Page out)이 발생하는 경우
진단 방법	latch: library cache 대기가 높은 시점 O/S에서 스왑(Swap) 발생
개선 방법	• Memory 과다 사용 프로세스 검출 • HP-UX, AIX : LOCK_SGA 파라미터값을 TRUE로 변경한다.(DEFAULT = FALSE) • SonOS : _USE_ISM 파라미터 값이 TRUE 인지 확인한다.(DEFAULT = TRUE)

Technical Tip

버전 카운트(Version Count)

```
Scott : select * from emp where empno = 1;
Mary  : select * from emp where empno = 1;
John  : select * from emp where empno = 1;
```

위의 세 SQL문장은 Text가 완전히 동일하므로 동일한 해시 값을 갖는다. 따라서 동일한 해시 체인(Hash chain)의 동일한 핸들에 할당된다. 하지만 emp 테이블이 모두 스키마가 다른 테이블이므로 실제로는 다른 SQL 문장이다. 이 경우 오라클은 Text에 해당하는 부모 LCO를 두고 그 밑에 세 개의 자식 LCO를 만들어 개별 SQL 정보를 관리한다. 세 개의 자식 LCO는 실제로는 익명 리스트(Anonymous List)라고 하는 별도의 리스트에 저장된다. 세 개의 자식 LCO를 가지므로 V$SQLAREA 뷰의 VERSION_COUNT(버전 카운트) 컬럼 값이 자식 LCO의 개수와 같은 3의 값을 가지게 된다. 버전 카운트가 높다는 것은 자식 LCO 탐색으로 인해 library cache를 탐색하는 시간이 그만큼 증가한다는 것이며, 이로 인해 library cache 래치 경합이 증가할 수 있다는 것을 의미한다. 만일 특정 SQL 문장에서 library cache 래치 경합이 많이 발생한다면 해당 SQL의 버전 카운트 값을 확인해 볼 필요가 있다. 오라클의 버그로 인해 버전 카운트가 불필요하게 높아지는 경우가 있기 때문이다.

SGA 영역의 페이지 아웃(Page Out)

Shared Pool이 디스크로 페이지 아웃된 경우, 해당 영역에 대한 스캔이 발생할 때 다시 디스크의 내용을 메모리로 불러들이는 과정(페이지 인)동안 대기해야 하므로 library cache 래치에 대한 대기시간이 증가할 수 있다. 만일 latch: library cache 대기가 높은 시점에, O/S에서 스왑(Swap)현상이 발생한다면, 페이지 아웃에 의한 성능 저하일 확률이 높다.

SESSION_CACHED_CURSORS

SESSION_CACHED_CURSORS 파라미터 값이 세팅되어 있으면 오라클은 세 번 이상 수행된 SQL 커서에 대한 정보를 PGA 내에 보관한다. 사용자가 SQL을 수행 요청할 때 오라클은 PGA에 캐싱된 정보가 있는지 확인하고, 만일 캐싱된 정보가 있다면 캐싱된 정보를 이용한다. 따라서 library cache 영역을 탐색하는 시간이 줄어들어 상대적으로 library cache 래치를 보유하는 시간이 줄어들게 된다. SESSION_CACHED_CURSORS 파라미터의 기본값은 버전마다 다르다. 만일 기본 값이 작다면 되도록이면 50 이상의 값을 설정하는 것이 바람직하다.

Library Cache
latch: cache buffers chains

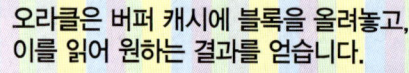

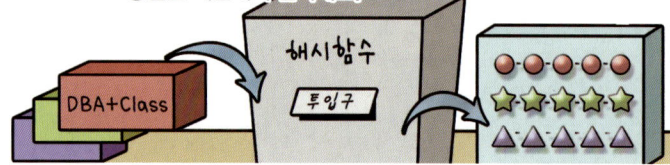

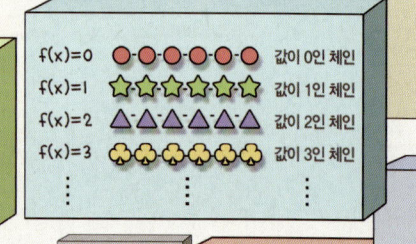

latch: cache buffers chains

latch: cache buffers chains는 cache buffers chains 래치를 획득하는 과정에서 경합이 발생하여 나타나는 이벤트이다. 버퍼 캐시를 사용하기 위해 해시 체인을 탐색하거나 변경하려는 프로세스는 반드시 해당 체인을 관리하는 cache buffers chains 래치를 획득해야 하는데, 이 과정에서 경합이 발생하면 latch: cache buffers chains 이벤트를 대기하게 된다.

Wait Time

이벤트의 대기시간은 기하급수적으로 증가한다.

Parameter

P1	프로세스가 대기하고 있는 래치의 메모리 주소
P2	래치번호
P3	래치를 획득하기 위해 프로세스가 시도한 횟수

Common Causes and Actions

원인	비효율적인 SQL문장 사용
진단 방법	cache buffers chains 래치 대기가 발생하는 시기에 V$SQLAREA 뷰를 통하여 SQL을 확인, TRACE를 통하여 과다한 처리범위를 발생시키지 않는지에 대한 여부를 확인
개선 방법	• SQL문장 튜닝

원인	핫 블록(HOT block)에 의한 문제
진단 방법	V$LATCH_CHILDREN 뷰에서 cache buffers chains 래치에 해당하는 특정 자식 래치의 CHILD#과 GETS, SLEEPS 값이 높은지 확인 V$SESSION_WAIT 뷰에서 래치의 주소를 얻어 과다하게 중복된 주소가 있는지 확인
개선 방법	• PCTFREE를 높게 주거나 작은 크기의 블록을 사용 • 파티셔닝 적용 • 해당 블록의 로우들에 대해서만 삭제 후, 재삽입 작업 수행

Technical Tip

Hot block 여부 판단

```
select * from
(select child#, gets, sleeps from v$latch_children
        where name = 'cache buffers chains'
        order by sleeps desc
) where rownum <= 20;
```

V$LATCH_CHILDREN 뷰에서 자식 cache buffers chains 래치에 해당하는 CHILD# 과 GETS, SLEEPS 값을 비교하여, 특정 자식 래치에 사용하는 횟수와 경합이 집중되는지 판단하여 Hot block 여부를 알 수 있다. 다음 명령문을 이용해서 SLEEPS 횟수가 높은 자식 래치를 얻는다. 만일 특정 자식 래치의 GETS, SLEEPS 값이 다른 자식 래치에 비해서 비정상적으로 높다면 해당 래치가 관장하는 체인에 핫 블록이 있는 것으로 추측할 수 있다.

X$BH 뷰로 어떤 블록들이 Hot block인지 판단

```
select hladdr, obj,
(select object_name from dba_objects where
     (data_object_id is null and object_id = x.obj) or
      data_object_id = x.obj and rownum = 1) as object_name,
       dbarfil, dbablk, tch from x$bh x
where hladdr in
   ('C0000000CDFF24F0', 'C0000000CE3ADDF0', 'C0000000CDF18A98')
order by hladdr, obj;
```

X$BH 뷰를 이용하면 정확하게 어떤 블록들이 핫 블록인지 확인할 수 있다.
X$BH 뷰로부터 1) 사용자 객체(Table, Index)에 해당하며,
              2) Touch Count가 높은 블록을 기준으로 핫 블록을 추출할 수 있다.

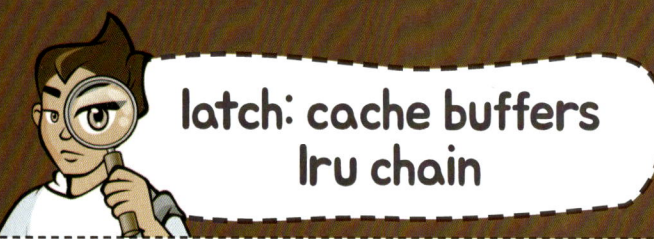

latch: cache buffers lru chain

latch: cache buffers lru chain은 cache buffers lru chain 래치를 획득하는 과정에서 경합이 발생하여 나타나는 이벤트이다. Working Set(lru + lruw)을 탐색하거나 변경하려는 프로세스는 항상 해당 Working Set을 관리하는 cache buffers lru chain 래치를 획득해야 하는데, 이 때 경합이 발생하면 latch: cache buffers lru chain 이벤트를 대기하게 된다.

💡 Wait Time

이벤트의 대기시간은 기하급수적으로 증가한다.

💡 Parameter

P1	프로세스가 대기하고 있는 래치의 메모리 주소
P2	래치번호
P3	래치를 획득하기 위해 프로세스가 시도한 횟수

💡 Common Causes and Actions

원인	비효율적인 SQL문장 사용
진단 방법	cache buffers lru chain 래치 대기가 발생하는 시기에 V$SQLAREA 뷰를 통하여 SQL을 확인, TRACE를 통하여 과다한 처리범위를 발생시키지 않는지에 대한 여부를 확인
개선 방법	• SQL문장 튜닝

원인	버퍼 캐시 크기가 너무 작은 경우
진단 방법	버퍼 캐시의 히트율을 확인하기 위해서는 V$SYSSTAT, V$SESSTAT을 확인하고, 버퍼 캐시 영역을 분석하기 위해서 V$BUFFER_POOL, V$BUFFER_POOL_STATISTICS를 확인
개선 방법	• 버퍼 캐시의 크기를 충분히 크게 한다.

원인	체크 포인트 주기가 지나치게 짧은 경우
진단 방법	버퍼 캐시의 히트율을 확인하고, FAST_START_MTTR_TARGET 또는 LOG_CHECKPOINT_TIMEOUT 파라미터를 통해 체크 포인트 주기를 확인
개선 방법	• FAST_START_MTTR_TARGET 파라미터를 조정하여, 체크 포인트 주기를 합리적으로 지정

cache buffers chains 래치와 cache buffers lru chain 래치 경합간의 차이

cache buffers chains 래치와 cache buffers lru chain 래치 경합간의 차이점에 대해서 이해할 필요가 있다. 만일 동일 테이블이나 인덱스를 여러 세션이 동시에 스캔하는 경우라면, cache buffers chains 래치 경합이 발생할 확률이 높다. 동일 체인에 대한 경합이 발생하기 때문이다. 하지만, 다른 테이블이나 인덱스들을 여러 세션이 동시에 스캔하는 경우라면 cache buffers lru chain 래치 경합이 발생할 확률이 높다. 여러 세션들이 모두 다른 블록들을 메모리에 올리는 과정에서 프리 버퍼를 확보하기 위한 요청이 많아지고 이로 인해 Working Set에 대한 경합이 발생할 확률이 높아진다. 특히 데이터의 변경이 빈번해서 더티 버퍼의 개수가 많고 이로 인해 DBWR가 체크 포인트를 위해 lruw 리스트를 탐색하는 횟수가 잦다면 cache buffers lru chain 래치의 경합은 더욱 심해진다. cache buffers lru chain 래치 경합의 또 다른 중요한 특징은 물리적 I/O를 수반한다는 것이다. 비효율적인 인덱스 스캔에 의한 문제라면 db file sequential read 대기와 lru chain 래치 경합이 함께 발생하게 되고, 불필요한 풀테이블스캔이 많다면 db file scattered read 대기와 lru chain 래치 경합이 함께 발생하게 된다.

실제로는 cache buffers chains 래치 경합과 cache buffers lru chain 래치 경합이 같이 발생하는 경우가 많은데, 복잡한 애플리케이션들에서는 위에서 언급한 패턴들이 복합적으로 사용되기 때문이다.

버퍼 캐시 크기 증가 여부 판단

```
select to_char((sum(decode(name, 'consistent gets',value, 0)) +
       sum(decode(name, 'db block gets',value, 0)) -
       sum(decode(name, 'physical reads',value, 0)) -
       sum(decode(name, 'physical reads direct',value, 0))) /
       (sum(decode(name, 'consistent gets',value, 0)) +
       sum(decode(name, 'db block gets',value, 0))) *
       100,'999.99') || ' %' "Buffer Cache Hit Ratio"
from v$sysstat ;
```

다수의 비효율적인 SQL로 인한 프리버퍼를 과도하게 요청하는 경우 버퍼 캐시 히트율을 떨어뜨리는 주요 원인이 된다. 그리고 버퍼 캐시의 크기가 지나치게 작을 경우 또한 히트율을 떨어뜨리는 주요 원인이다. 버퍼 캐시 크기 증가를 고려하기 위해 버퍼 캐시 히트율을 확인해 볼 필요가 있다. 또한 free buffer waits, buffer deadlock, buffer busy waits 이벤트 다수 발생 시에도 버퍼 캐시 크기 증가를 고려해 볼 필요가 있다.

Library Cache
library cache pin

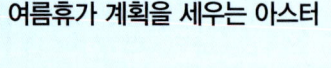

여름휴가 계획을 세우는 아스터

그런데, 아스터의 업무는 쌓여만 갑니다.
이거이거~휴가나 제대로 갈 수 있을까요.

아스터의 심리상태

아스터는 밀려드는 업무때문에 휴가계획이 차질을 빚지 않도록
날짜를 못(PIN)박아야겠다고 다짐했습니다.

휴가를 가려면 계획을 세워야 하듯, SQL을 실행하려면 실행 계획이 있어야합니다.

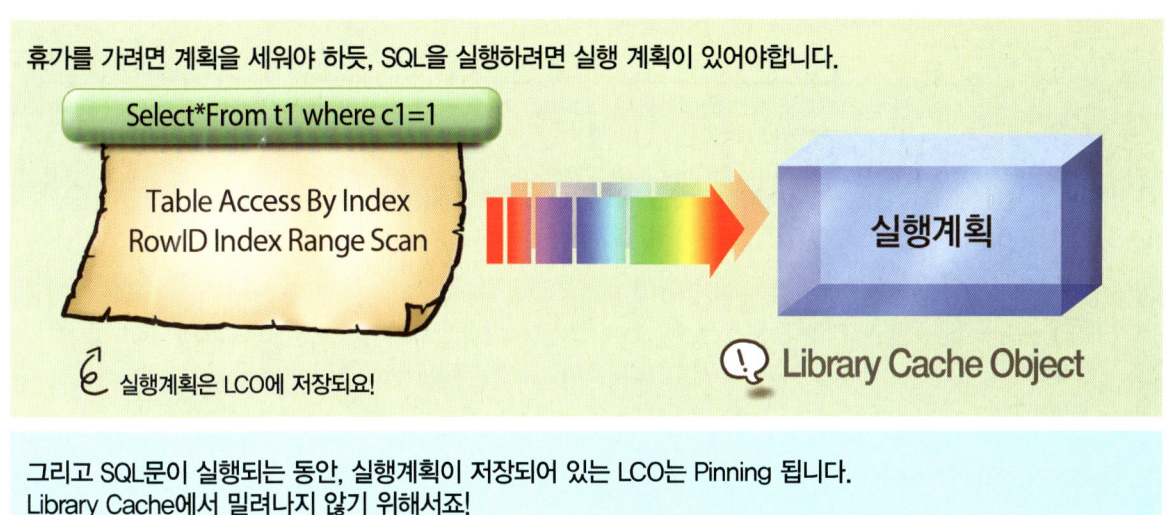

그리고 SQL문이 실행되는 동안, 실행계획이 저장되어 있는 LCO는 Pinning 됩니다.
Library Cache에서 밀려나지 않기 위해서죠!

또, LCO에 핀을 꽂고 SQL문을 실행하는 동안에
다음과 같은 명령을 수행하게 되면, library cache pin의 경합(대기)이 발생합니다.

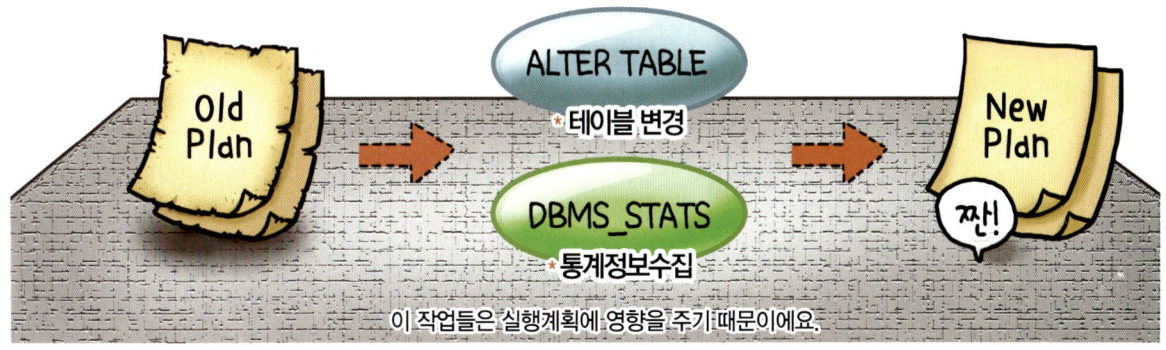

이렇게 닭부장이 먼저 휴가를 찜해서 기다릴 수 밖에 없는 아스터, 안타깝네요 ㅠㅠ

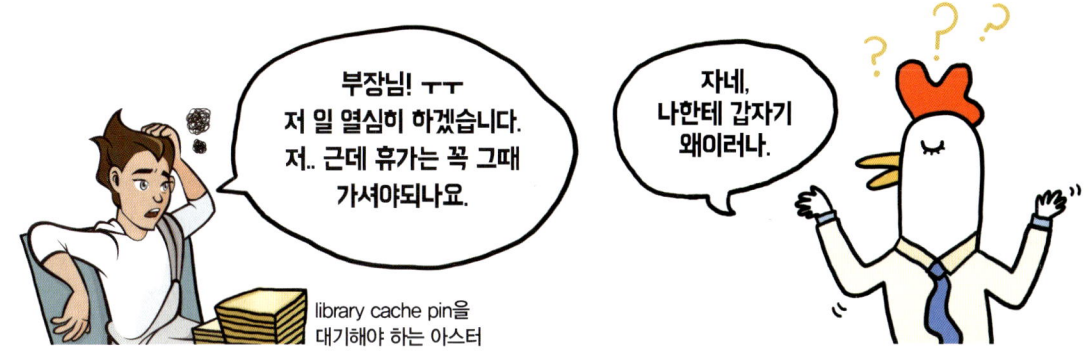

library cache pin

library cache pin 이벤트 대기는 Library Cache Object의 실행정보를 바꾸거나 참조하는 과정에서 경합이 발생할 때 관찰된다. 가령 특정 SQL에 대해 최초로 하드파싱을 수행하는 세션은 해당 Library Cache Object에 대해 library cache pin을 Exclusive 모드로 획득한다. 하드파싱이 이루어지는 동안 같은 SQL을 수행하고자 하는 세션들은 library cache pin을 Shared 모드로 획득하기 위해 대기해야 한다. 이때 library cache lock 이벤트를 대기한다.

 ### Wait Time

PMON 프로세스는 1초까지 대기하며, 다른 프로세스들은 3초까지 대기한다. 해당 대기시간 후에도 핀을 획득하지 못할 경우 반복적으로 대기한다.

 ### Parameter

- 참고) library cache pin 대기 이벤트는 대기 파라미터를 사용하지 않는다.

P1	핀(pin) 대기와 관련된 오브젝트의 메모리 주소
P2	핀(pin)의 메모리 주소
P3	모드(mode)와 네임스페이스(namespace)

 ### Common Causes and Actions

원인	현재 많이 사용되는 오브젝트에 대한 DDL 명령을 수행
진단 방법	library cache lock/pin 경합 중 x$kgllk, x$kglpn, x$kglob, v$session을 통하여 Holder Session 확인, library cache lock/pin 경합 종료 후 사후 분석 시 DBA_HIST_ACTIVE_SESS_HISTORY 뷰를 통하여 Blocking Session을 확인
개선 방법	• 업무시간 중 과도한 오브젝트의 변경을 제한

library cache lock과 library cache pin의 상관관계

```
select  s.sid, kglpnmod "Mode", kglpnreq "Req"
from    x$kglpn p, v$session s
where   p.kglpnuse=s.saddr
and     kglpnhdl='&P1RAW' ;
```

library cache pin 이벤트의 P1= handle address, P2= lock address, P3= mode*100 + namespace 로 어떤 객체에 대해 어떤 모드로 락을 획득하는 과정에서 경합이 발생했는지 파악할 수 있다.
library cache pin은 library cache lock을 획득한 후, library cache 객체에 대해 추가작업이 필요할 때 획득하게 된다. 가령 특정 프로시저나 SQL 문장을 수행하고자 하는 프로세서는 library cache lock을 Shared 모드로 획득한 후에 library cache pin을 Shared 모드로 획득해야 하며, 프로시저를 컴파일(alter procedure … compile …)하는 경우에는 library cache pin을 Exclusive하게 획득해야 한다. 핀(pin)이라는 용어의 의미는 LCO에 핀을 꽂는다는 것으로, 핀이 꽂혀있는 동안 LCO의 값이 변동되지 않도록 보장받는 역할을 한다. 한 가지 기억할 사실은 하드파싱이 발생하는 경우, 하드파싱이 이루어지는 동안 해당 SQL 커서에 대해 library cache pin을 Exclusive하게 획득한다는 것이다. 해당 이벤트가 발생할 경우, 위의 SQL을 수행하여 핀을 점유하고 있는 세션 및 모드를 확인할 수 있다.

업무시간 중 DDL의 수행을 피하라

library cache lock 대기에 의한 성능저하 현상은 대부분 부적절한 DDL(create, alter, compile, flush 등)에 의해 발생한다. 따라서 트랜잭션이 왕성한 시스템에 대해서 DDL을 수행할 때는 이 내용을 충분히 수행해야 한다. 간혹 하드 파싱이 많은 시스템에서 Shared Pool 메모리 고갈을 피하기 위해(ORA-4031 에러를 피하기 위해) flush를 수행하는 경우가 있으나 시스템에 악영향을 주는 경우가 많다. 하드 파싱도 나쁘지만, 하드 파싱이 발생하는 도중에 DDL을 수행하는 것은 피해야 한다.

Library Cache
latch: shared pool(bind mismatch)

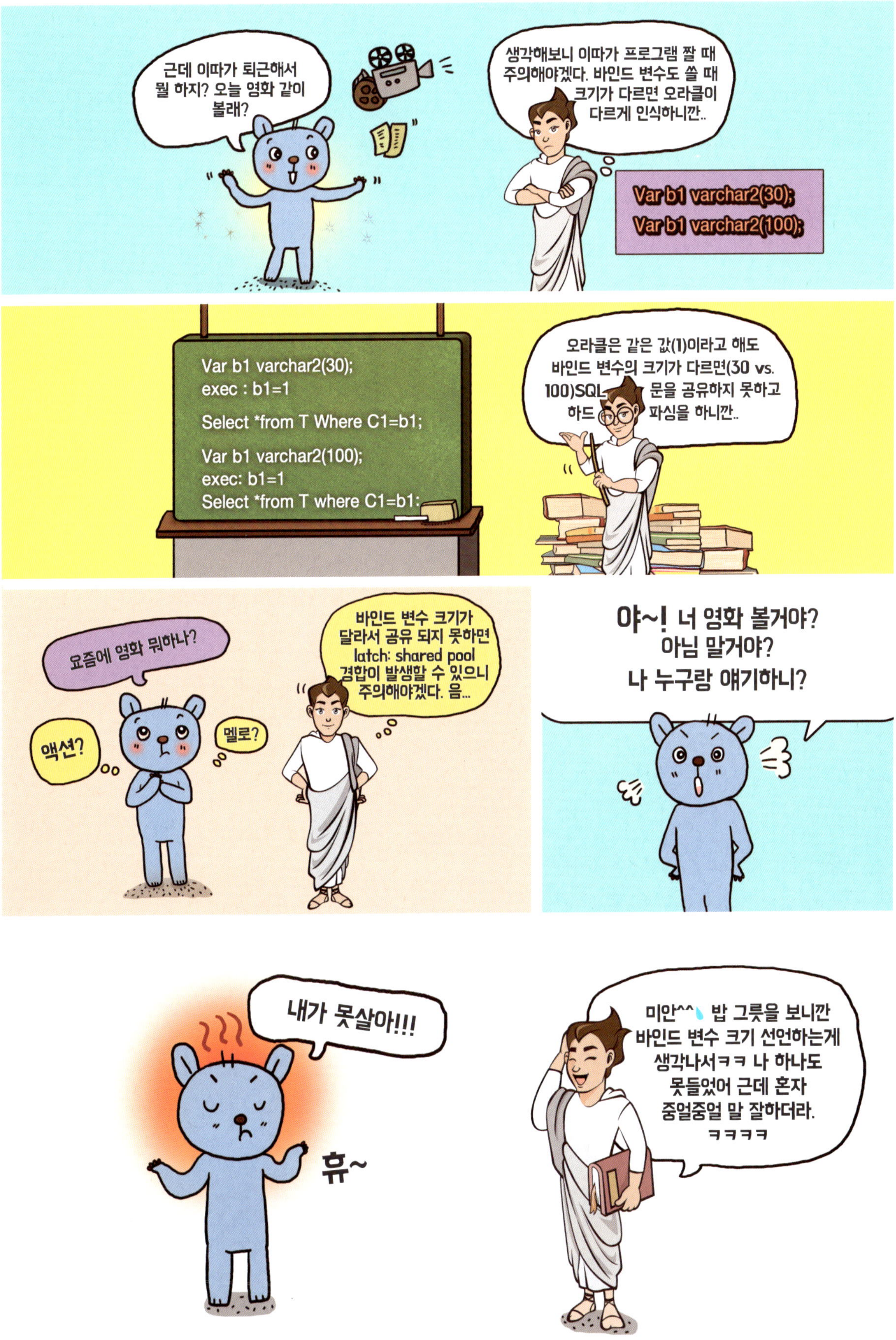

latch: shared pool(bind mismatch)

Shared Pool 래치는 Shared Pool의 기본 메모리 구조인 힙을 보호하는 역할을 한다. 프리 청크를 찾기 위해 프리 리스트를 탐색하고, 적절한 청크를 할당하고, 필요한 경우 프리 청크를 분할(Split)하는 일련의 작업들은 모두 Shared Pool 래치를 획득한 후에만 가능하다. Shared Pool 래치를 획득하는 과정에서 경합이 발생하면 latch: shared pool 이벤트를 대기한다.

💡 Wait Time

이벤트의 대기시간은 기하급수적으로 증가한다.

💡 Parameter

P1	프로세스가 대기하고 있는 래치의 메모리 주소
P2	래치번호
P3	래치를 획득하기 위해 프로세스가 시도한 횟수

💡 Common Causes and Actions

원인	동시에 여러 세션이 청크를 할당 받아야 하는 경우 Shared Pool 단편화가 일어날 경우 Literal SQL로 인한 Hard Parsing의 과다 수행
진단 방법	Hard Parsing 추이를 확인하기 위하여 V$SYSSTAT 뷰를 통하여 parse count(hard), parse time cpu, parse time elapsed 지표 값 확인 Hard Parsing이 높게 나타난 세션에 수행된 SQL의 Literal SQL 여부 확인
개선 방법	• 바인드 변수 사용 • _KGHDSIDX_COUNT 히든 파라미터를 이용하여 서브풀 생성 • Shared Pool의 크기 감소 후 dbms_shared_pool 패키지 사용 • Cursor Sharing 기법 사용 • Prepared Statement의 사용을 통해 JDBC PKG 내의 Literal SQL을 제거

서브풀의 사용

오라클 9i 이상부터는 shared Pool을 여러 개의 서브풀로 최대 7개까지 나누어서 관리할 수 있다. _KGHDSIDX_COUNT 히든 파라미터를 이용하면 서브풀의 개수를 관리할 수 있다. 오라클은 CPU 개수가 4 이상이고, Shared Pool의 크기가 250M 이상인 경우 _KGHDSIDX_COUNT의 값만큼 서브풀을 생성해서 Shared Pool을 관리한다. 서브풀은 그 자체가 독립적인 Shared Pool로 관리되며 독자적인 프리리스트(Freelist), lru 리스트, Shared Pool 래치를 가진다. 따라서 shared Pool의 크기가 큰 경우에는 서브풀로 쪼개서 관리함으로써 Shared Pool 래치 경합을 줄일 수 있다.

Shared Pool 크기 감소

하드파싱에 의해 Shared Pool 래치 경합이 발생하는 경우 또 다른 해결책은 Shared Pool의 크기를 줄이는 것이다. Shared Pool의 크기가 줄어든 만큼 프리리스트에 딸린 프리 청크들의 개수도 감소하고 따라서 프리리스트 탐색에 소요되는 시간이 줄어들기 때문이다. 하지만 이 경우 ORA-4031 에러가 발생할 확률이 높아지며 Shared Pool에 상주할 수 있는 객체의 수가 줄어들어서 부가적인 하드파싱이 유발될 수 있다는 단점이 있다. 이 단점을 해소하기 위해서 dbms_shared_pool.keep 프로시저를 이용해서 자주 사용되는 SQL 커서나 패키지, 프로시저 등을 Shared Pool에 영구 상주시키는 방법을 사용할 수 있다. dbms_shared_pool.keep 을 이용해 지정된 객체들은 Shared Pool에 영구적으로 상주하게 되며, alter system flush shared_pool 명령으로도 내려가지 않는다. 요약하면, Shared Pool의 크기를 줄이고 동시에 dbms_shared_pool 패키지를 이용해 자주 사용되는 객체를 메모리에 상주시키는 것이 또 하나의 방법이 된다.

Cursor Sharing 사용

Cursor Sharing 기법을 사용한다. Cursor Sharing이란 상수(Literal)를 사용한 SQL 문장을 자동으로 바인드 변수를 사용하게끔 치환해서 커서가 공유되도록 해주는 기능을 말한다. Cursor Sharing 기능은 기존의 Literal SQL을 바인드 변수로 변환 할 시간적 여유가 없는 경우에만 사용하는 것이 바람직하다.

Library Cache
kksfbc child completion

mini 강의

SQL Cursor 객체는 Parent/Child의 관계로 이루어져 있습니다. Parent Cursor 객체가 여러개의 Child Cursor 객체를 거느립니다. Server Process가 현재 생성(Built) 중인 Child Cursor를 사용하려면 Cursor 생성이 완료될 때까지 기다려야 합니다. 이때 보고되는 이벤트가 kksfbc child completion 이벤트입니다.

*과도한 Hard Parse는 kksfbc child completion 대기 이벤트의 가장 중요한 원인입니다.

1. Hard Parse가 많은 경우
2. Parse failure가 많은 경우
3. 병렬 실행이 발생하는 경우에도 Child Cursor를 공유 하는 과정에서 대기가 발생하는 경우

> 다음과 같은 상황에서 주로 발생

kksfbc child completion 대기 이벤트 해소 방법

Hard Parse를 최소화 할것

1. Dynamic SQL을 Static SQL로 변환한다.
2. Literal SQL 사용을 최소화하고 Bind Variable을 사용한다.
3. Bind Mismatch에 의한 Hard Parse가 발생하는지 확인한다.

Oracle Bug

Oracle Bug로 인해 비정상적인 kksfbc child completion 이벤트 대기와 높은 CPU 사용이 보이는 현상이 보고 되고 있습니다. 이 경우, 현재 공식적인 workaround는 없으며, 다음과 같은 작업을 시도해볼 수 있습니다.
_KKS_USE_MUTEX_PIN 파라미터 값을 false로 변경한다.
현재까지 알려진 버그에 대해서는 Metalink 문서를 참조하세요 ^ ^

kksfbc child completion

SQL Cursor 객체는 Parent/Child의 관계로 이루어져 있다. 하나의 Parent Cursor 객체가 여러 개의 Child Cursor 객체를 거느린다. Server Process가 현재 생성(Built) 중인 Child Cursor를 사용하려면 Cursor 생성이 완료될 때까지 기다려야 한다. 이때 보고되는 이벤트가 kksfbc child completion 이벤트이다.

Common Causes and Actions

원인	과도한 Hard Parse
진단 방법	Parse count(hard) 통계값 및 V$SQLAREA.VERSION_COUNT 값 참조
개선 방법	• Dynamic SQL을 Static SQL로 변환 • Literal SQL 사용을 최소화하고 Bind Variable 사용 • Bind Mismatch에 의한 Hard Parse 발생 유무 확인

원인	Oracle Bug
개선 방법	• _KKS_USE_MUTEX_PIN 값을 FALSE로 변경

Memo

Library Cache
cursor: pin s wait on x

cursor: pin s wait on x

오라클 10g 이후부터, Shared Cursor Operation에 대해 기본적으로 Mutex가 동기화 객체로 사용되면서 나타나는 Wait Event이다. 일종의 library cache pin 이벤트 발생과 성격이 비슷하다.

💡 Common Causes and Actions

원인	다수의 프로세스가 동일한 리소스를 사용하도록 하는 Mutex 객체를 사용하면서 해당 객체에 경합 발생시 해당 이벤트 발생
진단 방법	_kks_use_mutex_pin 파라미터 설정 값 확인
개선 방법	• 10g 버전의 경우 Mutex로 인한 문제 발생시 _kks_use_mutex_pin 파라미터의 설정 값을 False로 변경함. • 11g 부터는 Mutex만을 사용하므로 위 파라미터 자체가 존재하지 않음

Mutex Holder 찾기

Oracle 10g부터 cursor: pin ... 과 같은 이름의 대기 이벤트가 많이 관찰된다. Mutex가 동기화 객체로 사용되면서 나타난 현상인데, 이 Mutex의 문제는 Holder를 관찰하기가 쉽지 않다.

하지만 아래 Metalink Note를 읽어보면 의외로 쉽게 Mutex Holder를 찾을 수 있다는 것을 알 수 있다.

문서 ID: 786507.1
제목: HOW TO FIND BLOCKING SESSION FOR MUTEX WAIT EVENT cursor: pin s wait on x

— 64비트 시스템에서는 8자리, 32비트 시스템에서는 4자리를 취한다.

```
SELECT p2raw,to_number(substr(to_char(rawtohex(p2raw)), 1, 8), 'XXXXXXXX') sid
FROM v$session
WHERE event = 'cursor: pin S wait on X';


P2RAW                   SID
---------------         ---
0000001F00000000        31
```

31은 첫 8자리 0000001F 값의 10진수 값이다. 즉, 현재 Holder가 31번 세션이라는 것을 의미한다.
10GR2 부터는 V$SESSION.BLOCKING_SESSION 컬럼에 Holder 정보가 기록되어 더욱 손쉽게 Holder Session을 찾을 수 있다.

Library Cache
latch free(simulator lru latch)

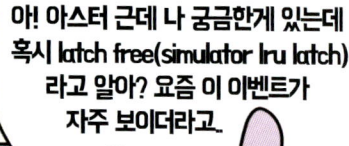

Latch에 대해서는 좀 알지?
Latch는 특성상 획득할 때 까지 계속해서 CPU를 점유하면서 스핀하여 Latch 획득 시도를 하기 때문에 다수의 세션이 Latch 대기를 하게 되면 그만큼 CPU 사용율이 증가해. 그래서 Latch를 해결해야 하는데 Simulator lru latch는 쿼리가 수행됐을 때, 해당하는 쿼리에 대해서 일종의 Simulation을 수행해 보는 것이라 latch free(simulator lru latch)를 해소하기 위해서는 DB_CACHE_ADVISOR 기능을 OFF 시키면 해당 이벤트 대기현상이 해소되지. 그래서 CPU에 민감하면 이 기능을 OFF하는 것을 권장해!

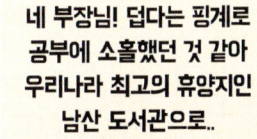

latch free (simulator lru latch)

latch free(simulator lru latch)

DB Cache Advisor 기능이 사용하는 메모리 영역을 보호하는 latch이다.

💡 Common Causes and Actions

원인	큰 크기(수 GB이상)의 Buffer Cache를 사용 시 simulator lru latch 경합
진단 방법	DB Cache Advisor 기능이 활성화되어 있는지 확인
개선 방법	• DB_CACHE_ADVICE 파라미터를 통하여 DB Cache Advisor 기능 비활성화

DB_CACHE_ADVICE

oracle 9i 부터는 SGA 영역 크기를 온라인 상태에서 바꿀 수 있다. 이를 Dynamic SGA 기능이라 한다. 이렇게 바꿀 수 있는 메모리 영역은 Shared Pool, Buffer Cache, Large Pool이 세 가지이다. 이 중 Buffer Cache 크기를 조절했을 때의 성능을 예측하는 Advisory 기능을 DB_CACHE_ADVICE 파라미터를 통하여 제공한다. DB_CACHE_ADVICE = ON인 경우 Buffer Cache Advisory 기능이 enable 되며 V$DB_Cache_Advice 뷰를 통하여 내용을 확인할 수 있다. V$DB_Cache_Advice View에는 buffer cache 별로 현재 크기의 10%에서 200%까지 20개의 크기에 대한 simulation 정보를 기록한다. 각 크기별로 기존 block 참조 정보를 이용해서 예상되는 물리적 읽기 수를 제공한다.

- Buffer Cache Advisory 기능 사용은 다음 두 가지의 오버헤드를 일으킨다.
  1) Advisory 기능은 buffer cache 별로 bookkeeping을 위한 아주 약간의 CPU 오버헤드가 필요하다.
  2) MEMORY: Advisory 기능은 buffer block 당 Shared Pool에서 약 700 byte 정도의 메모리를 할당한다.
- parameter는 ON, OFF, READY 세 가지 값을 가질 수 있는데, 각 상태의 의미는 다음과 같다.
  1) OFF: Advisory 기능이 disable 되고, CPU나 MEMORY 오버헤드가 없음
  2) ON: Advisory 기능이 enable 되고, CPU나 MEMORY 오버헤드가 발생
  3) READY: Advisory 기능은 disable되나, Shared Pool의 메모리는 할당

READY나 ON의 경우, Shared Pool의 Contention이 발생 하므로 오버헤드가 될 수 있다. 충분한 여유공간을 확인 후 작업을 해야한다.

V$DB_CACHE_ADVICE 뷰

id : Buffer Cache의 id(1 ~ 8)
name : Buffer Cache의 이름
block size : Buffer Cache의 block 크기
advice_status : Buffer Cache Advisory 기능의 상태
(ON or OFF: Ready 상태도 OFF로 표시)
size_for_estimate : simulation에 사용한 Buffer Cache의 크기(KB)
buffers_for_estimate : simulation에 사용한 Buffer Cache의 개수(blocks)
estd_physical_read_factor : 물리적 읽기 예상#/Buffer Cache 읽기#
estd_physical_reads : 물리적 읽기 예상치

estd_physical_read_factor는, 실제 Buffer Cache Advisory 기능을 enable 시킨 이후, Buffer Cache에 실제 발생한 physical read number 대비, Buffer Cache의 크기를 V$DB_CACHE_ADVICE 뷰의 row에 나와 있는 크기로 조정했을 때 예상되는 physical read number(estd_physical_reads)의 비율을 의미한다.

Lock
enq: TX - row lock contention
(동일 Row 변경에 의한 TX Enqueue)

동시 사용자가 많고 빠른 처리를 요구하는 OLTP 환경에서는 사용자가 성능에 매우 민감하게 반응합니다.

'처리속도가 너무 늦다', '병목이 발생했다'라고 느꼈을 때 원인을 파악하기 위하여 DB 내부를 들여다보면 세션들이 일을 처리하지 못하고 대기하고 있는 것을 발견할 수 있습니다.

대기 중인 Active 세션들은 "지금 저는...을 대기하고 있어요"라고 우리에게 알려주는데, 이것이 바로 대기이벤트입니다.

이 대기이벤트 중에 Enqueue라는 것이 있습니다. 우리는 Enqueue를 락이라고 하기도 합니다.

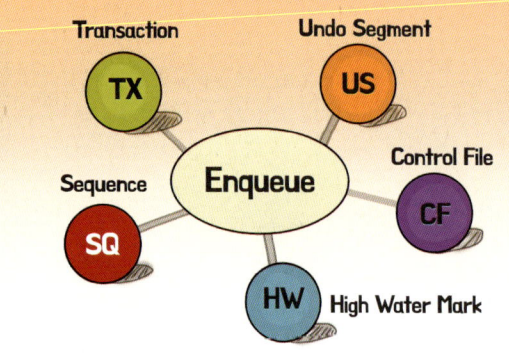

Enqueue는 락의 한 종류로, 보호하는 리소스에 따라 여러가지로 분류됩니다.

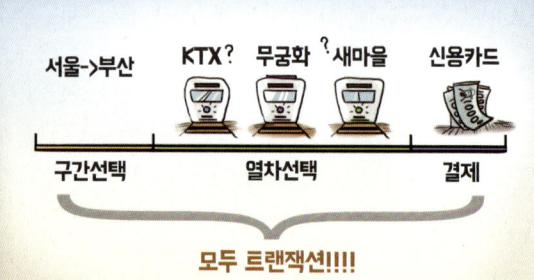

이 중, 우리에게 가장 잘 알려져 있는 것은 TX Enqueue입니다. TX Enqueue가 보호하는 리소스는 트랜잭션으로, 트랜잭션이 종료될 때(Commit이나 Rollback이 수행될 때) 해제되는 락입니다.

TX Enqueue에 대한 대기현상은 동일한 Row를 동시에 여러 세션이 변경하려고 할 때 가장 많이 발생합니다. 데이터가 동시에 변경되지 않도록, 데이터의 일관성을 보호하기 위하여 Exclusive(배타적)모드로 획득하기 때문입니다.

Exclusive(배타적) 모드이기 때문에, 먼저 변경한 홀더 세션이 트랜잭션을 종료하지 않으면 동일 데이터의 변경을 원하는 세션들은 작업을 처리하지 못하고 계속 기다리게 됩니다. 이로 인하여 사용자는 처리 속도에 대한 불편을 느끼게 되는 것이죠.

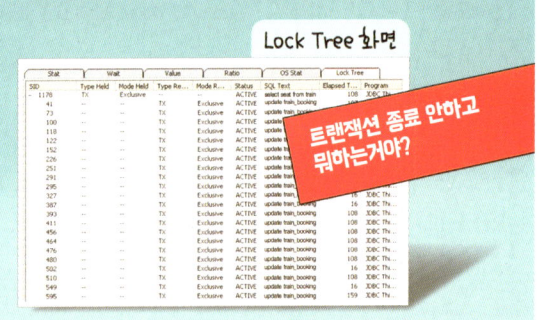

원활한 변경 작업을 위해서는 TX Enqueue를 Exclusive 모드로 가지고 있는 시간을 단축하는 것이 필요하겠네요. 그래서 실시간 상황에서는 TX Enqueue-Exclusive 경합이 발생했을 때, Session Kill을 통해 홀더 세션의 트랜잭션을 강제 종료하기도 합니다.

그런데, 근본적으로 문제를 해결하기 위해서는 자주 TX Enqueue가 발생하는 프로그램 로직을 점검할 필요가 있습니다. 보통 변경작업을 하고 Commit/Rollback을 하지 않은 채 다른 작업을 진행하기 때문에 발생합니다.

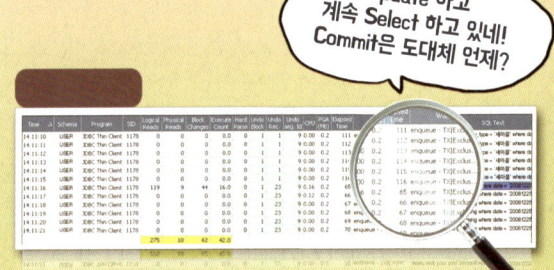

그러면 변경작업을 하고 바로 Commit/Rollback 하도록 프로그램을 수정하면 되겠네요.
이렇게 하면 TX Enqueue를 Exclusive 모드로 가지고 있는 시간을 줄일 수 있습니다.

내용을 정리해 보면,

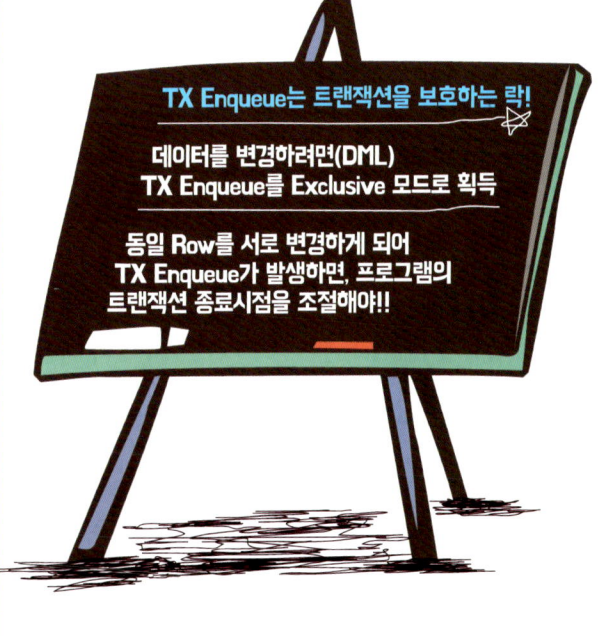

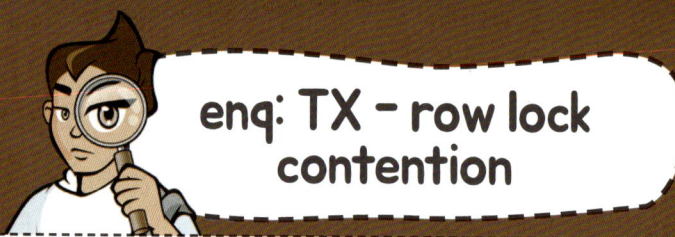

enq: TX – row lock contention

enq: TX – row lock contention 이벤트는 로우 레벨 락(row level lock)에 의한 경합이 발생했다는 것을 의미한다. 다음과 같은 세 가지 경우에 로우 레벨 락 경합이 발생한다.

- 여러 세션이 동일 로우를 변경하는 경우
- 여러 세션이 동일 Unique Key 충돌을 일으키는 경우
- 여러 세션이 비트맵 인덱스 충돌을 일으키는 경우

 여러 세션이 동일 로우를 변경하는 경우(mode=6)

동일 로우 변경은 TX 락에 의한 경합이 발생하는 가장 보편적인 경우이다. 특정 프로세스가 특정 로우을 변경하기 위해 해당 로우를 방문했을 때, 현재 로우가 변경된 상태라면 ITL로부터 해당 로우를 변경한 트랜잭션을 확인하고, 자기 자신을 TX Enqueue 목록에 추가하여 enq: TX – row lock contention 이벤트를 대기한다. 이 대기는 해당 로우에 대해 TX 락을 보유한 프로세스가 락을 해제할 때까지 계속된다. 아래 예를 보자.

```
세션A:(SID = 150)
SQL> update test set id = 1 where rownum = 1;

세션B:(SID = 148)
SQL> update test set id = 1 where rownum = 1;
... Wait ...

세션 B는 세션 A가 이미 변경한 로우를 업데이트하기를 원하므로 대기상태에 빠지게 된다. 이 상태에서 TX 락의
대기현황을 V$LOCK 뷰를 통해 관찰하면 다음과 같다.

세션C:
SQL> exec print_table('select * from v$lock where type = TX');
ADDR                    : C0000000ED2DC938
KADDR                   : C0000000ED2DCAC0
SID                     : 150
TYPE                    : TX
ID1                     : 1507368
ID2                     : 7763
LMODE                   : 6    ? TX 락을 Exclusive 모드로 획득중
REQUEST                 : 0
CTIME                   : 235
BLOCK                   : 1
-----------------------------------------------------
ADDR                    : C0000000EE0A78D8
KADDR                   : C0000000EE0A78F8
SID                     : 148
TYPE                    : TX
ID1                     : 1507368
ID2                     : 7763
LMODE                   : 0
REQUEST                 : 6    ? TX 락을 Exclusive 모드로 대기중
CTIME                   : 226
BLOCK                   : 0
```

테스트) 동일 로우 업데이트에 의한 TX 락 경합

위의 결과는 다음과 같이 해석할 수 있다. "세션A(SID=150)가 TX 락(ID1=1507368, ID2=7763)을 Exclusive 모드(LMODE=6)로 획득한 상태이며, 세션B(SID=148)가 동일한 ID1, ID2에 대해 TX 락을 Exclusive 모드(REQUEST=6) 획득하기 위해 대기중이다". TX 락이 보호하는 자원은 "트랜잭션"으로, Part1의 "트랜잭션과 OWI"에서 설명한 바와 같이 트랜잭션은 USN+SLOT+SQN 정보로 표현된다. TX 락의 ID1 값은 usn + slot이며, ID2 값은 sqn에 해당한다. 따라서 V$LOCK 뷰를 통해 어떤 트랜잭션에서의 경합 현상인지 파악할 수 있다. enq: TX - row lock contention 이벤트의 P2, P3 값은 TX 락의 ID1, ID2 값과 매칭된다. V$SESSION_WAIT 뷰에서 세션B(SID=148)의 대기현상을 조회하면 다음과 같은 결과를 얻을 수 있다.

```
SQL> exec print_table('select * from v$session_wait where sid = 148');
SID                             : 148
SEQ#                            : 341
EVENT                           : enq: TX - row lock contention
P1TEXT                          : name|mode
P1                              : 1415053318
P1RAW                           : 0000000054580006
P2TEXT                          : usn<
```

 ### 여러 세션이 Unique Key 충돌을 일으키는 경우(mode=4)

Unique Key 또는 Primary Key 충돌이 발생할 때도 TX 락 경합이 발생하게 된다. 프로세스 A가 Insert를 수행한 후, 프로세스 B가 Unique Key 충돌이 발생하게끔 Insert를 수행하면, 프로세스 B는 TX 락을 Shared 모드로 획득하기 위해 대기한다. 이때의 대기현상은 enq: TX - row lock contention 이벤트로 나타난다. 프로세스 B는 프로세스 A가 커밋하거나 롤백할 때까지 대기하게 된다. 프로세스 A에서 커밋이 이루어지면, 프로세스 B는 ORA-0001 에러 상황이 되며 롤백이 이루어지게 된다. 아래의 테스트 스크립트를 보자.

```
세션 A:(SID=144) Unique Key를 생성하고 값을 insert 한다.
SQL> create unique index test_idx on test(id);
SQL> insert into test values(1);

세션 B:(SID=148) 동일한 값을 insert 한다.
SQL> insert int test values(1);
... Wait ...
```

세션 C:
SQL> exec print_table('select * from v$lock where sid in (148,144) and type = TX');

```
ADDR                          : C0000000ED2EE058
KADDR                         : C0000000ED2EE1E0
SID                           : 144
TYPE                          : TX
ID1                           : 917514
ID2                           : 9024
LMODE                         : 6         ? TX 락을 Exclusive하게 획득 중
REQUEST                       : 0
CTIME                         : 114
BLOCK                         : 1
-------------------
ADDR                          : C0000000ED2B6738
KADDR                         : C0000000ED2B68C0
SID                           : 148
TYPE                          : TX
ID1                           : 3407878
ID2                           : 1985
LMODE                         : 6         ? TX 락을 Exclusive하게 획득 중
REQUEST                       : 0
CTIME                         : 102
BLOCK                         : 0
-------------------
ADDR                          : C0000000EE0A78D8
KADDR                         : C0000000EE0A78F8
SID                           : 148
TYPE                          : TX
ID1                           : 917514
ID2                           : 9024
LMODE                         : 0
REQUEST                       : 4         ? Shared 모드로 TX 락을 획득하기 위해 대기
CTIME                         : 102
BLOCK                         : 0
```

테스트) Unqiue Key 충돌에 의한 TX 락 경합

V$LOCK 뷰의 결과를 유심히 볼 필요가 있다. 먼저 Insert를 수행한 144번 세션은 하나의 TX 락(ID1=917514, ID2=9024)을 Exclusive하게 획득하고 있다. 반면 나중에 Insert를 수행한 148번 세션은 이미 하나의 TX 락 ID1=3407878, ID2=1985)을 Exclusive하게 획득한 상태에서 144번 세션에 의해 획득된 TX 락을 Shared 모드로 획득하기 위해 대기하고 있다. 이 결과 오라클이 Unique Key를 보호하기 위해서 어떤 방법을 사용하는지 간접적으로 추론할 수 있다. 오라클은 테이블에 로우를 추가한 후 인덱스도 함께 추가하게 되는데 인덱스를 추가하는 과정에서 Unique 속성을 위반하는지 확인한다. 만일 동일 키값이 존재하고 선행 트랜잭션이 이미 종료된 상태라면 ORA-0001 에러가 나고,아직 선행 트랜잭션이 종료되지 않은 상태라면 선행 트랜잭션이 획득한 TX 락을 Shared 모드로 획득하기 위해 대기하게 된다.

💡 Wait Time

Enqueue 대기 이벤트와 동일하게 최대 3초까지 기다린다. 만일 TX 락을 획득하지 못하면 획득할 때까지 대기한다.

💡 Parameter

P1	Enqueue 정보
P2	usn〈
P3	시퀀스

💡 Common Causes and Actions

원인	동일한 Row에 대해 동시에 DML 수행
진단 방법	동일 로우 변경에 따른 TX 락 경합은 철저하게 애플리케이션 이슈이다. 장시간 수행되는 Update나 Delete 명령은 트랜잭션이 적은 시간대에 수행하는 것이 좋다. 또는 Update나 Delete 명령 자체의 성능을 개선하는 것 또한 방법이 된다. 특히 대량의 데이터를 Update하는 것은 굳이 TX 락 경합 문제 뿐만 아니라 수많은 성능 문제를 야기할 수 있다.
개선 방법	• 기존 테이블인 old_table을 복사한 테이블인 new_table에 생성하되, 변경 내용을 저장한다. 즉, "Create table new_table as selec id, name, register_date, decode(class,1,'A',2,'B') … from old_table"과 같은 명령을 이용한다. • 새로 생성한 테이블인 new_table old_table과 동일하게 인덱스 등을 생성한다. • 기존 테이블인 old_table을 Drop하고 새로운 테이블인 new_table을 old_table로 rename한다. *위의 작업을 수행할 때 nologging과 parallel 옵션을 같이 사용하면 원하는 작업을 더욱 빨리, 그리고 리소스를 적게 사용하면서 실행할 수 있다.

원인	Unique Key 관리
진단 방법	Insert 시 TX – row lock contention을 대기 한다면 PK 키 충돌로 인한 Lock이다.
개선 방법	Unique Key 충돌에 의한 TX 락 경합은 철저하게 애플리케이션 이슈이다. Unique Key를 생성하기 위해 별도의 계산법을 쓴다거나 기존 테이블에서 최대값(MAX)을 추출하는 방법 등을 사용할 경우 Unique Key 충돌에 의한 TX 락 경합은 언제든지 발생할 수 있다. 최선의 해결책은 시퀀스(Sequence)를 사용해서 Unique Key를 생성하는 것이다.

원인	Bitmap Index의 비효율적인 사용
진단 방법	Row lock Contention이 Bitmap 인덱스가 원인인지 확인한다.
개선 방법	비트맵 인덱스는 읽기작업은 빈번하고 쓰기 작업은 드문 테이블에 대해 DSS성 Select 문의 성능을 극대화하기 위해 고안된 것이다. DML이 빈번한 테이블에 대해 비트맵 인덱스를 함부로 사용하는 것은 대단히 위험하다. 로우가 변경될 때마다 비트맵 값을 계산해야 하기 때문에 DML자체의 성능이 저하되며, 동시에 여러 세션이 DML을 수행하는 경우에는 과도한 TX 락 경합이 발생한다. 만일 DML이 빈번한 테이블에 대해 DSS성 SQL 문의 성능을 보장하고 싶다면 비트맵 인덱스보다는 Materialized View와 같은 기능을 사용하는 것이 바람직하다.

Technical Tip

Delayed block cleanout 개념

Delayed block cleanout의 개념을 이해하려면 우선 오라클에서 사용하는 몇 가지 용어에 대해 알아야 한다.
Cleanout 또는 block cleanout이란 블록에 설정된 로우 레벨 락을 해제(Cleanout)한다는 의미이다. Cleanout이 발생하면 로우 레벨 락이 해제되고 ITL 정보(SCN, Flag, Lock Byte 등)가 갱신된다.
Fast commit이란 커밋 시점에 모든 블록에 대해 cleanout을 수행하지 않는다는 것을 의미한다. 오라클은 성능의 문제로 변경된 데이터 블록들 중 버퍼 캐시에 올라와 있는 일부 블록들에 대해서만 cleanout을 수행한다. Fast Commit이 발생하는 경우, 변경되는 정보의 양을 최소화하기 위해 ITL 정보에서 Flag와 SCN 정보만 변경되고 lock byte 정보는 변경되지 않는다. Lock byte 정보는 트랜잭션에 의해 변경된 모든 로우에 저장되므로 변경해야 할 데이터의 양이 많기 때문이다. Fast commit 기법은 변경된 일부 데이터 블록들의 헤더에 대해서만 변경 작업을 수행하기 때문에 리두 데이터가 생성되지 않고, 커밋 마크(Commit Mark)만이 리두에 저장된다. 수백만 건의 데이터를 변경한 후에 커밋을 수행하는 경우에도 매우 빠른 속도로 커밋 처리가 되는 것은 이러한 기법 덕분이다.
Delayed block cleanout이란 변경된 데이터 블록들 중 Fast commit에 의해 cleanout 되지 않은 블록들을 나중에(Delayed) cleanout 처리한다는 의미이다. Delayed block cleanout은 다음 번에 해당 블록을 스캔하는 프로세스에 의해 수행된다.
Delayed block cleanout이 발생하는 경우, 순수한 Select 작업인 경우에도 cleanout 작업 자체에 대한 리두 데이터가 생성될 수 있다.
커밋 수행(Fast commit)에 의해 cleanout이 수행되면 cleanout이 발생한 블록 수만큼 commit cleanouts 통계 값이 증가한다. Cleanout을 수행하는 도중 에러가 발생하면 에러의 발생 원인에 따라 commit cleanout failures: xxxx 류의 통계 값이 증가한다. Cleanout 수행에 성공한 경우에는 commit cleanouts successfully completed 통계 값이 증가한다. 각 값들은 다음과 같은 관계를 따른다.

commit cleanouts = commit cleanouts successfully completed +
Sum of(commit cleanout failures: xxxx)

user commits 통계값이 사용자가 커밋을 수행한 횟수를 나타내는 반면 commit cleanouts는 커밋에 의한 cleanout이 발생한 블록 수를 나타낸다는 사실에 유의하자.
Fast commit이 발생하면 ITL의 flag 값이 "U"(Upper Bound Commit)로 수정되고 SCN이 할당된다. 하지만 블록 내의 개별 로우의 lock byte 값은 변경되지 않는다. 나중에 해당 블록을 다른 프로세스가 변경하는 경우에 flag 값이 "C"(Commit)로 변경되고 블록 내의 개별 로우의 lock byte 값도 정리(0의 값)된다.

Memo

Lock
enq: TX - index contention

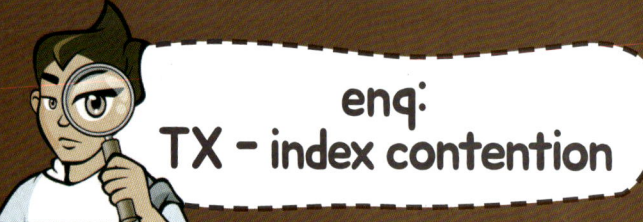

enq: TX – index contention

enq: TX-index contention 대기는 보통의 상황에서는 잘 발생하지 않으며 동시에 여러 세션이 인덱스가 생성되어 있는 테이블에 대해서 많은 양의 DML을 수행하는 경우에 주로 발생한다. 이 대기현상은 자주 발생하지 않지만, 생성된 인덱스의 수가 많고 인덱스를 이루는 컬럼들의 값이 커서 리프 노드 블록이 빈번하게 분할되는 경우에는 상당한 성능 저하의 원인이 된다. 특히 시퀀스 등을 사용해서 값을 생성하는 컬럼에 대해 인덱스가 생성된 경우, 항상 제일 마지막 리프 노드에만 값이 추가되는 현상이 생겨 인덱스 분할이 자주 발생할 수 있다. 이것은 정렬된 형태로 리프 노드를 유지하는 비트리 인덱스의 속성에 의해 발생하는 것으로 여러 세션에 의해서 많은 양의 데이터를 Insert하는 경우 buffer busy waits 대기와 함께, enq: TX-index contention 대기가 같이 발생하게 된다.

Wait Time

Enqueue 대기 이벤트와 동일하게 최대 3초까지 기다린다.
만일 TX 락을 획득하지 못하면 획득할 때까지 대기한다.

Parameter

P1	Enqueue 정보
P2	usn〈
P3	시퀀스

Common Causes and Actions

원인	동시에 여러 세션이 인덱스가 생성되어 있는 테이블에 대해서 많은 양의 DML 수행
진단 방법	• V$SESSSION_WAIT 뷰를 통해 확인 • 해당 테이블에 생성되어 있는 인덱스의 수가 많고 인덱스를 이루는 컬럼의 값이 큰지 확인하고, 시퀀스를 사용하여 값을 생성하는 컬럼에 인덱스가 생성되어 있는지 확인
개선 방법	• REVERSE 인덱스의 사용 • 인덱스 키 컬럼의 변경 • 인덱스 블록 크기의 변경

Index Split

오라클의 B-Tree 인덱스의 블록이 꽉 찰(Full) 경우, Split을 통해 새로운 공간을 확보한다. Index Split의 종류는 다음과 같이 나뉜다.

1) Branch Node Split: Branch Node나 Root Node가 꽉 찰 경우 발생하는 Split이다. 항상 50:50으로 Split이 이루어진다.
2) Leaf Node Split: Leaf Node가 꽉 찰 경우 발생하는 Split이다. Split이 발생하는 위치에 따라 50:50 Split과 90:10 Split으로 분류된다.

Index Split은 인덱스의 크기가 커가는 과정에서 필연적으로 발생하는 현상으로 이를 피할 방법은 없다. 하지만 동시에 많은 세션이 DML을 수행하는 과정에서 Index Split이 발생하면 경합이 발생하고 전반적인 성능 저하가 발생할 수 있다.

50:50 Split vs 90:10 Split

일반적인 Leaf Node Split은 50:50의 비율로 이루어진다. 즉, Leaf Block이 꽉 차면 새로운 블록을 할당받은 다음, 기존 블록과 새 블록에 50:50으로 키 값을 재분배한다. 하지만 가장 최우측 Leaf Node에서 최대 키 값이 삽입됨으로써 Split이 발생하는 경우에는 새로 할당된 블록에는 새로 추가된 키 값만이 추가된다. 즉, 기존의 꽉 찬 블록의 키 값을 재분배하지 않는다. 이런 이유 때문에 90:10 Split을 99:1 또는 100:0 Split으로 부르기도 한다. 90:10 Split은 인덱스 키값이 단방향으로 증가하면서 키 값이 삽입되는 경우에 발생한다.

Index Split과 통계값

Index Split과 관련된 오라클 통계값은 아래와 같다.

```
SQL> SELECT * FROM v$statname WHERE name LIKE '%split%' AND name LIKE '%node%';
STATISTIC#      NAME                        CLASS   STAT_ID
262             leaf node splits            128     1417124053
263             leaf node 90-10 splits      128     1285138251
264             branch node splits          128     399027615
```

Lock
enq: TX - allocate ITL entry

*테이블을 생성할 때 부여하는 세 가지 속성 값이 ITL에 영향을 줍니다.

INITRANS   블록 헤더마다 몇 개의 ITL 엔트리를 미리 확보할 지 결정한다.

MAXTRANS   최대 몇 개의 ITL 엔트리를 허용할지 결정한다. MAXTRANS의 기본값은 255이며, 오라클 10g부터는 MAXTRANS는 255로 고정된다. 즉, 값을 지정해도 오라클은 이 값을 무시하며 MAXTRANS는 항상 255의 값을 사용한다.

PCTFREE   블록이 최초 생성될 때는 INITRANS에 지정된 값만큼 ITL 엔트리가 확보되었다가 동시 트랜잭션이 증가하면 PCTFREE로 확보된 영역 내에서 MAXTRANS 값에 도달할 때까지 추가로 확장된다.

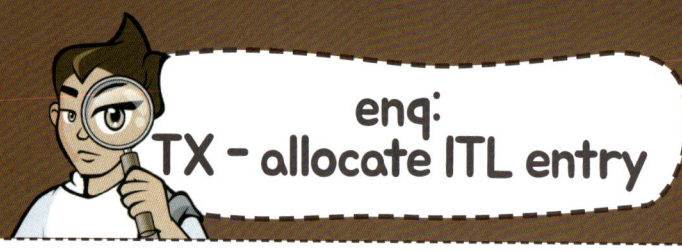

enq: TX - allocate ITL entry

ITL(interested transaction list)이란 특정 블록을 변경하고자 하는 트랜잭션의 목록을 의미하며, 블록의 헤더에서 그 정보를 관리한다. 블록을 변경하고자 하는 모든 트랜잭션은 블록 헤더의 ITL의 엔트리 중 하나로 자신을 등록해야 한다. 만일 ITL이 약속된 최대치, 즉 MAXTRANS에 의해 지정된 값을 초과하거나 블록 내의 여유공간이 부족해서 엔트리를 등록하는 것이 불가능한 경우, 프로세스는 이미 ITL에 엔트리를 등록한 프로세스가 Exclusive하게 획득한 TX 락을 Shared 모드로 획득하기 위해 대기하게 된다. 이때 대기현상은 enq: TX - allocate ITL entry 이벤트로 관찰된다.
Row Chaining이나 Row Migration이 발생한 로우의 경우 하나의 로우를 업데이트할 때 여러 개의 블록에 대해 각각 ITL 엔트리를 할당해야 하므로 이로 인해 ITL 엔트리 부족에 의한 TX 락 경합이 발생할 확률이 높아진다.

Wait Time

최대 3초까지 기다린다. 만일 TX 락을 획득하지 못하면 획득할 때까지 대기한다.

Parameter

P1	Enqueue 정보
P2	usn 〈
P3	sequence

Common Causes and Actions

원인	ITL 엔트리 부족에 의한 TX 락 경합
진단 방법	V$SEGMENT_STATISTICS 뷰를 통해 어떤 세그먼트에서 ITL 부족에 의한 경합이 많이 발생하는지 확인 (STATISTIC_NAME='ITL waits')
개선 방법	• 높은 INITRANS 속성 부여 • 잘못된 애플리케이션 설계 수정

ITL에 영향을 주는 세그먼트 속성

- INITRANS: 블록 헤더마다 몇 개의 ITL 엔트리를 미리 확보할 지 결정한다.
- MAXTRANS: 최대 몇 개의 ITL 엔트리를 허용할지 결정한다. MAXTRANS의 기본값은 255이며, 오라클 10g부터는 MAXTRANS는 255로 고정된다. 즉, 값을 지정해도 오라클은 이 값을 무시하며 MAXTRANS는 항상 255의 값을 사용한다.
- PCTFREE : 블록이 최초 생성될 때는 INITRANS에 지정된 값만큼 ITL 엔트리가 확보되었다가 동시 트랜잭션이 증가하면 PCTFREE로 확보된 영역 내에서 MAXTRANS 값에 도달할 때까지 추가로 확장된다.

만일 동시 트랜잭션이 왕성할 것으로 예상되는 테이블이라면 INITRANS를 충분히 주는 것이 좋다. INITRANS를 충분히 주면 동적으로 공간을 확보하는 오버헤드가 줄어들며, ITL 엔트리 부족에 따른 TX 락 경합이 발생할 확률도 줄어든다. 오라클 10g부터는 MAXTRANS의 값이 255로 고정되므로 잘못된 MAXTRANS 값 지정으로 인해 성능 문제가 생길 소지가 사라졌다.

PCTFREE 값을 비정상적으로 작게 설정하는 경우 ITL을 동적으로 확장할 여유공간이 부족해서 문제가 될 수 있다.

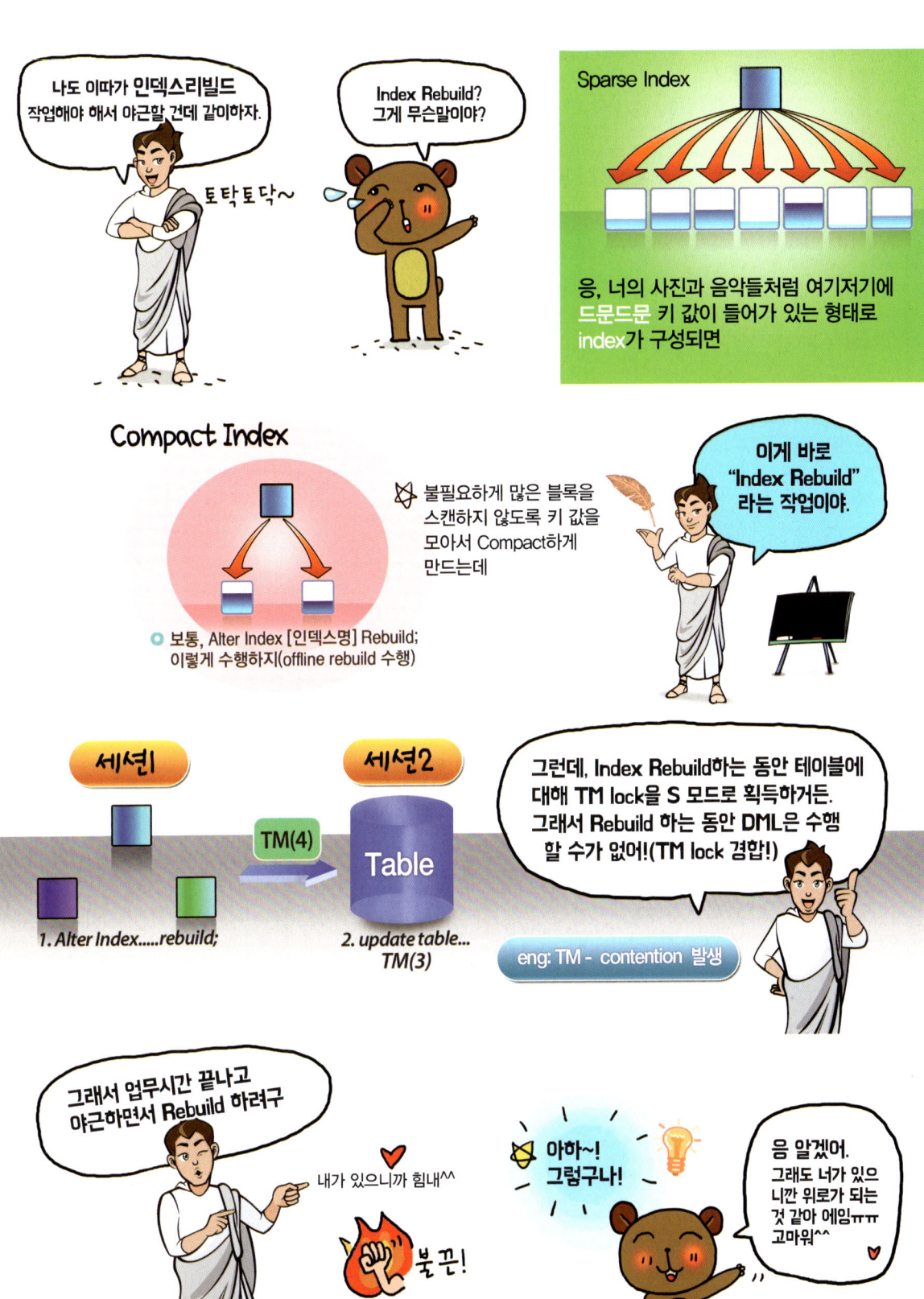

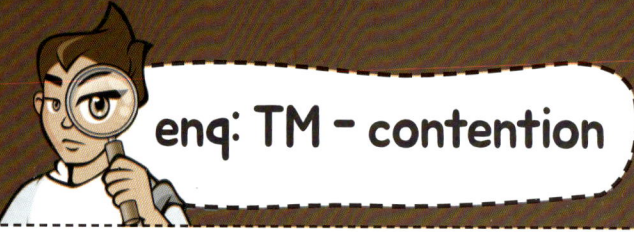

enq: TM - contention

DML이 수행되는 동안, DML과 관련된 객체에 대한 변경을 방지하기 위해 DML을 수행하는 프로세스는 반드시 해당 테이블에 대해 TM 락을 획득해야 한다. TM 락을 획득하는 과정에서 경합이 발생하면 enq: TM - contention 이벤트를 대기하게 된다.

Wait Time

최대 3초까지 기다린다. 만일 TM 락을 획득하지 못하면 획득할 때까지 대기한다.

Parameter

P1	Enqueue 정보
P2	Object#
P3	Table/Partition 정보

Common Causes and Actions

원인	(오라클 9i 이전 버전)인덱스가 없는 Foreign Key
진단 방법	DBA_DML_LOCKS 뷰를 통해 확인 (V$LOCK 뷰에서 락 유형이 TM인 것만 추출)
개선 방법	• Foreign Key 컬럼에 인덱스를 생성

원인	부적절한 DDL로 인한 TM 락 경합
진단 방법	DBA_DML_LOCKS 뷰를 통해 확인 (V$LOCK 뷰에서 락 유형이 TM인 것만 추출)
개선 방법	• 일반적인 DDL 수행 시 가능하면 온라인(Online) 옵션을 사용 • Parallel DDL 사용(Nologging 옵션 사용)

Online DDL

Update가 이루어지고, 아직 커밋이 되지 않은 테이블에 대해서는 DDL을 수행하는 것이 불가능하다. 반면, DDL이 수행중인 테이블에 대해서 DML을 수행하는 경우에는 TM 락 경합이 발생할 수 있다. 특정 프로세스가 테이블에 대해서 인덱스를 생성하는 경우, 인덱스가 생성되는 동안에는 테이블에 대해서 TM 락을 Shared 모드로 획득하게 된다.
즉, create index 문은 테이블에 대해서 Shared 모드로 TM 락을 획득하게 된다. 문제는, 이 테이블에 대해 DML을 수행하는 세션은 Sub-Exclusive 모드로 TM 락을 획득해야 한다는 것이다. Shared 모드와 Sub-Exclusive 모드는 호환성이 없기 때문에 DML을 수행하는 세션은 DDL 수행이 완료될 때까지 대기하게 되고, 이때 enq: TM-contention 대기 이벤트가 발생하게 된다. DDL로 인한 TM 락 경합을 줄일 수 있는 방법으로는 다음과 같은 것들이 있다.

....

- 데이터 량이 많은 테이블에 대한 부적절한 DDL을 수행하게 되면, 해당 테이블을 접근하는 모든 DML 세션이 대기상태에 빠지게 되고, 장애상황으로까지 발전할 수 있다. 적절한 관리를 통해 원천적으로 방지하는 것이 좋다.
- DDL 수행 시 가능하면 온라인(Online) 옵션을 사용한다. 오라클이 버전업될 수록 온라인으로 수행 가능한 DDL은 점점 증가하는 추세이다. 대부분의 일반적인 DDL에서 온라인 옵션을 사용하는 것이 가능하다. 가령, create index 명령을 온라인 옵션으로 수행할 경우 테이블에 대해 Shared 모드가 아닌 Sub-Shared(SS) 모드로 TM 락을 획득한다. Sub-Shared 모드는 Sub-Exclusive 모드와 호환성이 있기 때문에 인덱스를 생성하는 도중에 DML을 수행하는 것이 가능하다. 즉 enq: TM-contention 대기가 발생하지 않는다.

Lock
enq: US - contention

그러나!! 새로 불을 켠 방의 자리도 먼저 온 손님들이 점유하고...

*새로운 Undo Segment의 생성

그렇게 우리는 어렵게 어렵게~ 겨우 겨우~ 자리를 잡을 수 있었습니다.

* enq: US - contention 대기의 종료

그때, 저는 마음 속으로 외치고 싶었습니다.

* 10511 Event의 적용

암튼, 앞으로 차차 좋아지겠지요. 오늘 하루가 좀 힘드네요~

enq: US - contention

언두 세그먼트를 온라인 또는 오프라인시키는 과정을 동기화하기 위해 해당 작업을 수행하는 서버 프로세스나 백그라운드 프로세스는 US 락을 획득해야 한다. US 락은 언두 세그먼트마다 하나씩 할당되며, ID1=Undo Segment#이다. US 락을 획득하는 과정에서 경합이 발생하면 enq: US - contention 이벤트를 대기하게 된다. 서버 프로세스는 트랜잭션을 시작하는 시점에 언두 세그먼트를 할당 받아야 하는데, 사용 가능한 언두 세그먼트가 존재하지 않을 경우 언두 세그먼트를 신규로 생성하거나 오프라인 상태의 언두 세그먼트를 온라인시켜야 한다. 이 작업이 이루어지는 동안 서버 프로세스는 US 락을 획득하기 위해 대기함으로써 언두 세그먼트가 확보되기를 기다리게 된다.

트랜잭션의 변동이 심한 경우에 언두 세그먼트를 온라인시키는 작업으로 인해 US 락 경합이 광범위하게 발생할 수 있다. 오라클이 최초에 구동된 후 온라인 상태의 언두 세그먼트의 개수가 적은 상태에서 트랜잭션이 갑자기 증가하는 경우나, 일정 시간 트랜잭션이 발생하지 않아 기존의 언두 세그먼트가 오프라인된 상태에서 갑자기 트랜잭션이 증가하는 경우 US 락 경합에 의한 대기현상이 발생하게 된다.

Wait Time

최대 3초까지 기다린다. 만일 US 락을 획득하지 못하면 획득할 때까지 대기한다.

Parameter

P1	Enqueue 정보
P2	Undo Segment 정보
P3	0

Common Causes and Actions

원인	온라인 Undo Segment의 개수가 적은 상태에서 다량의 트랜잭션 발생
진단 방법	V$LOCK을 통한 US락 발생 모니터링
개선 방법	• 10511 이벤트를 수행하여 SMON이 Undo Segment를 오프라인 상태로 변경하지 못하도록 설정

10511 EVENT의 적용

보통의 시스템에서는 갑자기 많은 수의 언두 세그먼트를 온라인시키는 경우가 많지 않으므로 US 락 경합은 일반적으로 자주 발생하지는 않는다. 하지만 시스템의 속성상 트랜잭션의 변동량이 크고, 이로 인해 US 락 경합이 계속해서 발생한다면 다음과 같이 10511 이벤트를 수행하도록 지정한다. 10511 이벤트는 SMON이 언두 세그먼트를 오프라인시키는 기능을 수행하지 않도록 하는 역할을 한다.
event="10511 trace name context forever, level 2"
오라클을 재기동하면, 한번 온라인된 언두 세그먼트는 다시 오프라인 상태로 변경되지 않는다. 따라서 언두 세그먼트를 온라인하는데서 오는 US 락 경합현상도 발생하지 않게 된다.
오라클을 재기동하지 않고 위의 옵션을 온라인으로 적용시키려면 oradebug 툴을 이용해야 한다. oradebug 툴에서 다음과 같은 명령을 수행한다.

```
oradebug setospid
oradebug event 10511 trace name context forever, level 1
oradebug setmypid
```

그런데 위와 같은 방법의 문제점은 오라클을 재기동할 경우에는 1개의 인스턴스에 10개를 제외한 모든 언두 세그먼트들은 다시 오프라인 된다는 것이다. 아래와 같은 방법을 이용하여 오라클 재기동 직후에 모든 언두 세그먼트를 수동으로 온라인시키는 것이 가능하다.

```
alter system set "_smu_debug_mode"=4
alter rollback segment  online;
alter system set "_smu_debug_mode"=0
```

AUM에 의한 Undo Segment의 관리

enq: US-contention 대기 이벤트에 대해 설명하기 전에 AUM(Automatic Undo Management)을 사용할 경우 언두 세그먼트가 온라인 또는 오프라인되는 시점이 언제인지를 이해할 필요가 있다. AUM의 경우 RBU(Rollback Segment Management)와는 달리 언두 세그먼트의 관리가 오라클에 의해 자동화된다. AUM을 사용하는 경우 언두 세그먼트가 온라인 또는 오프라인되는 시점은 다음과 같다.

1. **인스턴스 기동**: 오라클의 기동(Startup)은 크게 세 개의 과정으로 나누어진다. 인스턴스 시작(Startup the instance), 인스턴스 마운트(Mount the instance), 데이터베이스 오픈(Open the database)의 과정으로 나누어 지며, 데이터베이스를 오픈(Open)하는 과정에서 언두 세그먼트를 온라인시킨다.
2. alter system set undo_tablespace = xxxx를 통해 언두 테이블스페이스(Undo Tablespace)를 변경할 때 기존 언두 세그먼트들을 오프라인시키고, 새로운 언두 세그먼트들을 온라인시킨다.
3. **트랜잭션의 증가와 감소**: 트랜잭션의 양이 빠른 속도로 증가해서 기존에 사용하던 언두 세그먼트만으로는 트랜잭션을 감당할 수 없을 때 새로운 오프라인 상태의 언두 세그먼트를 온라인시키거나 새로운 언두 세그먼트를 생성한다. 간단하게 이를 확인하려면 초기 사이즈가 작은 언두 테이블스페이스를 생성해서 트랜잭션이 늘어남에 따라 온라인 상태의 언두 세그먼트의 수가 늘어나는 것을 확인하면 된다. 일정 시간 트랜잭션이 없거나 줄어들면 오라클은 언두 세그먼트를 오프라인시킨다. 이러한 작업은 SMON에 의해 이루어진다. 오라클 9.2.0.4 이전 버전에서는 장시간 사용되지 않는 언두 세그먼트를 드롭(Drop)시키는 경우도 있다고 알려져 있다.

Lock
enq: SQ - contention

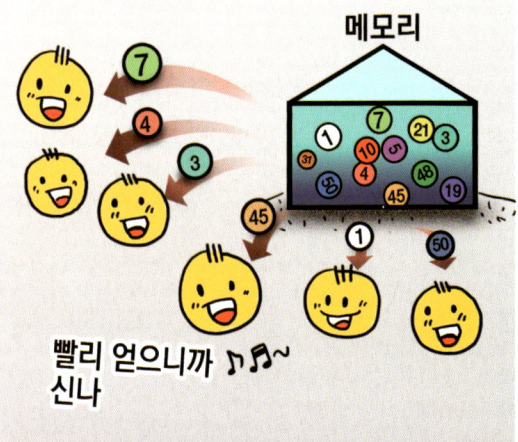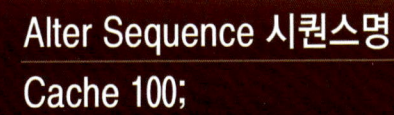

enq: SQ - contention

오라클은 시퀀스를 관리하기 위해서 세 가지의 락을 사용한다.

- **row cache 락**: Sequence.nextval을 호출하는 과정에서 딕셔너리 정보를 물리적으로 변경하는 경우에 획득한다. NOCACHE 속성을 부여한 시퀀스에서 사용된다.
- **SQ 락**: 메모리에 캐시되어 있는 범위 안에서 Sequence.nextval을 호출하는 동안 획득한다. CACHE 속성을 부여한 시퀀스에서 사용된다.
- **SV 락**: RAC에서 노드 간에 순서가 보장된 상태로 Sequence.nextval을 호출하는 동안 획득한다. CACHE + ORDER 속성을 부여한 시퀀스에서 사용된다.

CACHE 속성이 부여된 시퀀스에 대해 nextval을 호출하는 동안, SQ 락을 SSX 모드로 획득해야 한다. 동시에 많은 세션이 SQ 락을 획득하기 위해 경쟁하는 과정에서 경합이 발생하면 enq: SQ-contention 이벤트를 대기하게 된다. enq: SQ-contention 이벤트의 P2 값은 시퀀스의 오브젝트 아이디이다. 따라서 P2의 값을 이용해 DBA_OBJECTS 뷰와 조인하면 어떤 시퀀스에서 대기현상이 발생하는지 알 수 있다.

💡 Wait Time

최대 3초까지 기다린다. 만일 SQ 락을 획득하지 못하면 획득할 때까지 대기하다.

💡 Parameter

P1	Enqueue 정보
P2	Sequence ID. DBA_OBJECTS.OBJECT_ID 컬럼과 조인 가능
P3	0

💡 Common Causes and Actions

원인	Cache 속성이 부여된 시퀀스에 대해 nextval을 호출하는 세션의 경합 발생
진단 방법	P2 값을 이용하여 Sequence 명을 조회한 후 DBA_SEQUENCES를 통해 Cache Size 조회
개선 방법	• 시퀀스의 캐시 크기를 크게 부여 • RAC 환경에서는 가능한 NOORDER 속성 부여

시퀀스와 인덱스 리프 노드 블록의 경합

많은 애플리케이션들이 시퀀스 값을 이용해서 PK 키를 관리한다. 이것은 일반적으로 바람직한 현상이라고 할 수 있으며, 오라클의 기본적인 권고안 중 하나이다. 하지만 시퀀스 값을 이용한 PK 키는 이른바 우편향 인덱스 (Right-Hand Index) 현상을 일으킬 우려가 있다. 우편향 인덱스란 키 값이 순차적으로 증가하는 경우 인덱스의 오른쪽 최말단 리프 노드에만 Insert가 집중되어 경합이 발생하는 현상을 말한다. 우편향 인덱스 현상은 굳이 시퀀스 객체를 쓰지 않더라도 순차적으로 증가하는 키 값을 사용하는 경우에는 항상 발생할 수 있다. 우편향 인덱스는 다음과 같은 면에서 성능에 부정적인 영향을 준다.

오른쪽 말단 리프 노드에 Insert가 집중되므로 인덱스 분할(Index Split)이 빈번하게 발생한다. 잦은 인덱스 분할은 리두 크기 증가, TX 락 경합 증가, DML 성능 저하 등의 문제를 유발한다. 인덱스 분할에 의한 TX 락 경합은 enq: TX - index contention 이벤트 대기로 관찰된다. RAC 시스템에서는 gc current split 이벤트도 함께 관찰된다.

여러 프로세스가 동시에 Insert를 수행하는 경우 오른쪽 말단 리프 노드가 핫 블록이 될 가능성이 높아진다. 핫 블록은 버퍼 락(Buffer Lock) 경합을 유발하며, 싱글 인스턴스 환경에서는 buffer busy waits 이벤트 대기로, RAC 시스템에서는 gc buffer busy 이벤트나 gc cr/current block busy, gc cr/current grant busy 등의 이벤트 대기로 관찰된다.

우편향 인덱스 현상은 잘 알려진 문제이며 다음과 같은 일반적인 해결 방안이 제시되고 있다.

- 리버스 인덱스(Reverse Index)를 사용한다. 리버스 인덱스를 사용하는 경우에는 인덱스 리프 노드에 어느 정도 랜덤하게 분산되므로 우편향 현상을 줄일 수 있다.
- 인덱스 키를 변경한다. 순차적으로 증가하지 않는 키 조합을 사용함으로써 우편향 현상을 줄일 수 있다.

우편향 인덱스는 RAC 시스템에서 추가적인 오버헤드를 유발한다. 클러스터 내의 모든 인스턴스들이 같은 리프 블록을 변경하는 과정에서 글로벌 블록 경합이 발생하기 때문이다. 각 인스턴스는 리프 블록을 변경하기 위해 블록의 최신 버전을 필요로 한다. 각 인스턴스가 매번 블록을 변경하므로, 최신 버전의 블록이 노드 간에 끊임없이 전송되는 현상이 발생한다. 즉, 글로벌 핫 블록이 생기는 것이다. 로컬 핫 블록은 버퍼 락 경합을 유발하고 buffer busy waits 이벤트 대기로 관찰되는 반면, 글로벌 핫 블록은 글로벌 버퍼 락 경합 및 과다한 블록 전송을 유발하고 gc buffer busy 이벤트나 gc current request 류의 이벤트 대기로 관찰된다.

다행히 우편향 인덱스에 의한 글로벌 핫 블록 현상은 시퀀스 캐시 크기를 증가시킴으로써 어느 정도 해소가 가능하다. 가령 두 개의 노드로 이루어진 RAC 시스템에서 시퀀스 캐시 크기가 10,000 인 시퀀스의 값을 PK로 사용하는 인덱스를 가정해보자. 이 경우 인스턴스 1번은 { 1 ~ 10,000 }, 인스턴스 2번은 { 10,001 ~ 20,000 }의 시퀀스 값 집합을 사용한다. 두 인스턴스가 다른 범위의 시퀀스 집합을 사용하기 때문에 같은 리프 블록을 사용하기 위해 경쟁할 확률이 감소한다. 그만큼 글로벌 블록 경합이 감소하게 된다.

이런 의미에서 RAC 시스템에서 시퀀스 사용시 ORDER 속성을 부여하는 것은 성능 면에서 상당히 불리한 결정이라고 할 수 있다. ORDER 속성의 시퀀스를 사용할 경우에는 노드 간에 시퀀스 값을 끊임없이 동기화할 뿐만 아니라, 각 노드들이 동일한 시퀀스 캐시 값 집합을 사용하므로 우편향 인덱스에 의한 글로벌 핫 블록 현상을 피할 수 없기 때문이다.

Lock
enq: HW - contention

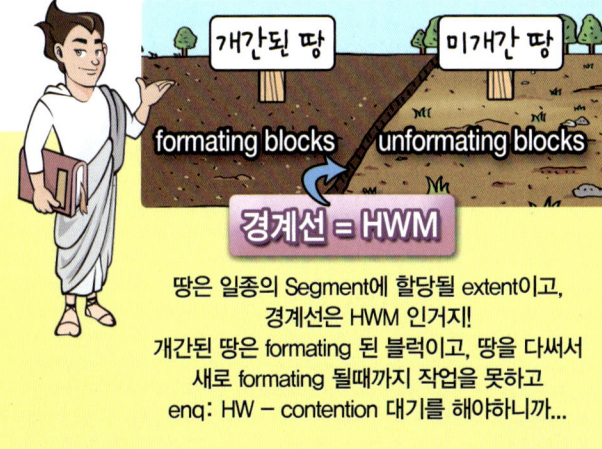
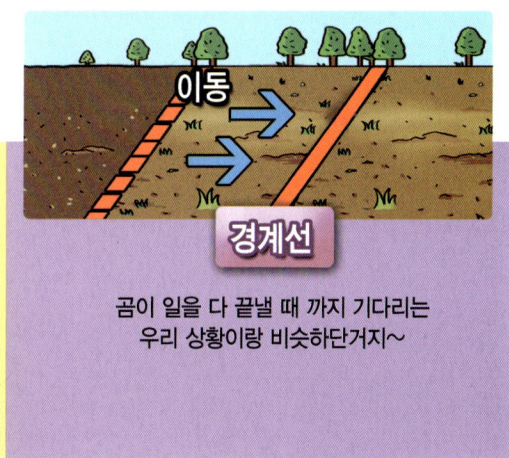
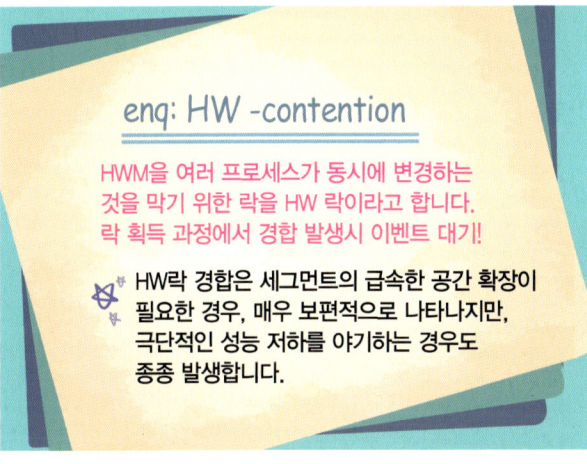

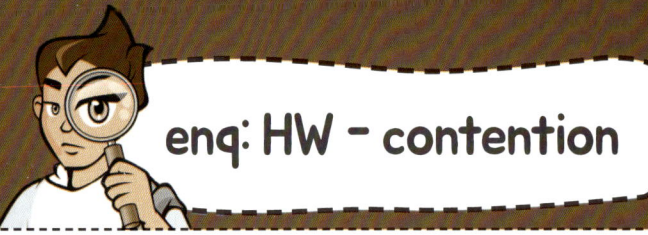

enq: HW - contention

HWM(High Water Mark)을 여러 프로세스가 동시에 변경하는 것을 막기 위한 락을 HW 락이라고 부른다. HWM을 이동시키고자 하는 프로세스는 반드시 HW 락을 획득해야 한다. HW 락을 획득하는 과정에서 경합이 발생하면 enq: HW-contention 이벤트를 대기한다. HW 락 경합은 대부분 대량 Insert에 의해 발생하며, 간혹 대량 Update에 의해 언두 세그먼트에서 HW 락 경합현상이 발생하는 경우도 있다. Update의 경우 테이블 세그먼트의 추가확장은 크지 않지만 언두 데이터를 생성하는 과정에서 언두 세그먼트의 급속한 확장이 필요하기 때문이다. HW 락 경합은 세그먼트의 급속한 공간확장이 필요한 경우에 매우 보편적으로 나타나는 대기현상이며, 극단적인 성능 저하를 야기하는 경우도 종종 발생한다.

Wait Time

Enqueue 대기 이벤트와 동일하다. 최대 3초까지 기다린다. 만일 HW 락을 획득하지 못하면 획득할 때까지 대기한다.

Parameter

P1	Enqueue 정보
P2	Tablespace#
P3	Segment Header Block#

Common Causes and Actions

원인	FLM(Free List Management)을 사용하는 경우 대량의 DML 발생으로 인한 HW 락 경합
진단 방법	세그먼트 공간 관리 기법을 확인한다.(수동/자동)
개선 방법	• FLM(수동 관리기법)인 경우 　Storage 속성의 FREELISTS 속성 값(기본값은 1)을 동시 트랜잭션 수를 고려해 충분히 크게 설정 　_BUMP_HIGHWATER_MARK_COUNT 히든 파라미터의 값을 크게 설정 • 적절한 크기의 익스텐트 사용 ASSM(자동 관리기법)인 경우 　익스텐트의 크기를 크게 설정

세그먼트, 익스텐트, HWM의 개념

오라클은 세그먼트라는 개념을 이용해 데이터베이스 공간(Space)을 관리한다. 따라서 오라클 공간과 관련된 성능 문제를 이해하려면 세그먼트 관리 기법에 대해 어느 정도의 지식이 필요하다.

세그먼트(Segment)는 테이블, 인덱스, 언두, LOB 등 오라클이 제공하는 모든 종류의 논리적인 공간을 말한다. 세그먼트는 다시 익스텐트(Extent)라는 논리적인 요소로 나누어지는데 익스텐트는 데이터 추가에 따른 세그먼트 공간의 확장을 담당하는 역할을 한다. 가령, 세그먼트의 기존 여유공간이 다 소모된 상태에서 추가적인 Insert가 발생하면 오라클은 익스텐트를 추가로 할당해서 데이터를 저장한다. 익스텐트는 블록(Block)이라는 연속적인 물리적 조각으로 이루어진다. 하나의 익스텐트는 보통 여러 개의 블록으로 이루어진다. 블록은 오라클의 물리적/논리적 I/O의 최소 단위이다.

오라클이 익스텐트에 의해 신규로 할당된 모든 공간을 다 실제로 사용 중인 것은 아니기 때문에, 사용된 공간과 아직 사용되지 않은 공간을 구분하는 표식을 필요로 한다. 이 표식을 고수위선(High Water Mark, 이하 HWM)이라고 부른다. HWM은 세그먼트 헤더 블록에 그 정보가 저장된다.

세그먼트, 익스텐트, 블록, HWM의 개념을 이해하기 위해 예를 들어 설명해 보자.
현재 총 500 블록이 할당되어 있으며 모든 블록들을 사용 중인 테이블(세그먼트)에 1건의 로우를 추가로 Insert 한다고 하자. 사용 가능한 공간이 없으므로 프로세스는 익스텐트를 추가로 할당해야 한다. DMT(Dictionary Managed Tablespace)를 사용하는 경우에는 ST 락을 획득한 후에만 익스텐트 할당 작업이 가능하다. ST 락을 획득하는 과정에서 경합이 발생하면 enq: ST-contention 이벤트를 대기한다. ST 락 경합은 오라클 9i 이후로는 거의 발생하지 않는다. 익스텐트가 추가로 할당되고 이에 따라 총 50 블록(1 익스텐트 = 50 블록이라고 가정)이 세그먼트에 추가된다. 50개의 블록 중에서 오라클은 몇 개의 블록(여기서는 5개라고 가정)만을 포맷(Format)하고 사용가능공간으로 등록한다. 즉, 전체 550 블록 중 Used Block = 500 + 5 = 505, Unused Block = 45 가 된다. 이러한 기준을 오라클에서는 HWM이라고 부른다. 즉, HWM은 세그먼트의 전체 공간 중 사용가능 공간(포맷된 공간)과 미사용 공간(미포맷 공간)을 구분하는 기준이 된다. 만일 추가로 계속해서 Insert가 이루어져서 포맷된 5개의 블록을 다 소진하게 되면 추가로 5개의 블록을 포맷하고 이를 사용가능 공간으로 전환하고 HWM을 이동하게 된다. HWM을 이동하는 작업은 HW 락을 통해 보호된다. HWM을 이동하고자 하는 프로세스는 반드시 세그먼트에 대해 HW 락을 획득해야 한다. HW 락을 획득하는 과정에서 경합이 발생하면 enq: HW-contention 이벤트를 대기한다. 동시에 여러 세션이 동일 세그먼트에 대해 대량의 데이터를 추가하는 경우 잦은 HWM 이동에 의해 HW 락 경합현상이 광범위하게 발생할 수 있다. HWM의 이동은 하나의 익스텐트가 모두 사용될 때까지 계속된다. 만일 하나의 익스텐트를 다 사용하게 되면 오라클은 추가적으로 다시 익스텐트를 할당한다.

Lock
enq: ST - contention

enq: ST - contention란?

오라클 8i에서 DMT(Dictionary Managed Tablespace)를 사용할 경우 익스텐트 할당과 같은 공간관리 작업을 수행할 때, 오라클은 해당 작업을 동기화하기 위해 ST 락을 사용한다. ST락은 전체 인스턴스에서 단 하나에 불과하다. 특정 시점에 공간관리 관련 작업이 동시에 과다하게 발생하는 경우 해당 작업을 동기화하기 위해 대부분의 세션이 ST 락을 획득하기 위해 대기하고 이로 인해 성능 저하가 발생하게 된다.

TIP ST 락에 의한 경합은 대부분 오라클 8i부터 제공되는 LMT(Locally Managed Tablespace)를 사용하면 대부분 해결된다.

Lock
enq: TC - contention

사무실

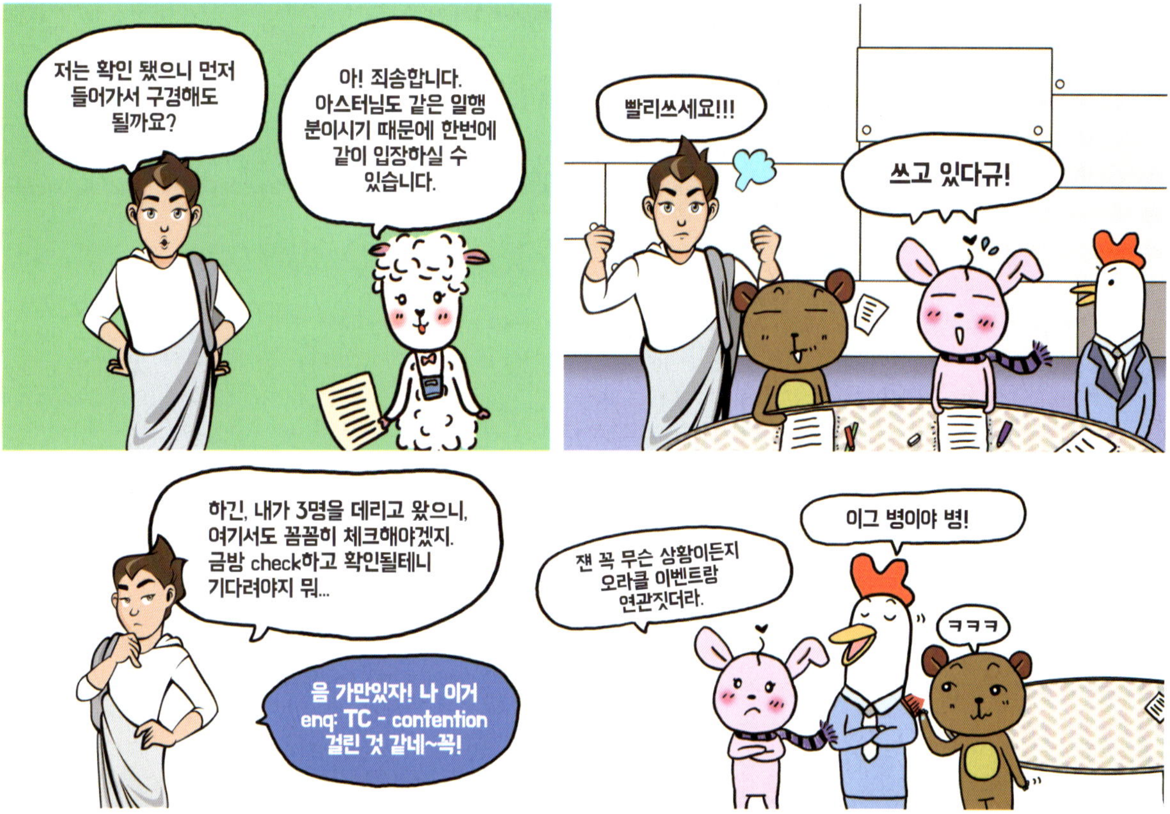

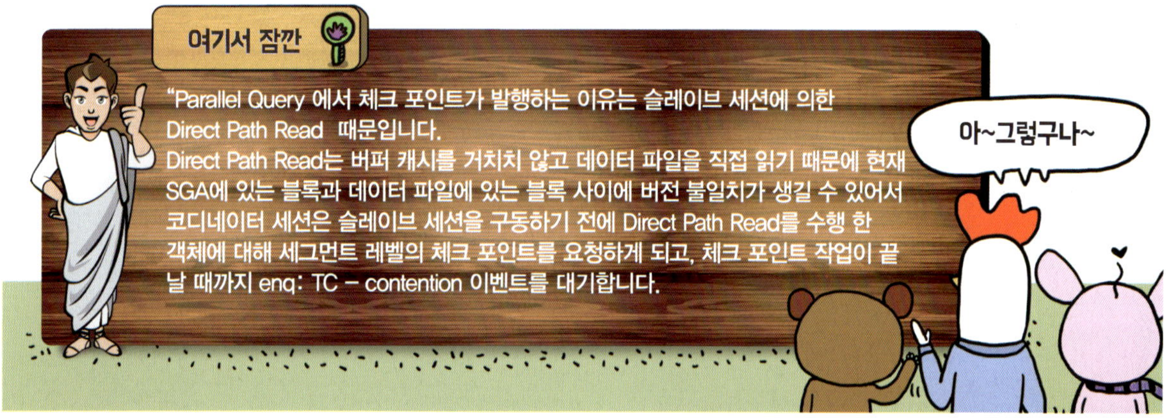

여기서 잠깐

"Parallel Query에서 체크 포인트가 발행하는 이유는 슬레이브 세션에 의한 Direct Path Read 때문입니다.
Direct Path Read는 버퍼 캐시를 거치치 않고 데이터 파일을 직접 읽기 때문에 현재 SGA에 있는 블록과 데이터 파일에 있는 블록 사이에 버전 불일치가 생길 수 있어서 코디네이터 세션은 슬레이브 세션을 구동하기 전에 Direct Path Read를 수행 한 객체에 대해 세그먼트 레벨의 체크 포인트를 요청하게 되고, 체크 포인트 작업이 끝 날 때까지 enq: TC - contention 이벤트를 대기합니다.

아스터가 Family Sale에 입장하기 위해선 같이 온 닭, 곰, 토끼의 등록 및 확인이 필요하니까 아스터=코디네이터 세션이 enq: TC - contention을 대기하는 겁니다.

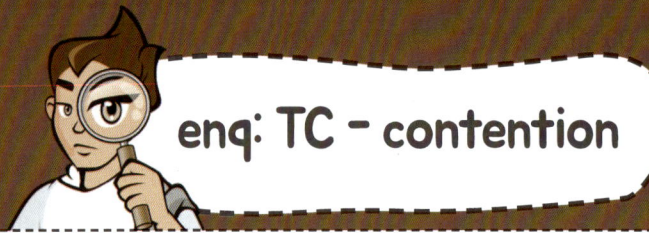

enq: TC – contention

인위적인 체크 포인트를 수행하는 작업들 중 일부는 TC 락(Thread Checkpoint Lock, 혹은 Tablespace Checkpoint Lock)을 획득해야 한다. TC 락을 획득하는 과정에서 경합이 발생하면 enq: TC – contention 이벤트를 대기하게 된다. TC 락을 획득하는 과정은 아래와 같다.

① 서버 프로세스가 우선 TC 락을 X 모드로 획득한다.
② 서버 프로세스는 획득한 TC 락을 SSX 모드로 변경하고, 동시에 CKPT 프로세스가 SS 모드로 해당 락을 획득한다. CKPT는 락을 획득하고 체크 포인트 작업을 수행하게 된다.
③ 서버 프로세스는 다시 TC 락을 X 모드로 획득하려고 시도하는데, 해당 락이 CKPT에 의해 해제될 때까지 대기하게 된다. 이때의 대기 이벤트가 enq: TC – contention 이다.
④ 체크 포인트 작업이 완료되면 CKPT 프로세스는 TC 락을 해제하고, 서버 프로세스는 TC 락을 획득함으로써 체크 포인트 작업이 끝났다는 것을 알게 된다.

enq: TC – contention 대기는 여러 프로세스에 의해 경합이 발생하지 않더라도 관찰이 된다는 점에서 락 경합에 의한 다른 대기현상들과는 구별이 된다. 대기현상에는 경합에 의해서만 발생할 수 있는 것들도 있지만, 경합이 발생하지 않더라도 특정 작업이 끝나기를 단순히 기다리는 경우도 있다는 것을 이해할 필요가 있다.
체크 포인트가 발생하는 경우는 매우 다양하지만 모든 경우에 의해 TC 락에 의한 대기가 발생하는 것은 아니며 서버 프로세스에 의해 유발된 체크 포인트 작업을 동기화시키는 과정에서만 발생한다.

Wait Time
최대 3초까지 기다린다. 만일 TC 락을 획득하지 못하면 획득할 때까지 대기한다.

Parameter

P1	Enqueue 정보
P2	Checkpoint ID
P3	0

💡 Common Causes and Actions

원인 잦은 Parallel SQL 수행에 의한 TC 락 경합

진단 방법 슬레이브 세션에서 Direct Path Read를 대기하는지 확인한다.

개선 방법 Parallel Query(이하 PQ)에서 체크 포인트가 발생하는 이유는 슬레이브 세션(Slave Session)에 의한 direct path read 때문이다. direct path read는 버퍼 캐시를 거치지 않고, 데이터 파일을 직접 읽는 것을 말한다.
데이터 파일에서 직접 데이터를 읽을 경우 SGA를 경유하지 않기 때문에 현재 SGA에 있는 블록과 데이터 파일에 있는 블록 사이에 버전 불일치 현상이 생길 수 있다. 이러한 현상을 방지하기 위해 오라클은 데이터 파일에 대해 direct path read를 수행하기 전에 체크 포인트를 수행해야 한다. 코디네이터 세션(Coordinator Session)은 슬레이브 세션을 구동하기 전에 direct path read를 수행할 객체에 대해 세그먼트 레벨의 체크 포인트를 요청하게 되고 체크 포인트 작업이 끝날 때까지 enq: TC-contention 이벤트를 대기한다. 코디네이터 세션에서는 enq: TC-contention 대기가 목격되고 슬레이브 세션에서는 direct path read 대기가 목격된다는 것에 주의하자. TC 락 경합 현상에 대한 글을 관련 사이트 등에서 검색하면 하이브리드(Hybrid) 시스템, 즉 OLTP와 DSS가 혼용되어 사용되는 시스템에서 많이 발생하는 것으로 나오는데, 잦은 TC락 경합이 발생할 경우 무분별한 PQ수행에 의한 것이 아닌지 확인이 필요하다.

Technical Tip

MTTR(Mean Time To Recovery)와 TC 락

Truncate 및 Drop 과 같은 DDL문 수행에 의해 Buffer Cache에서 관련 데이터를 동기화할 목적으로 디스크로 내려쓰는 작업이 발생하기도 하지만, Fast Start Checkpoint에 의해서도 발생할 수 있다.
MTTR, 즉 복구에 필요한 최소시간을 부여하기 위해 FAST_START_MTTR_TARGET 파라미터를 0보다 큰 값으로 설정한 경우 오라클은 시스템의 Redo 발생량을 계산하여 자동적으로 Checkpoint 주기를 결정하게 된다.
이처럼 FAST_START_MTTR_TARGET 값과 Checkpoint 주기는 반비례하기 때문에 복구에 필요한 최소시간을 크게 줄 경우 인위적인 Checkpoint 발생에 의한 TC락 경합을 줄일 수 있으며, 0으로 줄 경우(Disable) Redo Log File Switch 발생 시에만 Checkpoint가 발생하게 된다.

Redo Log
log buffer space

오라클은 DML이나 DDL문의 수행으로 데이터의 변경이 생기면, System Failure에 대비하기 위해 변경 전/후의 내용을 기록합니다.

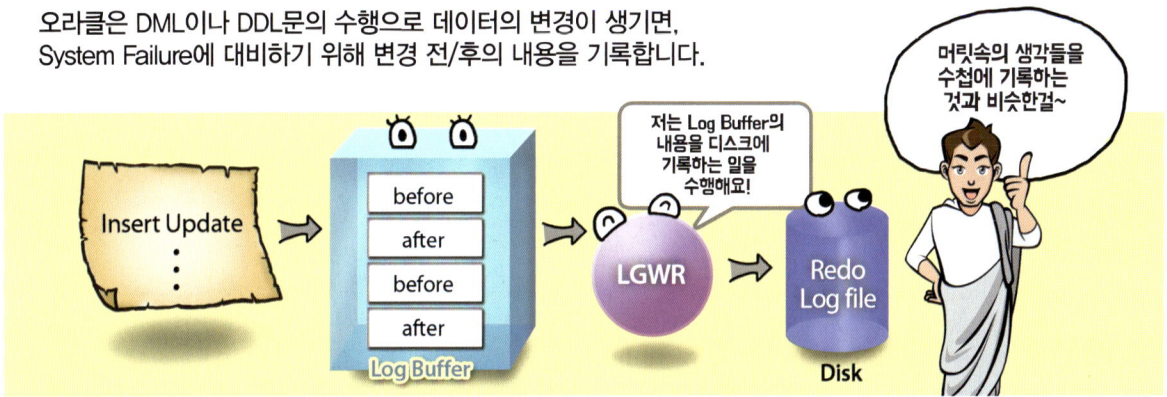

그런데, 아스터가 적고 싶은 생각이 너무 많아서 기록하는 데에 어려움을 겪는 것처럼 오라클에 많은 변경이 생기면, 트랜잭션을 수행하는 세션들은 대기를 겪게 됩니다.

세션들이 Log Buffer Space 이벤트를 대기한다면, 다음과 같은 원인들을 생각해 보도록 하세요!

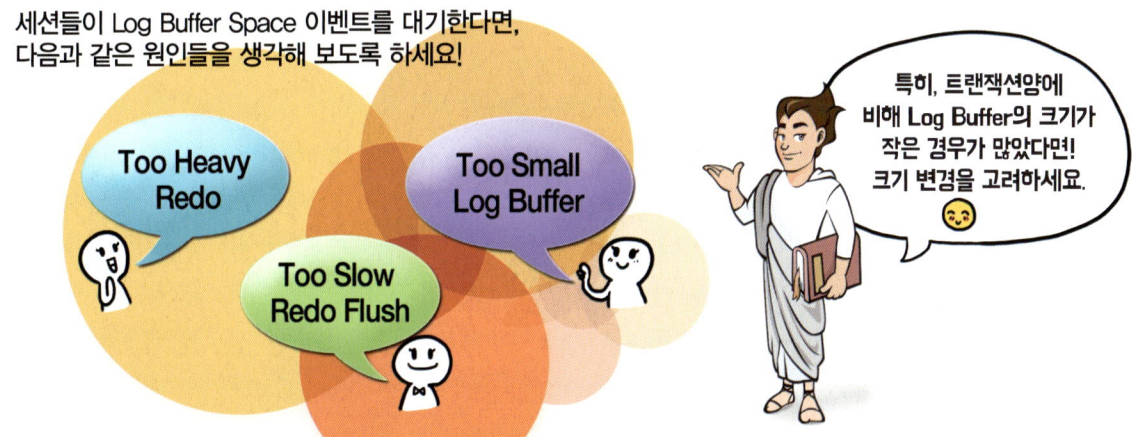

아무튼 아스터는 휴가 기간 동안 어려움도 겪었지만, 소중하게 잘 보고 돌아온 것 같습니다.

log buffer space

리두 버퍼에 리두 레코드를 기록하려는 프로세스는 리두 버퍼 내에 필요한 공간을 확보하기 위해 redo allocation 래치를 획득해야 한다. redo allocation 래치를 획득한 상태에서 리두 버퍼에 공간을 확보하려는 순간에 적절한 여유공간이 없는 경우, 공간이 확보되기를 기다려야 한다. 이 때, 경우에 따라 두 가지 종류의 이벤트를 대기하게 된다. 만일 현재 사용 중인 리두 로그 파일이 꽉 차서 더 이상 여유공간을 확보할 수 없다면, LGWR 프로세스는 로그 파일 스위치(log file switch)를 수행하고, 서버 프로세스는 log file switch completion 이벤트를 대기한다. 그 외의 경우에는 log buffer space 이벤트를 대기하게 된다. 전자의 경우, 로그 파일 스위치가 끝난 직후 log buffer space 대기가 한번에 증가하는 현상이 생길 수 있다. 이는 리두 버퍼에 기록을 하려는 다수의 세션들이 로그 파일 스위치가 끝나기를 기다렸다가 한번에 리두 버퍼에 기록을 하기 위해 경쟁하기 때문이다.

 Wait Time

일반적으로는 1초를 대기하나 log file switch가 발생하는 경우 5초를 대기한다.

 Parameter

log buffer space 대기 이벤트는 대기 파라미터를 사용하지 않는다.

 Common Causes and Actions

원인	생성되는 리두의 양에 비해 로그버퍼의 크기가 작은 경우
진단 방법	Redo Size 지표 모니터링 및 LOG_BUFFER 파라미터 Size 확인
개선 방법	• LOG_BUFFER 크기를 충분히 크게 한다.

Oracle Version에 따른 MView 사용과 Redo 발생량

```
PROCEDURE refresh(list               IN VARCHAR2,
                  method             IN VARCHAR2        := NULL,
                  rollback_seg       IN VARCHAR2        := NULL,
                  push_deferred_rpc  IN BOOLEAN         := TRUE,
                  refresh_after_errors IN BOOLEAN       := FALSE,
                  purge_option       IN BINARY_INTEGER  := 1,
                  parallelism        IN BINARY_INTEGER  := 0,
                  heap_size          IN BINARY_INTEGER  := 0,
                  atomic_refresh     IN BOOLEAN         := TRUE,
                  nested             IN BOOLEAN         := FALSE);
```

10g 이상 버전에서 Materialized View(MView)의 Refresh 방식으로 COMPLETE를 사용한다면 DBMS_MVIEW.REFRESH Procedure 호출 Argument에 대한 확인이 필요하다.

COMPLETE 방식의 Refresh의 경우 데이터를 모두 삭제한 후 다시 쿼리한 데이터를 적재하는 방식으로 수행된다. 이때 데이터 삭제방법으로 10g 이하의 버전에서는 기본적으로 Delete가 아닌 Truncate 방식을 사용하면서 Redo 발생량을 억제하였다. 하지만 10g 버전에서부터 DBMS_MVIEW.REFRESH Procedure의 Argument 중 ATOMIC_REFRESH Argument의 Default값이 TRUE로 변경되면서 Default 값으로 Refresh를 수행할 경우, 데이터 삭제 Operation이 Delete 방식으로 수행되면서 Redo 발생량이 증가할 수 있다.

이에, COMPLETE 방식을 사용하는 MView에 대해서 Redo 발생과 관련된 문제를 경험한다면 ATOMIC_REFRESH Argument에 대한 확인이 필요하다.

Redo Log
log file parallel write

Aster's 미니 강의

log file parallel write

log file parallel 이벤트는 LGWR 프로세스에서만 발생하는 대기 이벤트입니다.
LGWR은 리두 버퍼의 내용을 리두 로그 파일에 기록하기 위해 필요한 I/O 콜을 수행한 후 I/O 작업이 완료되기를 기다리는 동안 log file parallel write 이벤트를 대기하게 됩니다.
log file parallel 이벤트의 P1= file count(member count), P2=block count(redo log block count), P3=I/O request count 입니다.

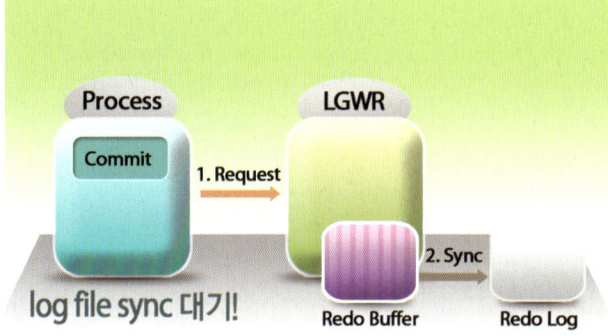

log file parallel write 대기를 해결하는 방법은 일반적으로 log file sync 대기에서와 비슷하다. 두 대기 이벤트 모두 LGWR의 성능에 크게 좌우되기 때문이다.

- 불필요한 커밋을 줄인다.
- Nologging 옵션을 활용하여 리두 데이터의 양을 줄인다.
- 리두 로그 파일이 위치한 I/O 시스템의 성능을 높인다.
- 또 한가지 주의할 것은 핫 백업(Hot backup)을 너무 자주 수행하지 말고, 특히 트랜잭션이 왕성한 시점에서는 수행하지 말라는 것이다. 핫백업 모드에서는 리두 데이터가 로우 레벨이 아닌 블록 레벨로 생성되기 때문이다.

log file parallel write

log file parallel write 이벤트는 LGWR 프로세스에서만 발생하는 대기 이벤트이다. LGWR 프로세스는 리두 버퍼의 내용을 리두 로그 파일에 기록하기 위해 필요한 I/O 콜을 수행한 후 I/O 작업이 완료되기를 기다리는 동안 log file parallel write 이벤트를 대기하게 된다.

만일 비동기식 I/O가 사용되는 환경에서 하나의 리두로그 그룹에 설정된 로그 멤버(member)가 두 개 이상이라면 병렬(parallel)로 기록한다. 동기식 I/O가 사용된다면 각각의 로그 멤버에 대해서 순차적으로 기록한다. 해당 이벤트는 LGWR 프로세스의 정상적인 활동에서도 발생된다. 하지만 대기시간이 길다면 리두 로그파일이 위치한 디스크의 성능이 좋지 않거나 경합현상이 발생하고 있다고 볼 수 있다.

log file parallel write 대기는 I/O 관련 대기현상에서 다룬바 있는 db file parallel write 대기와 그 속성이 거의 유사하다. 이 두 개의 대기는 근본적으로 I/O 시스템의 성능문제와 많은 관련이 있다. 여기에 성능문제를 바라보는 약간의 철학적 관점이 필요한데, 가령 이런 것이다. I/O 시스템의 성능에는 문제가 없는데도 더티 버퍼의 양이 지나치게 많은 경우 db file parallel write 대기가 증가할 수 있다. 마찬가지로 I/O 시스템의 성능에는 아무런 이상징후가 없는데도 리두 데이터 양이 지나치게 많은 경우 log file parallel write 대기가 증가할 수 있다. 이 경우의 성능 문제는 지나치게 많은 데이터를 생성하는 애플리케이션의 문제인지, 아니면 더욱 빠른 속도로 데이터를 처리하지 못하는 I/O 시스템의 문제인지 알수 없다. 이때, 필자의 관점은 일차적으로는 애플리케이션에서 문제와 해결책을 찾되, 더 이상의 해결책이 보이지 않을 때 I/O 시스템의 문제로 생각하라는 것이다. 특히 경제적인 관점에서라도 이 방법을 따를 필요가 있다.

Wait Time

모든 I/O 요청이 완료될 때까지 소요된 실질적인 시간을 나타낸다. 비동기식 I/O의 경우 병렬로 기록될 수 있지만, 마지막 I/O 수행이 완료될 때까지는 완료된 것이 아니기 때문이다.

Parameter

P1	File count(member count)
P2	Block count(redo log block count)
P3	I/O requests

Common Causes and Actions

원인	Redo Log File이 위치한 File System의 I/O성능에 문제가 있다.
진단 방법	쓰기 성능 관련 지표 확인 (redo writes/redo blocks written/redo write time)
개선 방법	• Redo Log Member를 Disk I/O 성능이 좋은 곳으로 옮긴다. • RAID 5 구성 같은 경우 I/O 성능에 적합하지 않은 경우가 많다.

원인	Redo 발생량이 많다
진단 방법	발생량 관련 지표 확인 (redo size/redo entries)
개선 방법	• Tablespace가 Hot Backup 상태가 아닌지 확인한다. • Redo 발생량을 줄이기 위한 NOLOGGING / UNRECOVERABLE 옵션을 고려한다.

Technical Tip

Redo

REDO는 오라클 SGA에 있는 Redo Buffer와 Redo Log File로 이루어져 있는데 이는 Database의 복구를 목적으로 하고 있다. 이 REDO는 Database에 적용된 모든 변경사항에 대한 이력을 저장한다.
여기에 포함되는 정보는 DML, DDL, Recursive SQL에 의해 변경된 모든 Data의 이력들이며 DDL의 경우는 SQL Text도 저장된다. 그러나 NOLOGGING Option을 부여한 상태에서의 Data 변경 이력과 DML SQL Text는 저장되지 않는다.
Redo Log File은 Redo Buffer의 내용을 그대로 저장하게 되는데 이 작업은 LGWR 프로세스에 의해 이루어진다. Redo Buffer의 내용이 Redo Log File에 기록하는 시점은 보통 4가지 경우이다.
첫 번째는 매 3초마다 자동적으로 기록되고, 두 번째는 _LOG_IO_SIZE의 설정 값에 이르렀을 때이다. 이 히든 파라미터는 Redo Buffer의 사이즈에 의해 자동으로 설정되는 데 보통 LOG_BUFFER의 1/3 또는 1MB로 설정된다. 세 번째는 사용자의 Commit 또는 Rollback이라는 명시적인 명령에 의해 강제적으로 기록되는 경우인데 이를 Log Force at Commit으로 부르는 경우도 있다. 이 경우 해당 Transaction과 관계된 모든 Redo 정보를 Log File에 저장하고 나서 Commit을 완료하게 된다. 마지막으로 DBWR 프로세스에 의해 신호를 받았을 경우이다. 이 경우를 Write Ahead Log라고도 하는데 DBWR 프로세스가 Data Buffer Block을 Disk로 기록하기 전에 Redo Buffer Log를 먼저 기록하기 때문에 발생하는 경우이다.

Redo의 쓰기 성능

```
select  round((a.value / b.value) + 0.5, 0) as avg_redo_blks_per_write,
        round((a.value / b.value) + 0.5, 0) * c.lebsz as avg_io_size
from    v$sysstat a,
        v$sysstat b,
        x$kccle c
where   c.lenum = 1
and     a.name = 'redo blocks written'
and     b.name = 'redo writes';
```

Redo의 쓰기 성능을 판별하기 위한 지표로는 Redo Writes와 Redo Blocks Written이 존재한다.
아래 스크립트는 두 Statistics 지표와 Redo Block 단위(대부분 512B)를 이용하여 1회 쓰기에 몇 블록을 처리하였는지 확인할 수 있으며, 이를 이용하여 Redo File이 존재하는 디스크의 쓰기 성능을 확인할 수 있다.

Redo Log
log file switch completion

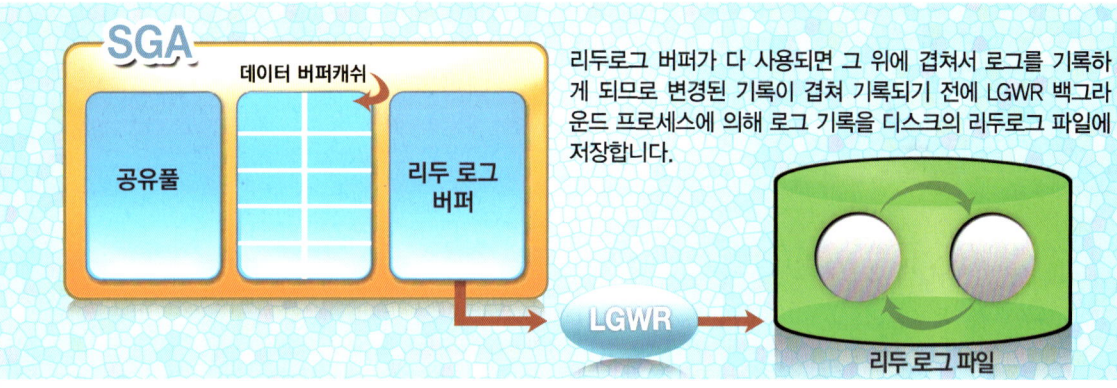
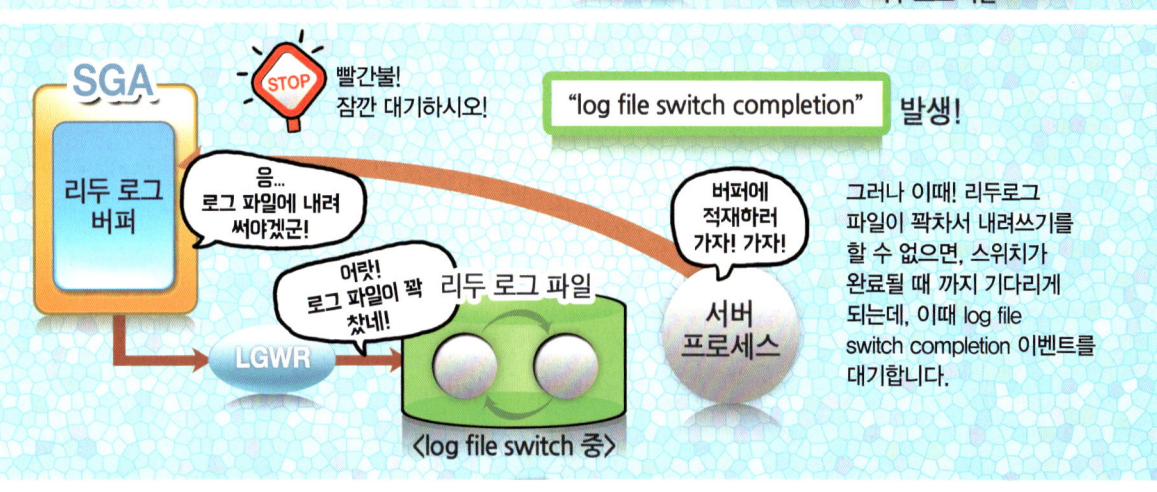

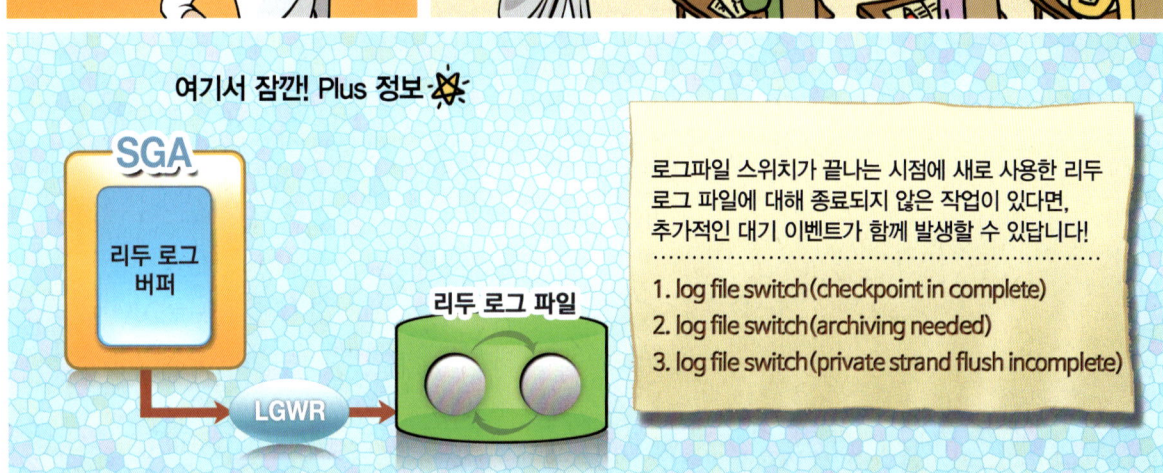

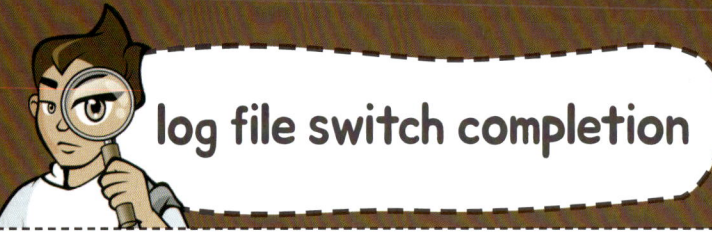

log file switch completion

log file switch completion

서버 프로세스가 리두 버퍼에 리두 레코드를 기록하려는 시점에 리두 로그 파일이 꽉 차서 더 이상 쓰기를 할 수 없으면 프로세스는 LGWR 프로세스에게 로그 파일 스위치를 수행할 것을 요청한다. 서버 프로세스는 LGWR 프로세스에 의해 로그 파일 스위치가 끝날 때까지 log file switch completion 이벤트를 대기하게 된다.

발생 원인은 트랜잭션이 생성하는 리두 데이터의 양에 비해 리두 로그 파일의 크기가 지나치게 작다는 것이다. 따라서 해결책은 리두 로그 파일의 크기를 충분히 키워주는 것이다. 더불어 Direct Load Operation이나 Nologging 옵션을 사용하여 리두 데이터의 양을 줄이는 것도 도움이 된다.

해당 대기 이벤트의 발생 원인은 트랜잭션이 생성하는 리두 데이터의 양에 비해 리두 로그 파일의 크기가 지나치게 작다는 것이다. 따라서 해결책은 리두 로그 파일의 크기를 충분히 키워주는 것이다. 더불어 Direct Load Operation이나 Nologging 옵션을 사용하여 리두 데이터의 양을 줄이는 것도 도움이 된다.

 Wait Time

1초

 Parameter

log file switch completion 대기 이벤트는 대기 파라미터를 사용하지 않는다.

 Common Causes and Actions

원인	생성되는 리두의 양에 비해 로그버퍼의 크기가 작은 경우
진단 방법	Redo Size 지표 모니터링 및 LOG_BUFFER 파라미터 Size 확인
개선 방법	• 로그 버퍼 크기를 충분히 크게 한다.

log file switch completion 관련 event

로그 파일 스위치가 끝나는 시점에, 새로 사용할 리두 로그 파일에 대해 아직 종료되지 않은 작업이 있다면, 아래와 같이 추가적으로 이벤트를 대기해야 한다.

새로 사용할 리두 로그 파일에 대한 체크 포인트 작업이 아직 끝나지 않았다면 프로세스는 DBWR 프로세스에 의해 체크 포인트가 끝나기를 기다려야 한다. 이 경우 프로세스는 log file switch(checkpoint incomplete) 이벤트를 대기하게 된다.

새로 사용할 리두 로그 파일에 대해 아카이브(Archive) 작업이 아직 끝나지 않았다면 프로세스는 ARCH 프로세스에 의해 아카이브 작업이 끝나기를 기다려야 한다. 이 경우 프로세스는 log file switch(archiving needed) 이벤트를 대기하게 된다. 이 이벤트는 아카이브 모드의 데이터베이스에서만 발생한다.

새로 사용 할 리두 로그 파일에 대해 Private strands에 대한 플러시(flush) 작업이 아직 끝나지 않았다면 이 작업이 끝나기를 기다려야 한다. 이 경우 프로세스는 log file switch(private strand flush incomplete) 이벤트를 대기하게 된다. 이 이벤트는 오라클 10g R2에서 추가된 것이며, Private redo strands 기능을 사용할 경우에만 발생한다.

위의 세 가지 대기현상은 리두 로그 파일이 순환적으로(Circular) 사용되는 상황에서, 아주 많은 리두 데이터가 생성되기 때문에 이전 작업을 다 끝내기도 전에 다시 재사용 할 경우에 발생하게 된다. 따라서 이들은 log file switch completion 대기현상과 항상 같이 나타난다. 정확하게 말하면, 서버 프로세스는 먼저 log file switch completion 이벤트를 대기하고 특수한 경우에 다시 log file switch(checkpoint incomplete)나 log file switch(archving needed), log file switch(private strand flush incomplete) 이벤트를 대기하게 된다.

Redo Log
log file sync

사도사도 입을 옷이 없다는 토끼양

토끼양과 함께 쇼핑을 나섰습니다.

이것도 입어보고, 저것도 입어보고..여자들의 쇼핑은 뭐 이렇게 까다로운가요!

그래도 환한 모습이 참 이쁘네요.

기분이다! 토끼양에게 선물을 해주기로 마음 먹었습니다.

log file sync

사용자가 Commit 또는 Rollback 명령을 요청하면 Server Process는 LGWR 프로세스에게 요청을 전달한다. LGWR 프로세스는 Redo Buffer에서 가장 마지막에 기록이 이루어진 이후 시점부터 Commit 지점까지의 모든 Redo Entry를 Redo Log File에 기록한다. 이것을 "sync write"라고 부르며 redo sync writes 통계값을 통해 조회 가능하다. Server Process는 Commit 명령을 내린 후 LGWR 프로세스가 성공적으로 기록 할 때까지 기다리게 되는데, 이때 log file sync 이벤트를 대기하게 된다.

다시 말해 로그 동기화(log synchronization)를 수행하는 동안, LGWR 프로세스는 "sync write"가 완료할 때까지 log file parallel write 대기 이벤트를 대기하게 되고, Server Process는 log file sync 대기 이벤트를 대기하는 것이다.

Server Process는 2가지 이유로 인해 log file sync 대기 이벤트를 겪게 된다. 하나는 로그 동기화가 완료되기를 대기하는 것이다. 다른 하나는 대기가 타임아웃(일반적으로 1초)되는 경우이다. 타임아웃이 발생하면 Server Process는 Commit 정보가 디스크에 기록되었는지를 확인하기 위해 현재 로그 SCN(System Change Number)을 확인한다. 만일 Commit 정보가 디스크에 기록되었다면 대기를 그만두고 작업을 진행하며, 그렇지 않을 경우 계속 log file sync 대기 이벤트를 지속하게 된다.

만일 세션이 동일한 buffer#를 대기한다면 V$SESSION_WAIT의 SEQ# 컬럼의 값은 매초마다 증가한다. SEQ# 컬럼의 값이 증가할 경우의 블로킹 프로세스는 LGWR이다. 이러한 경우 LGWR 프로세스가 다른 이유로 인해 대기 중 인지를 확인해야 한다.

일반적으로, log file sync는 매우 평범한 대기 이벤트이다. 사용자가 인식하기 힘든만큼 매우 단시간에 발생한다. 하지만, log file sync 대기 이벤트의 과다 현상은 응답시간을 상당히 지연시키게 되며, V$SYSTEM_EVENT 및 V$SESSION_EVENT 뷰에서 눈에 띌 만한 대기통계정보를 나타내게 된다.

Wait Time
1초

Parameter

P1	buffer#
P2	sync scn

💡 Common Causes and Actions

원인	과다한 Commit 횟수
진단 방법	User Commit 지표 확인 및 소스 내 Commit 수행 위치 확인
개선 방법	만일 세션이 배치 프로세스라면, 루프 내에서 반복적으로 Commit을 수행할 수 있다. 이 경우 모듈의 이름을 확인한 후 Commit의 횟수를 줄일 수 있는지를 점검하기 위해서 개발자에게 코드를 점검한다.

원인	I/O 시스템의 성능 저하
진단 방법	LGWR 프로세스가 log file parallel write 이벤트를 대기하는 평균시간이 높거나 전체 시스템에서 대기시간 대비 차지하는 비중이 높다면 Redo Log File이 위치한 I/O 시스템의 성능에 문제가 있다고 파악
개선 방법	Redo Log File을 가장 빠른 디바이스에 위치시킨다. 그리고 디스크 경합을 피하기 위해 서로 다른 그룹의 Redo Log File은 서로 다른 디스크에 분산시켜야 한다. Redo Log File을 데이터파일이나 컨트롤 파일과 다른 디스크에 배치시키는 것 또한 필요하다.

원인	불필요한 Redo 데이터 생성
진단 방법	Redo Size 지표 모니터링 및 LOG_BUFFER 파라미터 Size확인
개선 방법	• Direct load 기능과 Create …, Alter .. 류의 작업들은 대부분 Nologging 옵션을 제공한다. 이런 기능들을 잘 활용하면 Redo 데이터의 양을 극적으로 줄일 수 있다. • SQL*Loader로 대량의 데이터를 적재시 Direct load option을 사용 • 임시작업이 필요할 때는 임시 테이블(Temporary Table)을 사용 • 인덱스가 있는 테이블에 대해 Direct load 작업을 수행시 인덱스를 Unusable 상태로 변경하여 작업 • LOB 데이터의 경우 데이터의 크기가 크다면 가급적 Nologging 속성을 부여

원인	Redo Buffer가 지나치게 크게 설정된 경우
진단 방법	Redo Size 지표 모니터링 및 LOG_BUFFER 파라미터 Size 확인
개선 방법	Redo Buffer는 background writes 횟수를 감소 시키고, LGWR 프로세스의 활동성을 낮추게 되므로 Redo Buffer에는 많은 양의 Redo Entry가 저장되는 현상을 야기시킨다. 프로세스가 Commit을 수행할 때, LGWR 프로세스는 더 많은 양의 Redo Entry를 디스크에 기록해야 하므로 sync write 시간은 더 오래 소요되고 서버 프로세스는 log file sync 대기 이벤트를 경험하게 되므로 로그 버퍼 사이즈를 작게 변경한다.

Technical Tip

Sequence와 log file sync

Sequence를 생성할 때 NOCACHE 옵션을 주는 경우가 종종 있다. NOCACHE 속성의 시퀀스는 많은 성능 문제를 야기하는데 대표적인 경우가 row cache lock 대기를 증가시키는 것이다. 재미있게도, NOCACHE 속성의 Sequence는 log file sync 대기를 유발하는 원인이 될 수도 있다. NOCACHE 속성의 Sequence에 대해서 Sequence.nextval을 호출하면 매번 Dictionary 테이블의 정보를 갱신하고 Commit을 수행해야 하기 때문이다. Sequence를 사용할 때는 Transaction의 양을 고려하여 반드시 적절한 크기의 CACHE 속성을 부여해야 한다.

PROCESS Parameter와 log file sync

PROCESSES 파라미터 수치를 크게 설정할 경우 log file sync 대기현상이 증가하게 된다. 모든 동기화 작업(sync operation)동안, LGWR 프로세스는 어떠한 세션들이 해당 이벤트를 대기하고 있고 어떠한 세션의 Redo를 디스크로 기록해야 하는지 확인하기 위해서 프로세스의 데이터 스트럭처를 스캔해야 한다. PROCESSES 파라미터 수치를 작게 설정할 경우 log file sync 대기현상을 감소시키는데 도움이 된다. 적정한 값을 알기 위해서는 V$RESOURCE_LIMIT 뷰를 사용하면 된다. 이러한 문제는 오라클 9i R2에서 해결되었다.

Memo

RAC
gc cr/current block 2-way/3-way

✦ gc cr/current block 2-way/3-way
gc cr/current request 이벤트에 대한 Fixed-up 이벤트로, 블록을 요청한 프로세스가 마스터 노드로부터 직접 블록 이미지를 전송 받았음을 의미합니다!

✦ 2-way와 3-way의 차이
Fixed-up 이벤트에서 "2-way"와 "3-way"의 차이는 데이터 전송에 참여하는 노드의 수에 있습니다.

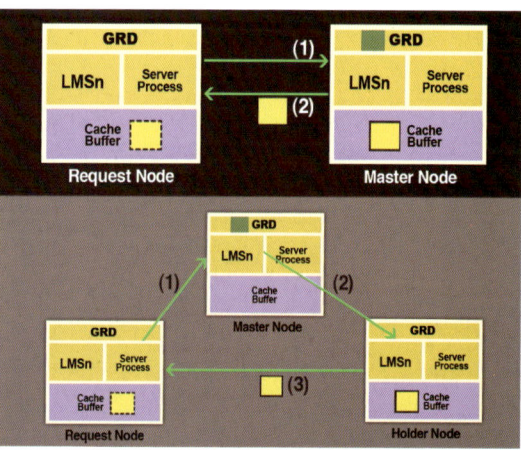

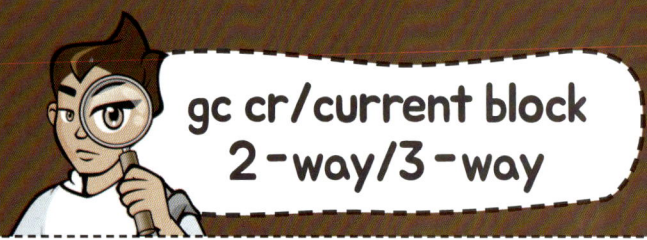

gc cr/current block 2-way/3-way

gc cr/current block 2-way 이벤트는 gc cr/current request 이벤트에 대한 Fixed-up 이벤트로, 블록을 요청한 프로세스가 마스터 노드로부터 직접 블록 이미지를 전송 받았다는 것을 의미한다. gc cr/current request 이벤트가 gc cr/current block 2-way 이벤트로 바뀌는(Fixed-up되는) 흐름은 다음과 같다.

- 요청 노드의 유저 프로세스가 특정 데이터 블록을 CR 모드 또는 Current 모드로 읽고자 한다.
- 유저 프로세스는 해당 데이터 블록의 적절한 버전이 로컬 버퍼 캐시에 없는 것을 확인하고, 마스터 노드의 LMS 프로세스에 블록 전송을 요청한다. 유저 프로세스는 응답을 받을 때까지 gc cr request 이벤트나 gc current request 이벤트를 대기한다.
- 마스터 노드의 LMS 프로세스는 자신의 로컬 버퍼 캐시에 요청 받은 블록 이미지가 존재하는 것을 확인하고, 인터커넥트를 통해 해당 블록 이미지를 전송한다. CR 블록을 전송하는 경우에는 gc cr blocks served, gc cr block build time, gc cr block flush time, gc cr block send time 통계 값이 증가한다. Current 블록을 전송하는 경우에는 gc current blocks served, gc current block pin time, gc cr block flush time, gc cr block send time 통계 값이 증가한다.
- 유저 프로세스는 블록 이미지를 전송 받고, gc cr/current request 이벤트를 Fixed-up 이벤트인 gc cr block 2-way 이벤트나 gc current block 2-way이벤트로 변경한다. CR 블록을 전송 받은 경우에는 gc cr blocks received, gc cr block receive time 통계 값이 증가한다. Current 블록을 전송 받은 경우에는 gc current blocks received, gc current block receive time 통계 값이 증가한다.

오라클은 이미 로컬 캐시에 읽을 수 있는 버전의 블록이 존재하면 즉 현재 SQL 문장이 요구하는 SCN을 만족하는 블록이 로컬 캐시에 존재한다면 추가적인 글로벌 캐시 동기화 작업을 수행하지 않고, 로컬 캐시에 있는 블록 이미지를 사용한다. 따라서 SQL 문장 튜닝과 효율적인 버퍼 캐시 사용을 통해, 일단 로컬 캐시로 읽어 들인 블록들을 최대한 재활용하는 것이 RAC를 위한 최고의 튜닝 방법이 된다.
로컬 캐시에 읽을 수 있는 버전이 존재하는 경우, 글로벌 캐시 동기화를 수행하지 않는 정확한 조건을 이해할 필요가 있다.

RAC 시스템에서 "CR 모드로 읽을 수 있는 버전의 블록"의 정확한 의미는 "공유 모드(Shared Mode)로 BL 락을 획득한 블록"을 말한다. 즉, 로컬 버퍼 캐시에 BL 락을 공유 모드로 획득한 블록이 존재하는 경우에는 글로벌 캐시 동기화 작업 없이 로컬 버퍼 캐시에서 바로 블록을 읽어 들인다. 요청 노드의 유저 프로세스가 CR 모드의 블록 전송을 요청한 후에 데이터 블록에 대해 공유 모드로 BL 락을 획득하는 경우는 다음과 같다.

전체 클러스터에서 최초로 블록을 읽어 들이는 경우. 이 경우 gc cr grant 2/3-way 이벤트가 Fixed-up 이벤트로 사용된다.
홀더 노드가 공유 모드(Shared Mode)로 읽어 들인 블록을 전송받는 경우. 이 경우 gc cr block 2-way/3-way 이벤트가 Fixed-up 이벤트로 사용된다. 하나의 블록에 대해 여러 노드가 동시에 공유 모드로 BL 락을 획득하게 된다.

홀더 노드가 독점 모드(Exclusive Mode)로 읽어 들인 블록을 전송 받되, 이 블록이 _FAIRNESS_THRESHOLD 파라미터 값(기본값은 4)을 초과하여 전송된 경우. 이 경우에는 gc current block 2-way/3-way 이벤트가 Fixed-up 이벤트로 사용된다. 특정 블록을 독점 모드로 보유하고 있는 홀더 노드는, 해당 블록에 대해 CR 모드의 전송이 요청된 경우, 가능한 자신이 현재 보유한 독점 모드의 락을 유지한다. 락 다운그레이드가 지나치게 자주 발생하는 것을 방지하기 위해서이다. 이 경우 요청 노드는 공유 모드가 아닌 널 모드(Null Mode)로 BL 락을 획득한다. 하지만, 요청 노드가 계속해서 락 다운그레이드 요청을 하는 경우에는 즉, CR 모드 요청을 하는 경우에는, 독점 모드의 락을 공유 모드(Shared Mode)로 다운그레이드하고, 다른 노드가 BL 락을 공유 모드로 획득하는 것을 허용한다. 이것을 제어하는 파라미터가 _FAIRNESS_THRESHOLD 파라미터로, 말 그대로 "노드 간에 공평성을 제어하는" 역할을 한다.

_FAIRNESS_THRESHOLD 임계치를 초과하여 락 다운그레이드가 발생한 경우의 수는 V$CR_BLOCK_SERVER 뷰를 통해 확인할 수 있다.

```
SQL> SELECT cr_requests, fairness_down_converts FROM V$CR_BLOCK_SERVER;
CR_REQUESTS          FAIRNESS_DOWN_CONVERTS
-----------          ----------------------
38726154             1973959
```

전체 CR 블록 요청 횟수 대비 락 다운그레이드 발생 횟수가 약 5% 정도로 양호한 수치를 보인다.

CR 블록 요청에 의한 락 다운그레이드 발생 횟수가 지나치게 높은 경우에는(25% 이상), _FAIRNESS_THRESHOLD 파라미터 값을 1이나 2 정도로 낮추는 것을 고려할 필요가 있다. 락 다운그레이드 횟수가 높다는 것은 거꾸로 CR 블록 요청에 대해 추가적인 블록 전송(최대 네 번까지)이 많이 발생한다는 것을 의미하기 때문이다. 이런 경우에는 락 다운그레이드가 빨리 이루어지도록 하면, 그만큼 추가적인 블록 전송이 없어지기 때문에 성능 개선에 도움이 될 수 있다.

- 간단한 테스트를 통해 _FAIRNESS_THRESHOLD 파라미터에 의해 글로벌 캐시 동기화가 어떻게 이루어지는지 확인해보자. gc cr block 2-way 이벤트가 5번째 요청에서 gc current block 2-way 이벤트로 바뀌고, 6번째 요청부터는 글로벌 캐시 동기화가 발생하지 않는다는 사실에 유의해서 테스트 결과를 분석해보자.

```
-- 두 개의 노드로 이루어진 RAC 환경이며, 오라클 버전은 10g R1이다.
-- SQL#1: 노드 1, SQL#2 : 노드 2
SQL#2> CREATE TABLE rac_test(id NUMBER);
SQL#2> INSERT INTO rac_test VALUES(1); COMMIT;
-- File#=14, Block#=10307 블록
SQL#2>
SELECT DBMS_ROWID.ROWID_RELATIVE_FNO(ROWID) AS file#,
       DBMS_ROWID.ROWID_BLOCK_NUMBER(ROWID) AS block#
FROM rac_test;
FILE#         BLOCK#
----------    ----------
      14       10307

-- 노드 2에서 다음 명령을 수행한다. 노드 2가 14번 데이터 파일의 마스터 노드가 된다.
SQL#2> connect /as sysdba
SQL#2> oradebug lkdebug -m pfile 14
(오라클 10g R2에서는 oradebug lkdebug -m pkey [object_no] 명령을 사용한다)

-- 노드 2에서 rac_test 테이블에 대해 업데이트(Update)를 수행해서 10307번 블록에 대해 독점 모드로 BL 락을
획득한다. 단, 이때 언두 정보를 참조할 필요가 없도록 반드시 Commit을 수행한다.
SQL#2> UPDATE rac_test SET id = 2;
SQL#2> COMMIT;

-- 노드 1에서 총 6번의 SELECT, 즉 일관된 읽기 모드로 블록을 요청한다.
SQL#1> SELECT * FROM rac_test;
SQL#1> /
... ( 같은 쿼리를 6번 수행) ...
-- 노드 1에서 수행한 6번의 쿼리를 SQL Trace를 통해 추적한 결과는 다음과 같다.
SQL#1> ho vi /admin/LAS10/udump/ora102_ora_19049.trc

-- 1번째 요청. gc cr block 2-way 이벤트를 대기하는 것을 확인할 수 있다.
SELECT * FROM rac_test
...
WAIT #6: nam='gc cr block 2-way' ela= 1584 p1=14 p2=10307 p3=1

-- 2번째 요청. 역시 gc cr block 2-way 이벤트를 대기.
WAIT #7: nam='gc cr block 2-way' ela= 1203 p1=14 p2=10307 p3=1

-- 3번째 요청
WAIT #2: nam='gc cr block 2-way' ela= 1630 p1=14 p2=10307 p3=1

-- 4번째 요청. _FAIRNESS_THRESHOLD 파라미터의 값(4)에 도달
WAIT #3: nam='gc cr block 2-way' ela= 1206 p1=14 p2=10307 p3=1

-- 5번째 요청. 노드 2에서 락 다운그레이드가 발생했으며, 그 결과로 Current 블록을 전송 받았음을 확인할 수 있다.
대기 이벤트가 gc current block 2-way로 바뀐 것에 주목하자. 노드 2는 독점 모드의 BL 락을 공유 모드로
다운그레이드하고, 노드 1은 공유 모드의 BL 락을 획득하게 된다.
WAIT #12: nam='gc current block 2-way' ela= 1174 p1=14 p2=10307 p3=1

-- 6번째 요청
노드 1이 해당 블록에 대해 공유 모드로 BL 락을 획득했기 때문에, 글로벌 캐시 동기화 작업으로 인한 대기 현상이
발생하지 않는다.
```

RAC 시스템에서 "Current 모드로 읽을 수 있는 버전의 블록"의 정확한 의미는 "독점 모드(Exclusive Mode)로 BL 락을 획득한 블록"을 말한다. 즉, 로컬 버퍼 캐시에 BL 락을 독점 모드로 획득한 블록이 존재하는 경우에는 글로벌 캐시 동기화 작업 없이 로컬 버퍼 캐시에서 바로 블록을 읽어 들인다. 요청 노드의 유저 프로세스가 현재 모드의 블록 전송을 요청한 후에 데이터 블록에 대해 독점 모드로 BL 락을 획득하는 경우는 다음과 같다.

- 전체 클러스터에서 최초로 블록을 읽어 들이는 경우. 이 경우 gc current grant 2-way/3-way 이벤트가 Fixed-up 이벤트로 사용된다.
- 홀더 노드가 공유 모드(Shared Mode)로 읽어 들인 Current 블록을 전송 받는 경우. 이 경우 gc current block 2-way/3-way 이벤트가 Fixed-up 이벤트로 사용된다.
- 홀더 노드가 독점 모드(Exclusive Mode)로 읽어 들인 Current 블록을 전송 받은 경우. 이 경우 gc current block 2-way/3-way 이벤트가 Fixed-up 이벤트로 사용된다. 이 과정에서 요청 노드는 트랜잭션 정보를 위해 언두 세그먼트 헤더 블록과 언두 블록을 추가로 전송 받게 되며, 해당 블록에 대해서는 gc cr block 2-way/3-way 이벤트 대기가 관찰된다. 만일 홀더 노드가 블록 변경 후 커밋을 수행하지 않는다면, 요청 노드는 계속해서 언두 정보를 참조해야 하므로 gc cr block 2-way/3-way 이벤트 대기가 증가할 수 있다. 요청 노드는 Current 블록을 전송하고 난 후, 해당 블록을 과거 이미지(PI, Past Image) 블록으로 전환한다.

독점 모드의 Current 블록을 Current 모드로 전송하는 경우(이것을 흔히 Write-Write 경쟁이라고 부른다)에는 항상 PI 블록이 생성된다. 따라서 클러스터 내에 하나의 블록에 대한 PI 블록이 여러개 존재할 수 있다. PI 블록은 로컬 인스턴스 레벨의 독점 모드의 Current 블록이라고 할 수 있다. 비록 클러스터 전체 레벨에서는 단 하나만의 독점 모드의 Current 블록이 존재하지만, 각 인스턴스 레벨에서 개별적인 Current 블록(PI 블록)을 가지고 있는 셈이다. 이 경우 클러스터 전체 레벨의 Current 블록만이 디스크에 기록되는 메커니즘이 보장되어야 한다. 특정 인스턴스에서 더티 버퍼를 기록할 필요가 생기면, 자신이 직접 기록하지 않고 마스터 노드에게 클러스터 전체 레벨에서의 Current 블록을 기록할 것을 요청한다. 마스터 노드는 GRD를 통해 홀더 노드에 디스크 기록을 요청하고, 디스크 기록이 성공하면 다른 모든 인스턴스에게 PI 블록을 버퍼 캐시에서 해제할 것을 알린다. 이러한 일련의 과정을 Fusion Write라고 부른다. 오라클은 Fusion Write를 통해 오직 하나의 최신 블록 만이 디스크에 기록되는 것을 보장하고, 불필요한 PI 블록들을 메모리에서 해제하는 방법을 제공한다. V$SYSSTAT 뷰를 통해 DBWR 프로세스의 의한 디스크 기록 작업 중 Fusion Write가 얼마나 많은 비중을 차지하는지 확인할 수 있다.

```
SQL> SELECT name, value FROM v$sysstat WHERE name like '%DBWR%';
NAME                                    VALUE
--------------------------------    ----------
DBWR checkpoint buffers written       28039411
...
DBWR fusion writes                     8524130
```

1) **일관된 읽기 모드 요청에 대해 현재 모드의 블록을 전송하는 경우**
   홀더 노드가 Current 블록을 로컬 캐시에 가지고 있는 상황에서, 다른 노드들이 _FAIRNESS_THRESHOLD 파라미터 값(4)을 초과하여 CR 모드로 블록을 요청한 경우에는, CR 모드가 아닌 Current 모드의 블록 이미지를 전송 받는다. 이 경우 요청 노드는 gc cr block 2-way/3-way 이벤트가 아닌 gc current block 2-way/3-way 이벤트를 Fixed-up 이벤트로 사용한다. 또한, 요청 노드에서는 gc current blocks received, gc current receive time 통계 값이 증가하고, 홀더 노드에서는 gc current blocks served, gc current block pin time, gc current block flush time, gc current block send time 통계 값이 증가한다.

2) **현재 모드의 블록 요청에 대해 일관된 읽기 모드의 블록을 전송하는 경우**
   Update 문과 같은 DML 수행에서는 Current 블록을 요청한다. 홀더 노드에서 이미 변경된 블록을 전송 받는 경우에는 추가적으로 언두 세그먼트 헤더 블록과 언두 블록의 정보를 일관된 읽기 모드로 전송 받아야 한다. 이들 블록에 트랜잭션 정보가 관리되기 때문이다.

DML 수행 후, 지나치게 장시간 커밋을 수행하지 않으면 언두 세그먼트 헤더 블록이나 언두 블록의 CR 버전이 전송되어야 하므로, 불필요한 인터커넥트 경합을 유발할 수 있다는 사실을 기억해야 한다. 특정 노드의 장시간의 트랜잭션을 수행하는 도중에, 다른 노드에서 DML을 수행하게 되면 언두 정보 참조를 위해 추가적인 블록 전송이 이루어지고, gc cr block 2-way/3-way 이벤트 대기로 관찰된다.
간단한 테스트를 통해 DML 수행 시에 CR 블록 전송이 이루어지는 것을 확인할 수 있다.

```
              마스터 노드가 노드 2인 rac_test 테이블. id=2, id=3 에 해당하는 로우가 같은 블록에 있는 로우임을 확인
SQL#2> select
              id, dbms_rowid.rowid_block_number(rowid)
              from rac_test;
ID DBMS_       ROWID.ROWID_BLOCK_NUMBER(ROWID)
-----------   -------------------------------------------------
         2    10299
         3    10299

노드 2에서 id = 2 에 대해 Update 수행 후, Commit을 수행하지 않음
SQL#2> UPDATE rac_test SET id = id WHERE id = 2;

노드 1에서 로우 레벨 락이 걸리지 않도록 id = 3 에 대해 Update 수행
SQL#1> UPDATE rac_test SET id = id WHERE id = 3;
SQL#1> /
```

```
노드 1에서 Update 문을 여러 차례 수행한 후, 수행 결과를 SQL Trace를 통해 추적하면 아래와 같다.

update rac_test set id = id where id = 3
WAIT #1: nam='gc cr block 2-way' ela= 1375 p1=8 p2=104457 p3=93
WAIT #1: nam='SQL*Net message to client' ela= 23 p1=16508 p2=1 p3=0
WAIT #1: nam='SQL*Net message from client' ela= 356 p1=16508 p2=1 p3=0
…
P1(file#)=8, P2(block#)=104457, P3(2*r+15, r=39)=93 인 언두 세그먼트
헤더 블록 정보를 얻는 과정에서 gc cr block 2-way 이벤트를 대기하는 것을 알 수 있다.
또한 DBA_ROLLBACK_SEGS 뷰를 조회해 보면, 39번 언두 세그먼트의 헤더 블록임을 확인할 수 있다.'
SQL#2> EXEC print_table('SELECT * FROM DBA_ROLLBACK_SEGS WHERE file_id = 8 AND
block_id = 104457');
-------------------------------------------
SEGMENT_NAME             : RAC02_06
OWNER                    : PUBLIC
TABLESPACE_NAME          : TEST_DATA
SEGMENT_ID               : 39
FILE_ID                  : 8
BLOCK_ID                 : 104457
INITIAL_EXTENT           : 2097152
NEXT_EXTENT              :
MIN_EXTENTS              : 1
MAX_EXTENTS              : 32765
PCT_INCREASE             :
STATUS                   : ONLINE
INSTANCE_NUM             : 1
RELATIVE_FNO             : 8
```

💡 Parameter

gc cr block 2-way 이벤트와 같은 Fixed-up 이벤트는 P1, P2, P3 값이 별도로 부여되지 않으며, Placeholder 이벤트(여기서는 gc cr request 이벤트)와 동일한 값을 가지는 것으로 해석하면 된다.

💡 Common Causes and Actions

gc cr/current request#Check Point & Solution을 참조한다.

Technical Tip

2-way와 3-way의 차이

두 개의 노드로 이루어진 RAC 환경에서는 최대 2회(2-way)의 통신이 이루어진다. 하지만, 세 개 이상의 노드로 이루어진 RAC 환경에서는 최대 3회(3-way)까지 통신이 이루어진다. 3회의 통신을 통해 블록 이미지를 전송 받은 경우에는 gc cr/current block 3-way 이벤트를 Fixed-up 이벤트로 사용한다. 3-way 통신은 클러스터 환경에서는 필연적으로 발생하며, 이 현상 자체를 튜닝하려는 노력은 무의미하다. 하지만, 3-way 통신이 지나치게 많다는 것은 마스터 노드가 잘못 할당되어 있다는 것을 암시할 수도 있다. 오라클 10g R2부터는 세그먼트 레벨의 다이나믹 리마스터링이 지원되므로, 잘못된 마스터 노드지정에 의한 불필요한 인터커넥트 통신이 자연스럽게 줄어든다. 2-way 통신과 3-way 통신의 차이점을 그림으로 표현하면 아래와 같다.

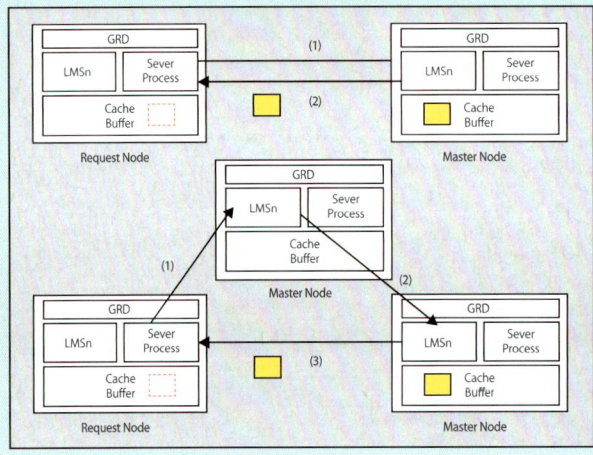

2-way와 3-way의 차이

gc cr blocks served

다른 인스턴스의 CR 블록 요청으로 인해 전송(Send/Serve)된 블록의 개수를 의미한다. 이름과 달리 이 통계 값이 전송된 "CR 블록의 수"만을 의미하는 것이 아니라는 사실에 주의할 필요가 있다. CR 블록 요청에 대해 Current 블록을 전송하는 경우도 있기 때문이다.

gc cr blocks serverd 통계 값은 항상 gc cr block build time, gc cr block flush time, gc cr block send time 통계 값과 함께 분석해야 한다. CR 블록을 전송하는 과정은 CR 블록 구성(Build), CR 블록 리두 플러시(Flush)와 CR 블록 전송(Send)을 포함하기 때문이다.

gc cr block build time

다른 인스턴스의 CR 블록 요청으로 인해 CR 블록을 전송하는 과정에서 CR 블록을 구성(Build)하는데 소요된 시간을 의미한다. 단위는 1/100 초(cs)이다. CR 블록의 구성(Build)은 버퍼 캐시로부터 CR 블록을 탐색하는 시간과 버퍼 캐시에 CR 블록이 존재하지 않는 경우에 디스크로부터 CR 카피(Copy)를 생성하는 시간을 포함한다. 일반적으로 CR 카피를 생성하는 작업은 디스크로부터 언두 이미지를 읽어 들이고, 언두 이미지로부터 CR 블록을 생성하는 작업을 포함한다. 이 작업이 LMS 프로세스에 큰 부하를 유발할 수 있기 때문에 오라클은 요청된 SCN과 가장 근접한 블록으로부터 CR 블록을 생성한다(이 과정을 CR 카피라고 함). 즉, 디스크로부터 언두 이미지를 반영하지 않고 불완전한 이미지의 CR 블록을 생성한 후 전송한다. 불완전한 CR 블록을 전송받은 요청 노드의 프로세스가 직접 언두를 수행해서 완전한 이미지의 CR 블록을 생성한다. 이것을 흔히 Light Weight Rule이라고 부른다. CR 블록을 구성(Build)하는 작업은 메모리 탐색과 메모리 복사 작업을 포함하기 때문에 CPU 자원을 많이 필요로 하며, 이 일련의 작업들을 LMS 프로세스가 담당한다. 만일 CR 블록 구성에 많은 시간이 소모된다면 LMS 프로세스의 성능에 대한 점검이 필요하다.

gc cr block flush time

다른 인스턴스의 CR 블록 요청으로 인해 Current 블록을 전송하는 과정에서 리두 플러시(Redo Flush)에 소요된 시간을 의미한다. 단위는 1/100초(cs)이다. 오라클은 요청된 CR 블록에 대해 Current 이미지로 만족 가능한 경우에는 CR 카피 작업을 수행하지 않고 Current 블록을 직접 전송한다. 만일 Current 블록이 현재 더티(Dirty) 상태라면 리두 로그에 변경 내역을 기록한 후 전송해야 한다. 만일 리두 플러시에 많은 시간이 소모된다면 LGWR 프로세스의 성능이나 리두 로그 파일의 I/O 성능에 대한 점검이 필요하다. gcs log flush sync 대기 이벤트와 gc cr block busy 대기 이벤트와 연관해서 분석하면 더욱 정확한 진단을 내릴 수 있다.

gc current blocks served

다른 인스턴스의 Current 블록 요청으로 인해 전송(Send, Serve)된 블록의 개수를 의미한다.
gc current blocks serverd 통계 값은 항상 gc current block pin time, gc current block flush time, gc current block send time 통계 값과 함께 분석해야 한다. Current 블록을 전송하는 과정은 Current 블록에 대한 락 획득(Pin), Current 블록 리두 플러시(Flush)와 Current 블록 전송(Send)을 포함하기 때문이다.

gc cr block send time

다른 인스턴스의 CR 블록 요청으로 인해 블록을 전송하는 과정에서 네트워크 전송(Send)에 소요된 시간을 의미한다. 단위는 1/100초(cs)이다. 이 값의 의미를 정확하게 이해하려면 블록 전송 과정이 버퍼 캐시 레이어와 네트워크 레이어라는 두 개의 레이어에 의해 이루어진다는 사실을 이해해야 한다. 버퍼 캐시 레이어로부터 시작된 블록 전송 요청은 다음과 같은 과정을 통해 물리적인 전송이 이루어진다.

버퍼 캐시 레이어에서 전송할 블록을 준비한 다음(gc cr block build time, gc cr block flush time), 네트워크 레이어로 블록을 전달한다.

네트워크 레이어에서는 OS가 관리하는 네트워크 서브 시스템에 블록 전송 요청을 전달한다.

네트워크 서브 시스템은 전송 큐(가령 UDP Send Buffer)에 전송 데이터를 추가한 후, 네트워크 레이어에 전송에 성공했음을 알린다. 전송 큐에 데이터를 추가하는 것이 곧 물리적으로 데이터가 전송된다는 것을 의미하지는 않는다는 사실에 주의해야 한다.

네트워크 레이어는 버퍼 캐시 레이어에 블록 전송이 성공했음을 알린다.

즉, gc cr block send time 통계 값은 실제 블록 전송에 걸린 시간이 아닌, 네트워크 레이어에 블록 전송 요청을 한 후 응답을 받을 때까지 걸린 시간을 의미한다. 일반적으로 OS 레벨에서의 네트워크 전송 요청은 매우 빠른 속도로 이루어지기 때문에 gc cr block send time 통계 값의 차지하는 비중은 높지 않다. 만일 gc cr block send time 통계 값이 다른 통계 값과 비교해 높은 비중을 차지한다면 네트워크 설정이나 네트워크 드라이브, 하드웨어 설정 등에 문제가 있는지 점검해 볼 필요가 있다.

gc current block pin time

다른 인스턴스의 Current 블록 전송 요청을 처리하기 위해 Current 블록에 대한 락을 획득하는데 소요된 시간을 의미한다. 단위는 1/100초(cs)이다. 락을 획득하는 작업을 보통 핀(Pin)이라고 부르는 데서 비롯된 이름이다. 락 획득 과정에서 시간이 소요되는 사유에는 크게 두 가지가 있다.

_GC_DEFER_TIME 파라미터에 의한 블록 전송 지연되는경우이다. 만일 전송 대상인 Current 블록에 대해 블록 클린 아웃 작업이 아직 이루어지지 않았다면 오라클은 _GC_DEFER_TIME 파라미터 값(기본값은 3ms)만큼 대기한 후 락을 획득한다.

블록 경합이 발생하는 경우. 전송 대상인 Current 블록을 다른 로컬 프로세스가 사용 중이라면 락을 획득할 수 없다. 만일 블록 경합이 매우 심해서 즉, 수많은 로컬 프로세스가 같은 블록에 대해 경쟁을 하는 상황이라면 버퍼 전송을 위해 글로벌 락을 획득하는 과정에서 많은 시간을 소모하게 된다.

gc current block pin time 통계 값이 차지하는 비중이 지나치게 높은 경우에는 핫 블록의 존재 여부를 확인해 보아야 하며, 블록 경합이 지나치게 자주 발생하지 않는지 점검해 보아야 한다. buffer busy waits 대기 이벤트와 gc current block busy 대기 이벤트와 연계해서 분석하면 더욱 정확한 진단을 내릴 수 있다. 또한 V$CURRENT_BLOCK_SERVER 뷰를 활용하면 Current 블록에 대한 락 획득의 성능 문제를 좀 더 세밀하게 분석할 수 있다.

gc current clock send time

다른 인스턴스의 Current 블록 요청으로 인해 블록을 전송하는 과정에서 네트워크 전송(Send)에 소요된 시간을 의미한다. 단위는 1/100초(cs)이다.

gc current block flush time

다른 인스턴스의 Current 블록 요청으로 인해 Current 블록을 전송하는 과정에서 리두 플러시(Redo Flush)에 소요된 시간을 의미한다. 단위는 1/100초(cs)이다. 전송 대상인 Current 블록이 현재 더티(Dirty) 상태라면 리두 로그에 변경 내역을 기록한 후 전송해야 한다. 만일 리두 플러시에 많은 시간이 소모된다면 LGWR 프로세스의 성능이나 리두 로그 파일의 I/O 성능에 대한 점검이 필요하다. gcs log flush sync 대기 이벤트와 gc current block busy 대기 이벤트와 연관해서 분석하면 더욱 정확한 진단을 내릴 수 있다. 또한 V$CURRENT_BLOCK_SERVER 뷰를 참조하면 Current 블록에 대한 리두 플러시의 성능 문제를 좀 더 세밀하게 분석할 수 있다.

gc cr blocks received

다른 인스턴스에 CR 블록 전송을 요청한 후 전송 받은 블록 수를 의미한다. gc cr blocks received 통계 값은 gc cr blocks served 통계 값과 일대 일 관계를 지닌다. 만일 두 개의 인스턴스로 이루어진 RAC 시스템이라면 다음과 같은 관계를 지닌다.
[1번 인스턴스의 gc cr blocks received ≈ 2번 인스턴스의 gc cr blocks served] gc cr blocks served 통계 값에서 설명한 바와 같이 CR 블록 전송 과정에서 Light Weight Rule이 적용된 경우에는 불완전한 버전의 CR 블록을 전송받는다. 이 경우에는 요청 인스턴스에서 CR 블록 구성 작업을 마무리하게 된다. 특히 리모트 인스턴스에서 빈번한 블록 변경 작업이 발생했다면 Light Weight Rule이 자주 적용되게 된다. 불완전한 CR 블록을 전송받은 요청 인스턴스는 CR 블록을 완성하기 위해서 디스크에서 언두 이미지를 읽거나 언두 세그먼트 헤더 블록 정보를 다시 리모트 인스턴스로부터 전송 받는 일련의 추가적인 작업을 수행해야 한다. Light Weight Rule은 홀더 인스턴스의 LMS 프로세스의 부하를 줄이는 대신, 그 부담을 요청 인스턴스의 서버 프로세스가 나누어 가지는 것으로 이해할 수 있다.

gc cr block receive time

다른 인스턴스에 CR 블록 전송을 요청한 후 전송 받을 때까지 소요된 시간을 의미한다. 단위는 1/100 초(cs)이다. gc cr block receive time 통계 값은 gc cr block build time, gc cr block flush time, gc cr block send time 통계 값에 실제 네트워크 송수신에 소모된 시간을 합친 값으로 이해하면 된다. 만일 두 개의 인스턴스로 이루어진 RAC 시스템이라면 다음과 같은 관계를 지닌다.
[1번 인스턴스의 gc cr block receive time = 2번 인스턴스의 gc cr block build time + gc cr block flush time + gc cr block send time + 전송 요청을 전달하는데 걸린 시간 + 요청에 대한 응답을 전달하는데 걸린 시간]
만일 네트워크 전송 성능이 느리다면 요청 인스턴스가 실제 블록을 받을 때까지 걸린 시간이 홀더 인스턴스가 전송하는데 걸린 시간에 비해 매우 높게 나올 수 있다. 따라서 이런 경우에는 네트워크 성능을 점검해 보아야 한다.

gc current blocks received

다른 인스턴스에 Current 블록 전송을 요청한 후 전송 받은 블록 수를 의미한다. gc current blocks received 통계 값은 gc current blocks served 통계 값과 일대 일 관계를 지닌다. 만일 두 개의 인스턴스로 이루어진 RAC 시스템이라면 다음과 같은 관계를 지닌다.
[1번 인스턴스의 gc current blocks received ≈ 2번 인스턴스의 gc current blocks served]

gc current block receive time

다른 인스턴스에 Current 블록 전송을 요청한 후 전송 받을 때까지 소요된 시간을 의미한다. 단위는 1/100 초(cs)이다. gc current block receive time 통계 값은 gc current block build time, gc current block flush time, gc current block send time 통계 값에 실제 네트워크 송수신에 소모된 시간을 합친 값으로 이해하면 된다. 만일 두 개의 인스턴스로 이루어진 RAC 시스템이라면 다음과 같은 관계를 지닌다.
[1번 인스턴스의 gc current block receive time = 2번 인스턴스의 gc current block pin time + gc current block flush time + gc current block send time + 전송 요청을 전달하는데 걸린 시간 + 요청에 대한 응답을 전달하는데 걸린 시간]
만일 네트워크 전송 성능이 느리다면 요청 인스턴스가 실제 블록을 받을 때까지 걸린 시간이 홀더 인스턴스가 전송하는데 걸린 시간에 비해 매우 높게 나올 수 있다. 따라서 이런 경우에는 네트워크 성능을 점검해 보아야 한다.

gc blocks lost

블록 전송 과정에서 유실(Lost)된 블록의 수를 의미한다. 블록 유실은 RAC 시스템의 성능에 결정적인 영향을 미치기 때문에 gc blocks lost 통계 값은 가능한 낮은 수치를 유지해야 한다. 만일 gc blocks lost 통계 값이 증가한다면 다음과 같은 확인 절차를 거쳐야 한다.
네트워크 설정이나 하드웨어 설정에 이상은 없는가를 점검한다. netstat와 같은 툴을 이용해서 네트워크 패킷 에러가 발생하지 않는지 점검하고, 네트워크 파라미터가 지나치게 작게 설정되어 있지 않는지 확인한다. 네트워크 버퍼 크기를 크게 하고, MTU의 크기를 크게 하는 것 등도 해결 방법이 될 수 있다.
잘못된 네트워크 프로토콜을 사용하고 있지 않은가를 점검한다. 대부분의 OS에서 오라클은 UDP를 기본 프로토콜로 사용할 것을 권장한다. 많은 종류의 프로토콜에 대해 RAC 성능 테스트와 적용이 이루어졌지만, UDP에서 가장 안정적으로 작동하는 것이 경험적으로 검증되었다. 만일 특정 벤더가 제공하는 특정 프로토콜을 사용한다면 반드시 오라클로부터 검증을 거쳐야 한다.
지나치게 인터커넥트 부하가 높은 경우에는 패킷 유실은 피할 수 없다. 이 경우에는 네트워크 대역폭을 높이거나 SQL/애플리케이션 튜닝을 통해 블록 전송 수를 줄여야 한다.

blocks corrupt

블록 전송 과정에서 손상(Corrupt)이 발생한 블록 수를 의미한다. 블록 손상 여부는 체크섬(Checksum) 값을 통해 확인된다. 블록 손상은 RAC 시스템의 성능에 결정적인 영향을 미치기 때문에 blocks corrupt 통계 값은 가능한 낮은 수치를 유지해야 한다. 블록 손상은 RAC 자체의 문제라기보다는 대부분 하부 레이어, 즉 네트워크 설정이나 하드웨어 설정에 의해 발생하는 문제로 봐야 한다. 만일 gc blocks corrupt 통계 값이 증가한다면, 비현실적인 네트워크 파라미터나 하드웨어 설정은 없는지 점검해야 한다.

gc CPU used by this session

```
SQL> SELECT STAT_NAME, VALUE FROM V$SYS_TIME_MODEL;
STAT_NAME                                               VALUE
-------------------------------------               ---------------
DB time                                             11716336545654
DB CPU                                               560565103783
background elapsed time                             2494917554431
background cpu time                                  204519278273
sequence load elapsed time                            13122182762
parse time elapsed                                     9245428546
hard parse elapsed time                     1134663273
sql execute elapsed time                    11539973552003
connection management call elapsed time              46516094792
failed parse elapsed time                        919444
failed parse (out of shared memory) elapsed time              0
hard parse (sharing criteria) elapsed time              4293820
hard parse (bind mismatch) elapsed time         1665127
PL/SQL execution elapsed time                          2342550484
inbound PL/SQL rpc elapsed time                              0
PL/SQL compilation elapsed time                          15225474
Java execution elapsed time                     0
```

글로벌 캐시 동기화 작업에 사용한 CPU 시간을 의미한다. 단위는 1/100초(cs)이다. 이 값을 전체 CPU 사용 시간과 비교하면 글로벌 캐시 동기화 작업에 얼마나 많은 CPU 자원을 사용하는지 추측할 수 있다. 오라클이 통계 값(Stats)으로 제공하는 CPU 사용 시간은 총 네 가지로 다음과 같다.

- CPU used by this session: 전체 CPU 사용 시간
- PC CPU used by this session: IPC 작업을 수행하는데 사용한 CPU 시간
- global enqueue CPU used by this session: 글로벌 락 동기화 작업을 수행하는데 사용한 CPU 시간
- gc CPU used by this session: 글로벌 캐시 동기화 작업을 수행하는데 사용한 CPU 시간

위의 값들을 비교해서 특정 작업의 CPU 자원이 전체 CPU 사용 시간 대비 얼마나 사용되는지 확인할 수 있다. 오라클 10g부터 제공되는 타임 모델(Time Model)을 사용하면 더욱 풍부한 CPU 사용 시간 정보를 얻을 수 있다. 아래 스크립트는 V$SYS_TIME_MODEL 뷰를 통해 DB 작업의 소요 시간(Elapsed Time)을 추출한 것이다. 값의 단위는 1/1,000,000 (micros)로, 각 DB 작업이 전체 소요 시간(DB Time)이나 CPU 사용 시간(DB CPU)에 비해 얼마나 높은 비중을 차지 하는지 분석할 수 있다. DB Time 통계 값과 CPU used by this session 통계 값은 정확하게 일치하지는 않지만 비교적 비슷한 값을 제공한다.

RAC
gc cr/current grant 2-way

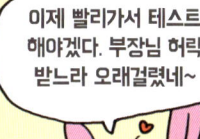

Aster Mini 강의

gc cr/current grant 2-way
- Request Node가 Master Node로 부터 Block을 읽을 "권한"을 부여 받았음을 의미하는 gc current request 이벤트에 대한 Fixed-up Event
- P1, P2, P3의 의미는 gc cr/current request Event와 동일.

리모트 노드의 버퍼 캐시에도 블록이 없는 경우, 블록을 요청한 프로세스는 블록에 대한 권한을 부여받고 자신이 직접 디스크로 부터 블록을 읽는다. 따라서!! 이 경우 db file sequential reads 이벤트 대기가 동반된다.

gc cr/current block 2-way/3-way VS. gc cr/current grant 2-way

gc cr/current request의 Fixed-up Event	gc cr/current의 Fixed-up Event
• 블록을 요청한 프로세스가 마스터 노드로 부터 직접 블록 이미지를 전송 받았다는 것을 의미 • 2-way, 3-way는 데이터 전송에 참여하는 노드 수와 관련	• 블록을 요청한 프로세스가 마스터 노트로 부터 블록을 읽을 권한을 부여 받았음을 의미 • 마스터 노드로 부터 권한을 부여 받을 것으로 2-way만 가능

gc cr/curret grant 2-way

프리 블록에 대한 권한을 부여 받는 경우 오라클 10g에서는 gc current grant 2-way 이벤트를 대기한 것으로 관찰되지만, 오라클 9i에서 global cache open x 이벤트를 대기한 것으로 관찰된다.

gc cr/current grant 2-way 이벤트는 gc cr/current request 이벤트에 대한 Fixed-up 이벤트로, 블록을 요청한 프로세스가 마스터 노드로부터 블록을 읽을 권한을 부여 받았음을(Grant) 의미한다. gc cr/current request 이벤트가 gc cr/current grant 2-way 이벤트로 바뀌는(Fixed-up되는) 흐름은 다음과 같다.

- 요청 노드의 유저 프로세스가 특정 데이터 블록을 읽고자 한다.
- 유저 프로세스는 해당 데이터 블록의 적절한 버전이 로컬 버퍼 캐시에 없는 것을 확인하고, 마스터 노드의 LMS 프로세스에 블록 전송을 요청한다. 유저 프로세스는 응답을 받을 때까지 gc c/current request 이벤트를 대기한다.
- 마스터 노드의 LMS 프로세스는 GRD를 참조하여, 클러스터의 어떤 노드도 해당 블록 이미지를 로컬 캐시에 가지고 있지 않다는 것을 확인하고, 요청 노드에 블록을 직접 읽을 권한을 부여한다.
- 유저 프로세스는 블록을 읽을 권한을 부여 받은 후, gc cr/current request 이벤트를 Fixed-up 이벤트인 gc cr/current grant 2-way 이벤트로 변경한다. 권한을 부여 받은 후에는 일반적으로 싱글 블록 I/O를 통해 해당 블록을 디스크에서 직접 읽어 들이며, db file sequential read 이벤트에 대한 대기가 뒤따른다. 만일 로컬 캐시에 BL 락을 업그레이드(S→X) 혹은 다운그레이드(X→S) 가능한 버전의 블록이 있다면 해당 블록에 대해 락 변환을 수행한 후 사용한다.

간단한 테스트를 통해 gc cr grant 2-way 이벤트와 db file sequential read 이벤트의 관계를 확인할 수 있다.

```
-- 마스터 노드가 노드 2인 rac_test 테이블. 노드 1과 노드2의 버퍼 캐시를 플러시해서, 클러스터 내의 어떤
노드도 해당 테이블 블록 이미지를 갖지 않도록 한다.
SQL#1> ALTER SYSTEM FLUSH BUFFER_CACHE;
SQL#2> ALTER SYSTEM FLUSH BUFFER_CACHE;
-- 노드 1에서 두 번에 거쳐 rac_test 테이블에 대해 일관된 읽기 모드의 블록 요청을 수행한다. Full Table
Scan을 통해 멀티 블록 I/O 요청이 이루어진다는 사실을 기억하자.
SQL#1> SELECT * FROM rac_test;
SQL#1> /
이 두 번의 쿼리를 SQL Trace를 통해 추적한 결과는 다음과 같다.

-- 1번째 요청. 최초의 요청에서는 gc cr grant 2-way 이벤트와 db file sequential read 이벤트에 대한
대기가 순차적으로 발생한다. 이 두개의 대기 이벤트는 세그먼트 헤더 블록에 대한 읽기 요청이다. 데이터 블록들
에 대해서는 멀티 블록 I/O가 발생하며, 이 경우 gc cr multi block request 대기와 db file scattered
read 이벤트 대기가 반복적으로 발생한다.
select * from rac_test
WAIT #2: nam='SQL*Net message to client' ela= 2 p1=16508 p2=1 p3=0
WAIT #2: nam='gc cr grant 2-way' ela= 5327 p1=14 p2=10270 p3=4
WAIT #2: nam='db file sequential read' ela= 178217 p1=14 p2=10270 p3=1
WAIT #2: nam='gc cr grant 2-way' ela= 2634 p1=14 p2=10249 p3=8
WAIT #2: nam='db file sequential read' ela= 28691 p1=14 p2=10249 p3=1
WAIT #2: nam='gc cr grant 2-way' ela= 4457 p1=14 p2=10269 p3=9
WAIT #2: nam='db file sequential read' ela= 33336 p1=14 p2=10269 p3=1
WAIT #2: nam='gc cr multi block request' ela= 1881 p1=14 p2=10312 p3=1
WAIT #2: nam='gc cr multi block request' ela= 4 p1=14 p2=10312 p3=1
…
```

```
(오라클 10g R1에서는 한번의 멀티 블록 I/O에서 요청하는 블록수만큼 gc cr multi block request 대기
가 반복적으로 발생하지만, 오라클 10g R2에서는 한번의 멀티 블록 I/O 요청에 대해 gc cr multi block
request 대기는 한번만 발생한다. 이는 멀티 블록 I/O 처리 메커니즘이 개선되었다는 것을 의미한다)
WAIT #2: nam='db file scattered read' ela= 117417 p1=14 p2=10297 p3=16

-- 2번째 요청. 글로벌 캐시 동기화 작업이 발생하지 않는다. 1번째 요청을 통해 데이터 블록들에 대해 BL 락을
이미 공유 모드로 획득했기 때문이다.
select * from rac_test
WAIT #2: nam='SQL*Net message from client' ela= 225 p1=16581 p2=1 p3=0
WAIT #2: nam='SQL*Net message to client' ela= 2 p1=16232 p2=1 p3=0
WAIT #2: nam='SQL*Net message from client' ela= 777 p1=16502 p2=1 p3=0
```

블록을 읽을 권한을 부여하는 과정은 2-way 통신만으로 이루어지기 때문에 gc cr/current grant 3-way와 같은 대기 이벤트는 존재하지 않는다는 점에 주의하자.

 Wait Time

대기 시간

 Parameter

gc cr grant 2-way 이벤트와 같은 Fixed-up 이벤트는 P1, P2, P3 값이 별도로 부여되지 않으며, Placeholder 이벤트(여기서는 gc cr request 이벤트)와 동일한 값을 가지는 것으로 해석하면 된다.

 Common Causes and Actions

gc cr/current request#Check Point & Solution을 참조한다.

Technical Tip

Grant와 디스크 I/O, 락 변환과의 관계

한가지 주의할 점은 gc cr/current grant 2-way 이벤트가 항상 디스크 I/O로 이어지지는 않는다는 점이다. 만일 락 모드 변환이 가능한 버전의 블록이 있다면 해당 블록을 재활용하며, 이 경우에는 디스크 I/O가 발생하지 않는다. 이 원리는 gc cr/current grant busy 이벤트에서 동일하게 적용된다. 이런 면에서, "Grant"라는 용어는 특정 블록을 디스크에서 읽을 권한만을 지칭하는 것이 아니라, BL 락 모드 변환 권한까지 같이 지칭하는 것으로 이해할 수 있다. 락 모드 변환은 권한 없음, 널 모드, 공유 모드, 독점 모드 간에 이루어지게 된다.

락 모드 변환은 gc cr/current grant … 류의 이벤트뿐만 아니라 gc cr/current block … 류의 이벤트에서도 발생한다는 사실에 유의하자. 가령 현재 널 모드의 블록을 가진 요청 노드가 현재 모드의 블록 이미지를 전송(gc current block 2-way/3-way 이벤트)받은 경우 내부적으로 널 모드의 BL 락을 독점 모드로 업그레이드하는 작업이 수행된다.

오라클 9i RAC에서는 이러한 변환에 대해 개별적인 대기 이벤트 명을 사용하기도 한다. 가령 널 모드의 락을 공유 모드로 변환하고자 하는 프로세스는 global cache null to s 이벤트를 대기한다. 하지만 오라클 10g RAC에서는 항상 gc cr/current request 이벤트만을 사용하며, Fixed-up 이벤트를 이용해서 동일한 레벨의 정보를 제공한다.

gc current grant 2-way 이벤트와 HWM 이동과의 관계

gc current grant 2-way 이벤트에 대한 대기와 enq: HW-contention 이벤트에 대한 대기가 같이 관찰되는 경우가 있다. 이런 경우 gc current grant 2-way 대기 이벤트는 HWM(High Water Mark)의 이동과 관련이 있다. 세그먼트에 새로운 데이터를 추가(Insert)하는 과정에서 프리 블록이 소진되면, 오라클은 HWM을 이동해서 가용한 블록들을 추가로 할당한다. 새로 추가된 블록들에 대해 Insert 작업을 수행하려면 BL 락을 독점 모드로 획득해야 한다. BL 락을 획득하고자 하는 요청 노드의 프로세스는 마스터 노드에게 해당 블록에 대한 권한을 요청한 후 gc current request 이벤트를 대기한다. 마스터 노드는 해당 블록을 점유한 노드가 없다는 것을 확인한 후, 권한을 부여하는 메시지를 보낸다. 응답을 받은 요청 노드는 gc current request 이벤트를 gc current grant 2-way 이벤트로 변경한다.

세그먼트 공간 관리 기법으로 ASSM을 사용하는 경우(오라클 10gR2부터는 기본값)에는 각 노드가 가능한 자신만의 프리 블록을 사용하게끔 보장된다. 따라서 노드 A가 할당 받은 프리 블록을 노드 B가 사용할 확률이 대단히 낮다. 따라서 HWM 이동에 의해 할당된 프리 블록을 획득하는 과정에서 대부분 gc current grant 2-way 이벤트를 대기한 것으로 관찰된다. 하지만, 프리 블록에 대한 요구가 매우 많은 경우에는 다른 노드에게 할당된 프리 블록을 훔쳐올 수 있다. 이것을 흔히 BMB Stealing(Bitmap Block Stealing)이라고 부른다. BMB Stealing이 발생할 경우에는 프리 블록을 다른 노드로부터 전송 받아야 하므로 gc current block 2-way/3-way 이벤트를 대기한 것으로 관찰될 수 있다. ASSM이 아닌 FLM(Free List Management, 수동 모드의 프리 블록 관리 기법)을 사용하는 경우에는 FREELIST GROUPS 속성과 FREELISTS 속성을 적절하게 부여함으로써 ASSM과 같은 효과를 얻을 수 있다.

Memo

RAC
gc cr/current multi block request

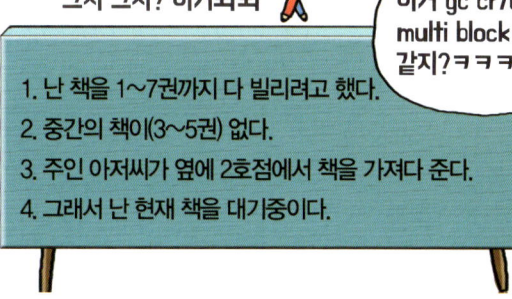

gc cr/current multi block request

로컬 캐시에 존재하지 않는 여러 개의 데이터 블록을 동시에 읽고자 하는 프로세스는, 해당 데이터 블록들을 관리하는 마스터 노드에게 블록 전송을 요청하고, 응답을 받을 때까지 gc cr/current multi block request 이벤트를 대기한다.

FTS(Full Table Scan)와 같은 멀티 블록 I/O를 수행하고자 하는 서버 프로세스는 마스터 노드에게 DB_FILE_MULTIBLOCK_READ_COUNT 파라미터 값만큼 블록 전송 요청을 수행하며, 블록을 전송 받거나 블록을 읽을 권한을 부여 받는다.

gc cr/current multi block request 이벤트에는 Fixed-up 이벤트가 제공되지 않는다.

gc cr/current multi block request

로컬 캐시에 존재하지 않는 여러 개의 데이터 블록을 동시에 읽고자 하는 프로세스는, 해당 데이터 블록들을 관리하는 마스터 노드에게 블록 전송을 요청하고, 응답을 받을 때까지 gc cr multi block request 이벤트나 gc current multi block request 이벤트를 대기한다.

gc cr/current request 이벤트가 싱글 블록 I/O에 의해 발생하는 반면, gc cr/current multi block request 이벤트는 멀티 블록 I/O에 의해 발생한다. 따라서 gc cr/current request 이벤트는 db file sequential read 이벤트와 유사한 속성을 지니고, gc cr/current multi block request 이벤트는 db file scattered read 이벤트와 유사한 속성을 지닌다.

FTS(Full Table Scan)와 같은 멀티 블록 I/O를 수행하고자 하는 서버 프로세스는 마스터 노드에게 DB_FILE_MULTIBLOCK_READ_COUNT 파라미터 값만큼 블록 전송 요청을 수행하며, 블록을 전송 받거나 블록을 읽을 권한을 부여 받는다. 아래 테스트 결과를 보자. DB_FILE_MULTIBLOCK_READ_COUNT 값에 의해 블록 전송이 어떤 영향을 받는지 알 수 있다.

```
-- 멀티 블록에 의한 I/O 수를 8로 변경
SQL> ALTER SESSION SET DB_FILE_MULTIBLOCK_READ_COUNT = 8;
-- 멀티 블록 I/O 수행
SQL> SELECT COUNT(*) FROM multi;
…
-- SQL*Trace를 통해 대기 이벤트 확인
-- 8번의 gc cr multi block request 이벤트 대기 후 db file scattered read 이벤트를 대기한다.
-- 즉, 블록을 읽을 권한을 부여 받았음을 의미한다.
WAIT #1: nam='gc cr grant 2-way' ela= 285 p1=14 p2=29470 p3=4
WAIT #1: nam='db file sequential read' ela= 1098 p1=14 p2=29470 p3=1
WAIT #1: nam='gc cr multi block request' ela= 553 p1=14 p2=29478 p3=1
WAIT #1: nam='gc cr multi block request' ela= 27 p1=14 p2=29478 p3=1
WAIT #1: nam='gc cr multi block request' ela= 3 p1=14 p2=29478 p3=1
WAIT #1: nam='gc cr multi block request' ela= 30 p1=14 p2=29478 p3=1
WAIT #1: nam='gc cr multi block request' ela= 4 p1=14 p2=29478 p3=1
WAIT #1: nam='gc cr multi block request' ela= 16 p1=14 p2=29478 p3=1
WAIT #1: nam='gc cr multi block request' ela= 13 p1=14 p2=29478 p3=1
WAIT #1: nam='gc cr multi block request' ela= 3 p1=14 p2=29478 p3=1
WAIT #1: nam='db file scattered read' ela= 7976 p1=14 p2=29471 p3=8
WAIT #1: nam='gc cr multi block request' ela= 539 p1=14 p2=29486 p3=1
WAIT #1: nam='gc cr multi block request' ela= 27 p1=14 p2=29486 p3=1
…
(오라클 10g R1에서는 한번의 멀티 블록 I/O에서 요청하는 블록수만큼 gc cr multi block request 대기가 반복적으로 발생하지만, 오라클 10g R2에서는 한번의 멀티 블록 I/O 요청에 대해 gc cr multi block request 대기는 한번만 발생한다. 이는 멀티 블록 I/O 처리 메커니즘이 개선되었다는 것을 의미한다)
```

gc cr multi block request 이벤트는 CR 모드의 멀티 블록 I/O에 의해 발생한다. CR 모드의 멀티 블록 I/O는 읽기 목적, 즉 SELECT에 의한 FTS(Full Table Scan)나 IFFS(Index Fast Full Scan) 등에서 발생한다. 반면, gc current multi block request 이벤트는 Current 모드의 멀티 블록 I/O에 의해 발생한다. 대표적인 사례는 FTS를 통한 Update나 Delete 작업 그리고 Insert 작업을 위해 새로운 데이터 블록을 읽어오는 경우이다. 아래 예를 통해 Insert 작업과 gc current multi block request 대기 이벤트의 관계를 알 수 있다.

```
-- Insert 수행
SQL> INSERT INTO multi VALUES(1, 'TEST');
…
-- 16번(DB_FILE_MULTIBLOCK_READ_COUNT)의 gc current multi block request 대기 이후 db
file scattered read 이벤트를 대기한다.
-- 즉, 멀티 블록을 Current 모드로 직접 읽을 권한을 부여 받았음을 알 수 있다.
WAIT #2: nam='gc current grant 2-way' ela= 298 p1=14 p2=29451 p3=33619976
WAIT #2: nam='gc current multi block request' ela=6 p1=14 p2=29630 p3=33554446
WAIT #2: nam='gc current multi block request' ela=35 p1=4 p2=29630 p3=33554446
WAIT #2: nam='gc current multi block request' ela=12 p1=4 p2=29630 p3=33554446
WAIT #2: nam='gc current multi block request' ela=6 p1=14 p2=29630 p3=33554446
WAIT #2: nam='gc current multi block request' ela=5 p1=14 p2=29630 p3=33554446
WAIT #2: nam='gc current multi block request' ela=4 p1=4 p2=29630 p3=33554446
WAIT #2: nam='gc current multi block request' ela=7 p1=14 p2=29630 p3=33554446
WAIT #2: nam='gc current multi block request' ela=4 p1=14 p2=29630 p3=33554446
WAIT #2: nam='gc current multi block request' ela=0 p1=14 p2=29630 p3=33554446
WAIT #2: nam='gc current multi block request' ela=4 p1=14 p2=29630 p3=33554446
WAIT #2: nam='gc current multi block request' ela=2 p1=14 p2=29630 p3=33554446
WAIT #2: nam='gc current multi block request' ela=3 p1=14 p2=29630 p3=33554446
WAIT #2: nam='gc current multi block request' ela=2 p1=14 p2=29630 p3=33554446
WAIT #2: nam='gc current multi block request' ela=7 p1=14 p2=29630 p3=33554446
WAIT #2: nam='gc current multi block request' ela=4 p1=14 p2=29630 p3=33554446
WAIT #2: nam='gc current multi block request' ela=3 p1=14 p2=29630 p3=33554446
WAIT #2: nam='db file scattered read' ela= 16045 p1=14 p2=29615 p3=16
…
```

Current 모드의 멀티 블록 I/O 요청에서 한 가지 주의할 점은, 항상 16개의 블록 단위로 멀티 블록 I/O를 수행한다는 것이다. CR 모드의 멀티 블록 I/O는 DB_FILE_MULTIBLOCK_READ_COUNT 파라미터로 한 번에 처리되는 블록 수를 제어할 수 있지만, Insert 작업에 의한 Current 모드의 멀티 블록 I/O는 파라미터의 값과 무관하게 항상 16 블록 단위로 작업이 이루어진다.

gc cr/current multi block request 이벤트에 대한 대기를 해소하는 방법은 기본적으로 gc cr/current request 이벤트와 동일하다. 단, 멀티 블록 전송에 의한 네트워크 부하 발생이 가능하기 때문에 네트워크 설정과 한 번에 전송 요청하는 블록의 수의 적정치를 고려할 필요가 있다.

 Wait Time

대기 시간

 Parameter

P1	File#
P2	Block#
P3	Class#

Common Causes and Actions

원인	SQL 수행에 필요한 인덱스가 존재하지 않아, 비효율적인 Full Table Scan이 발생하였거나, Full Table Scan속도를 네트워크가 따라가지 못할 경우 해당 대기 이벤트가 높게 발생한다.
진단 방법	1. V$SQL_PLAN 및 V$SQL에서 Full Table Scan을 수행하는 악성 SQL이 없는지 검토한다. 2. gc cr multi block request 이벤트의 타임아웃이 높지는 않은지 조사한다.
개선 방법	INDEX가 존재하지 않아 과도하게 FTS(Full Table Scan)를 수행하는 SQL이 없는지 검토해야 한다. Full Table Scan을 수행하는 SQL문들을 추출하고, Full Table Scan이 적합한지 판단한 뒤, Index가 필요한 경우라면 Index를 생성하여, 비효율적인 Full Table Scan을 원천적으로 제거하고, 해당 이벤트의 경합을 최소화한다. gc cr multi block request 이벤트가 타임아웃이 높게 나온다면, 현재 네트워크 설정으로는 많은 수의 블록 요청을 동시에 처리 할 수 없음을 의미하므로, 이런 경우 DB_FILE_MULTIBLOCK_READ_COUNT 파라미터 값을 낮추는 것을 고려할 필요성이 있다.

gc cr multi block request 이벤트와 요청 블록의 수

CR 모드의 멀티 블록 전송 요청에서는 항상 DB_FILE_MULTIBLOCK_READ_COUNT 파라미터 값만큼의 블록 수를 동시에 요청한다. 지나치게 많은 블록을 동시에 요청하면 요청과 응답 메시지의 크기가 커져서 작업이 지연되는 현상이 발생할 수 있다. 특히 gc cr multi block request 이벤트의 타임 아웃(Time Out)횟수가 높게 나온다면 현재 네트워크 설정으로는 많은 수의 블록 요청을 동시에 처리할 수 없다는 것을 암시한다. 이런 경우에는 DB_FILE_MULTIBLOCK_READ_COUNT 파라미터의 값을 낮추는 것을 고려할 필요가 있다. 경우에 따라서 8이나 4와 같은 낮은 값을 사용해도 무방하다.

gc cr multi block request 이벤트와 네트워크 설정

MTU 크기를 크게 하면 하나의 패킷에 많은 양의 메시지를 담을 수 있기 때문에 멀티 블록 I/O 요청에 더 유리하다. 대량의 멀티 블록 I/O 요청을 효율적으로 처리하기 위해서는 큰 크기의 UDP Receive 버퍼가 필수적이다. 만일 인터커넥트에서 잦은 패킷 유실이 발생한다면 더욱 그러하다. 오라클은 기본적으로 OS에서 설정한 버퍼 크기를 사용하며, 최소값으로 128KB를 사용한다. 가능한 256KB 이상의 UDP 버퍼 크기를 사용하고, 필요하다면 수 MB 정도의 크기를 사용하는 것도 고려해 볼 수 있다.

RAC
gc buffer busy

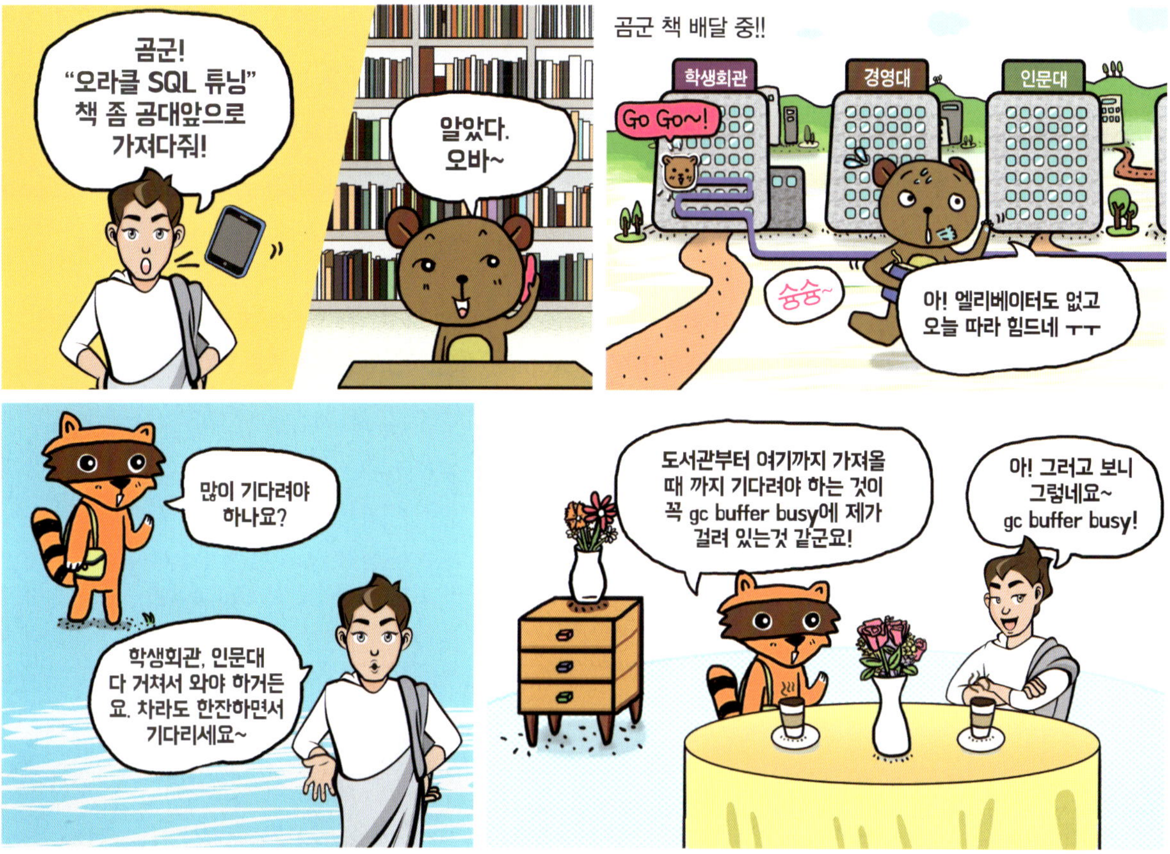

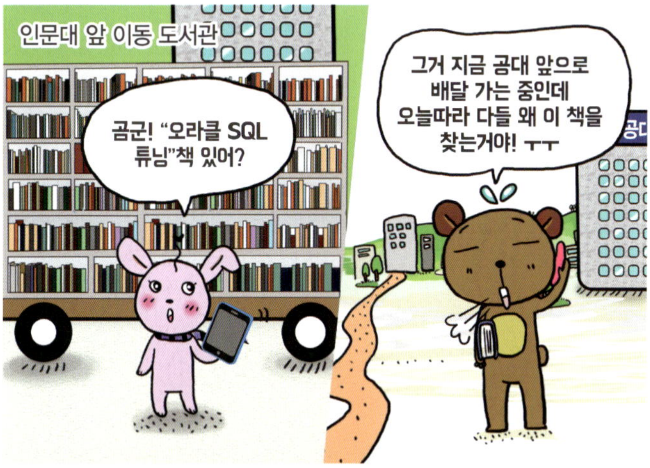

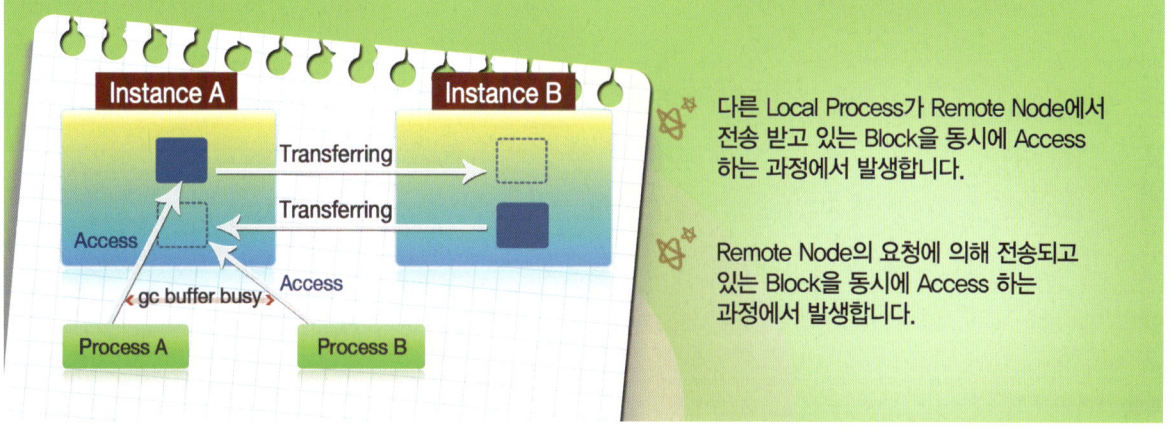

gc buffer busy

gc buffer busy 이벤트는 로컬 프로세스가 읽고자 하는 블록이 현재 리모트 노드의 요청에 의해 사용 중임을 의미하는 이벤트이다. gc buffer busy 이벤트는 Placeholder/Fixed-up의 분류의 따르지 않는 독립 이벤트이다.
gc buffer busy 이벤트는 buffer busy waits 이벤트나 read by other session 이벤트의 글로벌 버전으로 이해하면 된다. 서버 프로세스가 특정 블록을 사용하고자 하는 시점에 버퍼 락 경합이 발생하면 대기하게 되는데, 그 발생 사유에 따라 이들 대기 이벤트들 중 하나를 사용하게 된다.

Wait Time

대기 시간

Parameter

P1	File#
P2	Block#
P3	id

Common Causes and Actions

원인	HOT BLOCK 및 비효율 SQL로 I/O 과다
진단 방법	AWR중 문제가 발생했던 시점에 해당하는 DBA_HIST_SEG_STAT.GC_BUFFER_BUSY_DELTA 값이 높은 OBJECT를 확인한다. (인덱스라면, 우편향 인덱스로 인한 문제인지 확인한다).
개선 방법	• 핫 블록 문제라면, 핫 블록을 분산시킴으로써 문제를 해결할 수 있다. 세그먼트 레벨의 파티셔닝 적용, 우편향 인덱스 현상의 해소, 시퀀스 캐시 크기의 증가, PCTFREE의 증가 등이 보편적으로 사용되는 방법이다. • SQL 튜닝을 통해 불필요하게 많은 블록이 교환되는 것을 줄인다.

원인	FLM 사용시 헤더 블록의 Buffer 경합
진단 방법	ORACLE의 BLOCK 관리 방법이 혹시 FLM 방식인지 확인.
개선 방법	• FLM을 사용하는 경우에는 세그먼트 헤더 블록이 버퍼 경합의 원인이 될 수 있다. 다행히 오라클 10g R2부터는 ASSM이 기본적으로 사용되기 때문에 FLM 환경에서 발생하는 성능 문제가 크게 줄어든다. 만일 FLM을 사용하는 환경이라면, 반드시 FREELIST GROUPS 속성을 노드 수와 동일하게 설정해서 세그먼트 헤더 블록의 경합을 최소화해야 한다.

원인	동일 SEGMENT를 여러 노드에서 동시에 DML 수행
진단 방법	동일 OBJECT에 대해 DML이 동시 다발적으로 수행되는지 확인한다.
개선 방법	• 동일한 세그먼트에 대한 대량의 DML 작업이 여러 노드에서 동시 다발적으로 발생하면 광범위한 버퍼 락 경합이 발생할 수 있다. 애플리케이션 실행을 적절히 분배하는 것이 해결 방법이다.

Technical Tip

gc buffer busy wait event가 많이 발생하는 object 추적

```
SELECT b.owner ,  object_name ,
       object_type ,
       buffer_busy_wait
FROM   (
        SELECT obj# ,
               dataobj# ,
               SUM( gc_buffer_busy_delta ) buffer_busy_wait
        FROM   dba_hist_seg_stat a
        WHERE  snap_id BETWEEN 10
        AND    20
        GROUP  BY obj# ,
               dataobj#
        ORDER  BY 3 DESC
       ) a ,
       dba_hist_seg_stat_obj b
WHERE  ROWNUM <= 10
AND    a.obj#=b.obj#
AND    a.dataobj# = b.dataobj#
```

AWR을 이용하면 buffer busy wait이 높게 발생한 object를 손쉽게 조회가 가능하다.
DBA_HIST_SEQ_STAT_OBJ와 DBA_HIST_SEQ_STAT VIEW를 활용하면 된다. 위의 SCRIPT는 간단한 조회 SQL이다.
위와같이 buffer busy Wait이 높은 object를 먼저 찾는다면, 조금 더 쉽게 문제의 원인을 찾을 수 있을 것이다.

RAC
gc current block busy (Redo Flush에 의한 지연)

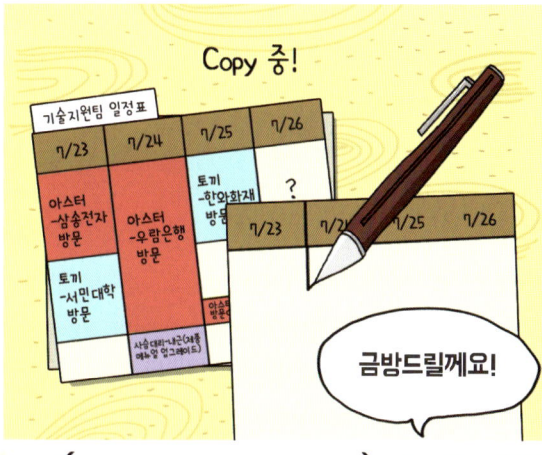

gc cr/current block/grant busy

Redo Flush에 의한 지연

- 아직 Commit이 되지 않은 Dirty Block은 전송하기 전에 Redo 저장
  → Redo Flush
- Redo Flush 과정에서 지연이 발생하는 경우

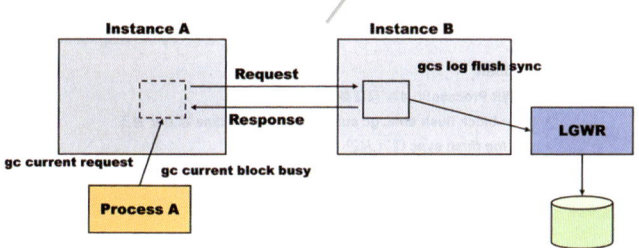

Redo Flush에 의한 지연

프로세스 A는 블록을 변경하기 위해 인스턴스 B에 블록을 요청합니다. 현재 인스턴스 B의 해당 블록은 더티 상태입니다. 인스턴스 A의 LMS는 gc current request를 대기합니다.

더티 상태의 버퍼에 대하여 X 모드의 전송을 요청할 경우, 인스턴스 B의 LMS는 LGWR에게 리두의 디스크 기록을 요청합니다. LGWR이 리두를 디스크로 기록하는 동안, 인스턴스 B의 LMS는 gcs log flush sync 이벤트를 대기합니다.

LGWR이 리두를 디스크에 다 기록하면 인스턴스 B는 A에게 블록을 전송하고, 인스턴스 A는 gc current block busy 이벤트를 대기했음을 기록합니다.

gc cruuent block busy

gc cr/current block busy 이벤트는 gc cr/current request 이벤트에 대한 Fixed-up 이벤트로, 홀더 노드로부터 블록 이미지를 전송 받는 과정에서 경합이 발생했다는 것을 의미한다. gc cr/current request 이벤트가 gc cr/current block busy 이벤트로 변경되는 흐름은 다음과 같다.

- 요청 노드의 유저 프로세스가 특정 데이터 블록을 읽고자 한다.
- 유저 프로세스는 해당 데이터 블록의 적절한 버전이 로컬 버퍼 캐시에 없는 것을 확인하고, 마스터 노드의 LMS 프로세스에 블록 전송을 요청한다. 유저 프로세스는 응답을 받을 때까지 gc cr/current request 이벤트를 대기한다.
- 마스터 노드(즉, 홀더 노드)의 LMS 프로세스는 요청된 블록에 대해 BL 락을 공유 모드로 획득할 수 있어야 한다. 만일 필요한 노드의 락을 획득하는 과정에서 지연이 발생하면 요청 노드에 블록을 전송하되, 블록을 읽어 들이는 과정에서 경합(Contention)이 발생했음을 같이 알린다.
- 유저 프로세스는 블록을 전송 받은 후 응답 메시지로부터 경합이 발생했음을 확인하고, gc cr/current request 이벤트를 Fixed-up 이벤트인 gc cr/current block busy 이벤트로 변경한다.

gc cr/current block busy 대기 이벤트는 블록을 전송 받는 과정에서 경합으로 인한 지연(Delay)이 발생했다는 것을 의미한다. 오라클은 "경합(Contention)"과 "혼잡(Congestion)"이라는 두 가지 사유에 의해 글로벌 캐시 동기화 과정에서 지연 현상이 발생하는 것으로 정의하고 있다. 경합(Contention)이 지연의 발생 사유인 경우에는 "Busy"라는 용어를 사용하며, 혼잡(Congestion)이 발생 사유인 경우에는 "Congested"라는 용어를 사용한다는 것을 기억하자.
홀더 노드의 LMS 프로세스가 블록을 전송하는 과정에서 경합에 의한 지연이 발생하는 이유에는 다음과 같은 것들이 있다.

- 요청된 블록이 로컬 프로세스에 의해 현재 사용 중인 경우. 현재 변경 중인 블록에 대해서는 버퍼 락(Buffer Lock)이 독점 모드로 획득된 상태이므로, LMS 프로세스는 해당 블록의 변경이 완료될 때까지 대기해야 한다. Update 문에 의해 변경 중이거나, Select 문에 의해 디스크에서 버퍼 캐시로 적재되고 있는 경우를 포함한다.
- 리두 플러시(Flush) 과정이 발생하는 경우. 홀더 노드의 로컬 프로세스에 의해 변경된 후 아직 Commit이 이루어지지 않은 블록을 요청 노드로 전송하려면, 블록의 변경 내용을 리두 로그에 기록해야 한다. 이 과정을 "리두 플러시"라고 부른다. 이 과정에서 지연이 발생하면 홀더 노드에서는 gcs log flush sync 이벤트 대기 시간이 높거나, gc cr block flush time 통계 값이나 gc current block flush time 통계 값이 높게 나온다. LMS 프로세스가 블록 전송을 위해 더티 블록에 대한 변경 내역을 로그 파일에 기록하는 경우에는 log file sync 이벤트가 아닌 gcs log flush sync 이벤트를 대기하는 것으로 관찰된다는 사실에 유의하자.

Parameter

gc cr/current block busy 이벤트와 같은 Fixed-up 이벤트는 P1, P2, P3 값이 별도로 부여되지 않으며, Placeholder 이벤트(여기서는 gc cr request 이벤트)와 동일한 값을 가지는 것으로 해석하면 된다.

Common Causes and Actions

원인	요청된 블록이 로컬 프로세스에 의해 현재 사용하는 경우
진단 방법	Update 문에 의해 변경 중이거나, Select 문에 의해 디스크에서 버퍼 캐시로 적재되고 있는 경우를 의미한다.
개선 방법	• SQL 튜닝을 통해 읽기 작업과 변경 작업이 동일 블록을 액세스하는 경우의 수를 줄인다. • 버퍼 캐시 튜닝을 통해 메모리로 읽어 들인 블록이 캐시에서 밀려나는 경우의 수를 줄인다. • 블록 분산 기법(파티셔닝, 리버스 키 인덱스, 시퀀스 캐시 크기)을 이용해 핫 블록이 발생할 확률을 줄인다. 시퀀스의 캐시 크기를 크게 부여 한 gc cr block busy 이벤트 대기는 블록 경합에 의해 발생하기 때문에, 인터커넥트의 성능과 무관하게 발생할 수 있다는 사실에 유의해야 한다. 즉 블록을 전송하는 과정에서 지연이 발생하는 것이 아니라, 홀더 노드가 블록 전송을 준비하는 과정에서 지연이 발생하는 것이다.

원인	리두 플러시(Flush) 과정이 발생하는 경우
진단 방법	log file sync이벤트가 아닌 gcs log flush sync 이벤트를 대기 하는지를 관찰한다.
개선 방법	• LGWR 프로세스의 성능을 극대화한다. 리두 로그가 위치한 디바이스를 최적으로 구성한다. LGWR 프로세스의 CPU 우선순위를 높이는 것도 좋은 방법이 된다. • SQL 튜닝을 통해 읽기 작업과 변경 작업이 동일 블록을 액세스하는 경우의 수를 줄인다. 시퀀스의 캐시 크기를 크게 부여 한 gc cr block busy 이벤트 대기는 블록 경합에 의해 발생하기 때문에, 인터커넥트의 성능과 무관하게 발생할 수 있다는 사실에 유의해야 한다. 즉 블록을 전송하는 과정에서 지연이 발생하는 것이 아니라, 홀더 노드가 블록 전송을 준비하는 과정에서 지연이 발생하는 것이다. 따라서 블록 경합을 줄이거나, 블록 경합 과정에서 발생하는 리두 플러시를 최적화하는 것이 튜닝 방법이 된다. 물론, 인터커넥트의 성능이 낮으면 대기 횟수에 비해서 대기 시간은 늘어날 수 있다.

개선 방법	간단한 테스트를 통해 gc cr block busy 이벤트 대기와 블록 변경과의 관계를 확인할 수 있다.

```
-- 노드 2가 마스터 노드인 rac_test 테이블.
-- 노드 2에서 rac_test 테이블에 대해 Update 수행 후 Commit을 수행하지 않음
SQL#2> UPDATE rac_test SET id = 3;

-- 노드 1에서 rac_test 테이블을 Select. 노드 2에 의해 변경된 블록을 읽어 들인다.
SQL#1> SELECT * FROM rac_test;
SQL#1> /
… (같은 쿼리를 여러 번 수행)
-- 위의 쿼리들에 대해 SQL Trace를 수행한 결과는 다음과 같다.
-- 홀더 노드에서의 리두 플러시에 의해 지연이 발생하고, 이로 인해 요청 노드는 gc cr block busy
   이벤트를 대기하는 것을 확인할 수 있다.
-- 단, 리두 플러시 과정에 매우 가볍다면 gc cr block busy 이벤트가 아닌 gc cr block 2/3-
   way 류의 이벤트로 관찰된다.
select * from rac_test
WAIT #2: nam='SQL*Net message to client' ela= 3 p1=16508 p2=1 p3=0
WAIT #2: nam='gc cr block busy' ela= 68615 p1=14 p2=10344 p3=1
WAIT #2: nam='SQL*Net message from client' ela= 313 p1=16508 p2=1 p3=0
WAIT #2: nam='SQL*Net message to client' ela= 2 p1=16508 p2=1 p3=0
WAIT #2: nam='SQL*Net message from client' ela= 410 p1=16508 p2=1 p3=0
```

요청 모드와 busy 이벤트

Technical Tip

gc cr/current block busy 이벤트가 발생하는 정확한 시점은 블록 요청이 CR 모드인지, Current 모드인지에 따라 약간 다르다.

요청 노드의 CR 모드 요청에 대해 홀더 노드가 아직 Commit이 이루어지지 않은 현재 블록을 선송하는 경우에는 반드시 CR 블록, 즉 변경 이전 이미지를 전송해야 한다. 문제는 홀더 노드의 버퍼 캐시에 CR 이미지가 존재하지 않는 경우이다. 이 경우 현재 블록의 카피 버전인 CR 카피 블록을 생성하고, 언두 이미지를 디스크에서 읽은 후, CR 카피 블록에 롤백을 수행하는 일련의 과정을 거쳐야 한다. 또한 현재 블록에 대한 리두 플러시를 수행한다. 이러한 일련의 과정이 홀더 노드의 LMS 프로세스에 지나친 부하를 주기 때문에, 오라클은 불완전한 이미지의 CR 블록을 요청 노드로 전송한다. 불완전한 CR 블록을 전송 받은 요청 노드가 스스로 완전한 이미지의 CR 블록을 생성하게 된다. 이것을 Light Weight Rule(경량화 법칙)이라고 부른다. V$CR_BLOCK_SERVER 뷰를 조회하면 전체 일관된 읽기 작업 중 Light Weight Rule이 몇 번이나 적용되었는지 확인할 수 있다.

```
SQL> SELECT cr_requests, light_works FROM v$cr_block_server
 CR_REQUESTS            LIGHT_WORKS
-------------         -----------------
    35331145            3866363
```

Commit이 이루어지지 않은 더티 블록에 대한 CR 모드 요청에 대해서는 주로 gc cr block 2-way/3-way 류의 이벤트를 Fixed-up 이벤트로 사용한다. 이 과정에서 리두 플러시 과정에서 지연이 발생하면 gc cr block busy 이벤트를 Fixed-up 이벤트로 사용한다.

반면 Commit이 이루어진 더티 블록에 대해 Current 모드의 요청이 발생하면, 즉각 락 다운그레이드가 발생한다. 이 경우 요청 노드는 일반적으로 gc current block 2-way/3-way 류의 이벤트를 Fixed-up 이벤트로 사용하며, 만일 홀더 노드의 리두 플러시 과정에서 지연이 발생하면 gc current block busy 이벤트를 Fixed-up 이벤트로 사용한다.

Memo

RAC
gc cr/current block congested

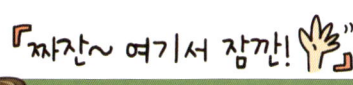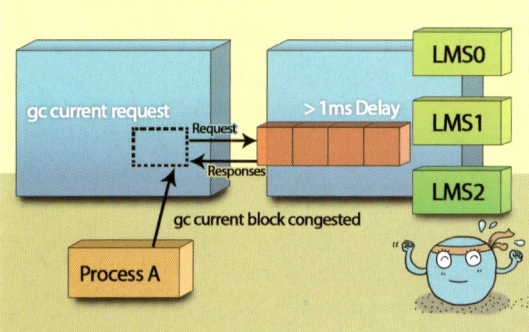

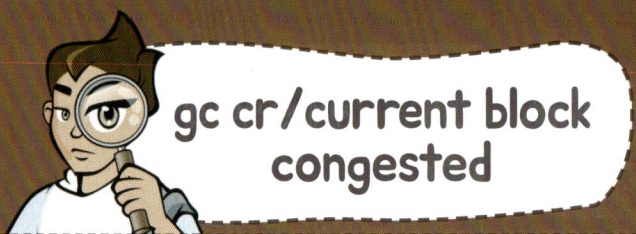

gc cr/current block congested

gc cr/current block congested 이벤트는 gc cr/current request 이벤트에 대한 Fixed-up 이벤트로, 홀더 노드로부터 블록 이미지를 전송받는 과정에서 혼잡에 의한 지연이 발생했다는 것을 의미한다. gc cr/current request 이벤트가 gc cr/current block congested 이벤트로 변경되는 흐름은 다음과 같다.

- 요청 노드의 유저 프로세스가 특정 데이터 블록을 읽고자 한다.
- 유저 프로세스는 해당 데이터 블록의 적절한 버전이 로컬 버퍼 캐시에 없는 것을 확인하고, 마스터 노드의 LMS 프로세스에 블록 전송을 요청한다. 유저 프로세스는 응답을 받을 때까지 gc cr/current request 이벤트를 대기한다.
- 홀더 노드의 LMS 프로세스는 요청 큐(Request Queue)로부터 요청 메시지를 확인한다. 만일 메시지가 요청 큐에 도착한 시간과 LMS 프로세스가 메시지를 확인한 시간이 1ms 이상 차이가 나면, 즉, LMS 프로세스가 요청 메시지를 확인하는 과정에서 1ms 이상의 지연이 발생하면 오라클은 인터커넥트에 혼잡이 발생했다고 판단한다. LMS 프로세스는 응답 메시지에 혼잡이 발생했음을 같이 알린다.
- 유저 프로세스는 블록을 전송 받은 후 응답 메시지로부터 혼잡이 발생했음을 확인하고, gc cr/current request 이벤트를 Fixed-up 이벤트인 gc cr/current block congested 이벤트로 변경한다.

 **Wait Time**

대기 시간

 **Parameter**

gc cr/current block congested 이벤트와 같은 Fixed-up 이벤트는 P1, P2, P3 값이 별도로 부여되지 않으며, Placeholder 이벤트(여기서는 gc cr request 이벤트)와 동일한 값을 가지는 것으로 해석하면 된다.

Common Causes and Actions

개선 방법

LMS의 지연 이유와 해결책
LMS 프로세스가 요청 메시지를 확인하는 과정에서 지연(1ms 이상)이 발생하는
이유와 해결책은 다음과 같다.

- 인터커넥트를 통한 메시지 요청 자체가 지나치게 많은 경우에는 LMS 프로세스의 메시지
  확인 작업에 지연이 발생하게 된다. 따라서 SQL 튜닝이나 버퍼 캐시 튜닝, 핫 블록 해소 등을 통해
  불필요하게 많은 블록 전송 요청이 발생하는 것을 방지하는 것이 해결책이 된다.
  LMS 프로세스가 필요한 CPU 자원을 원활하게 보장받지 못하는 경우에도 메시지 확인 작업의
  지연이 발생할 수 있다. LMS 프로세스의 성능을 극대화하는 방법을 간략히 정리하면 다음과 같다.

- LMS 프로세스에 대해 실시간 스케줄링을 적용한다. 시분할 스케줄링을 적용할 경우에는
  LMS 프로세스의 NICE 값을 낮추어서 보다 높은 우선순위를 할당 받도록 한다.

- 오라클 10g R2부터는 LMS 프로세스는 기본적으로 실시간 스케줄링 기법을 사용한다.
- CPU 자원이 충분한 경우에는 LMS 프로세스의 수를 증가시킨다.
- OS 차원의 불필요한 작업을 제거해서 CPU 자원을 확보하는 것 또한 중요하다. 가령 메모리 부족으로
  인해 페이징(Paging) 작업이 빈번하게 발생한다면 LMS 프로세스의 성능에 부정적인 영향을 주게 된다.

Technical Tip

RAC의 Contention & Congestion

RAC에서 경합(Contention)과 혼잡(Congestion)이라는 두 용어가 의미하는 바를 정확히 이해할 필요가 있다. "경합"은 홀더 노드의 LMS 프로세스가 블록을 처리하는 과정에서 경쟁에 의한 지연이 발생했음을 의미하는 것이고, "혼잡"은 홀더 노드의 LMS 프로세스가 요청 메시지를 처리하는 과정, 즉 블록을 처리하기 직전의 과정에서 지연이 발생했음을 의미한다. 이 두 현상은 많은 경우 동시에 발생하지만, 경우에 따라서는 서로 무관하게 발생한다. 두 현상의 공통점과 차이점을 다시 한번 정리하면 아래와 같다.

	경합(Contention)	혼잡(Congestion)
발생사유	– LMS 프로세스와 로컬 프로세스 같은 블록을 사용하고자 할 때 – LMS 프로세스가 처리할 블록에 대해 리두 플러시에 의한 지연이 발생할 때	– 홀더 노드의 요청 큐에 메시지가 너무 빠른 빈도로 도착해서 LMS 프로세스가 원활하게 메시지를 확인하지 못할 때 – LMS 프로세스가 충분한 자원을 할당받지 못해서 요청 큐의 메시지를 원활하게 확인하지 못할 때
대기 이벤트	gc cr/current block busy gc cr/current grant busy	gc cr/current block congested gc cr/current grant congested
튜닝방법	– SQL 튜닝, 버퍼 캐시 튜닝을 통해 블록 요청 횟수를 줄임. – 블록 분산을 통해 동일 블록에 대한 경쟁을 줄임. – LGWR 프로세스의 성능 개선 – 리두 로그 I/O 성능 개선	– SQL 튜닝, 버퍼 캐시 튜닝을 통해 블록 요청 횟수를 줄임. – 블록 분산을 동일 블록에 대한 경쟁을 줄임 – LMS 프로세스의 성능 개선

Memo

RAC
gc current split

gc current split
Request Node가 Hold Node로 부터 Index Block을 전송받는 과정에서 관련된 Index에서 분할(split)이 발생하였음을 의미하는 Fixed-up Event.

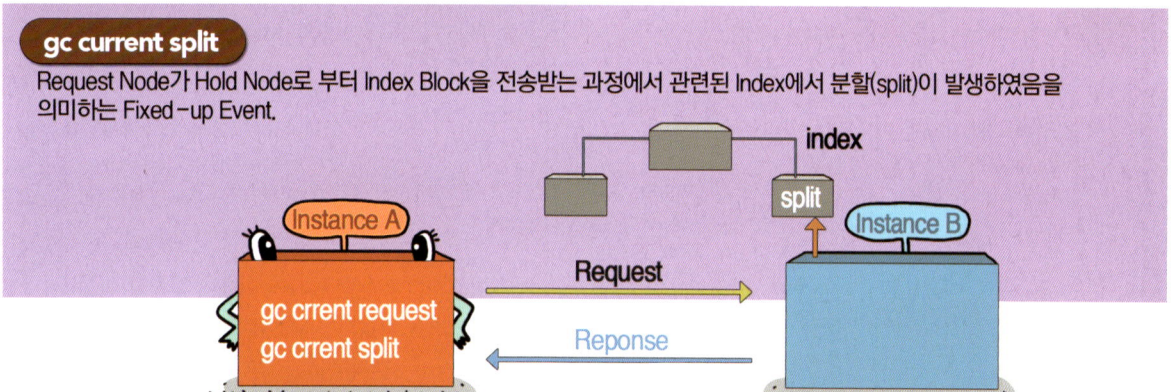

★ gc cr/current request 이벤트가 gc current split 이벤트로 변경되는 흐름의 예.

① 인스턴스 B가 인덱스가 존재하는 테이블에 100만 블록을 insert하는 작업을 하여 인덱스 분할 발생!

② 이때, 인스턴스 A는 분할 중인 인덱스 블록을 변경하기 위해 전송을 요청!

③ 인스턴스 A는 gc current request를 대기하며, 인덱스 분할이 끝나면 블록을 전송 받고, gc current split를 대기한 것으로 기록!

gc current split

gc current split 이벤트는 gc cr/current request 이벤트에 대한 Fixed-up 이벤트로, 홀더 노드가 인덱스 블록을 전송하는 과정에서 인덱스 분할(Index Split)이 발생했음을 의미한다. gc cr/current request 이벤트가 gc current split 이벤트로 변경되는 흐름은 다음과 같다.

요청 노드의 유저 프로세스가 특정 인덱스 블록을 읽고자 한다.

- 유저 프로세스는 해당 블록의 적절한 버전이 로컬 버퍼 캐시에 없는 것을 확인하고, 마스터 노드의 LMS 프로세스에 블록 전송을 요청한다. 유저 프로세스는 응답을 받을 때까지 gc current request 이벤트를 대기한다.
- 홀더 노드의 LMS 프로세스가 해당 인덱스 블록에 대해 락을 획득하려고 하는 시점에 인덱스 분할(Index Split)이 발생하고 있다면, 인덱스 분할이 끝날 때까지 대기해야 한다. 인덱스 분할이 끝나고 나면 홀더 노드는 해당 블록과 함께 인덱스 분할이 발생했음을 나타내는 메시지를 함께 전송한다.
- 유저 프로세스는 블록을 전송 받은 후 응답 메시지로부터 전송 과정에서 인덱스 분할이 발생 중임을 확인하고, gc cr/current request 이벤트를 Fixed-up 이벤트인 gc current split 이벤트로 변경한다.

gc current split 이벤트는 루트 노드, 브랜치 노드, 리프 노드 블록에 무관하게 해당 블록이 인덱스 분할을 위해 블로킹되고 있는 상황에서는 공통적으로 발생할 수 있다. 특정 리프 노드를 분할하는 과정에서는 그 부모 노드의 블록도 변경이 금지되기 때문이다.

gc current split 이벤트와 관련 있는 또 하나의 대기 이벤트는 enq: TX-index contention 이벤트이다. 테이블의 특정 로우를 변경하고자 하는 프로세스는 만일 관련된 인덱스 블록이 다른 프로세스에 의해 분할되고 있다면, 인덱스 분할이 완료될 때까지 기다려야 한다. 이때 대기하는 이벤트가 enq: TX-index contention 이벤트이다.

아래 결과는 여러 프로세스에 의한 동시 INSERT 작업에 의한 인덱스 분할이 자주 발생하는 작업 하에서 SQL Trace를 이용해 특정 프로세스의 대기 현상을 캡쳐한 것으로 gc current split 이벤트와 함께 enq: TX-index contention 이벤트가 관찰되는 것을 확인할 수 있다.

```
WAIT #9: nam='gc current split' ela= 140584 p1=14 p2=28311 p3=33554433
WAIT #9: nam='enq: TX - index contention' ela= 5478 p1=141505 p2=32737 p3=6585
...
WAIT #9: nam='gc current split' ela= 66390 p1=14 p2=28410 p3=33554433
WAIT #9: nam='enq: TX - index contention' ela= 1343 p1=141505 p2=33420 p3=6576
...
WAIT #9: nam='gc current block 2-way' ela= 1139 p1=14 p2=28421 p3=33554433
WAIT #9: nam='enq: TX - index contention' ela= 163 p1=141505 p2=33424 p3=6576
```

Parameter

gc current split 이벤트와 같은 Fixed-up 이벤트는 P1, P2, P3 값이 별도로 부여되지 않으며, Placeholder 이벤트(여기서는 gc cr request 이벤트)와 동일한 값을 가지는 것으로 해석하면 된다.

Common Causes and Actions

원인	Index Split 발생
진단 방법	우편향 Index가 Split을 하는지 확인한다.
개선 방법	Fixed-up 이벤트로 gc current split 이벤트가 많이 목격된다는 것은 동일 테이블 블록에 대한 인덱스 분할이 과도하게 발생한다는 것을 의미한다. 이 이벤트에 대한 대기를 해소하는 기법은 enq: TX-index contention 이벤트를 해소하는 기법과 동일하다. 시퀀스 값을 사용해서 인덱스 키를 생성하는 경우에는 가장 오른쪽 리프 블록에 삽입이 집중되어 인덱스 분할에 의한 경합이 많이 발생한다. 이 경우에는 다음과 같은 기법을 적용할 수 있다.

1. 인덱스 키 조합을 변경하여 우편향(Right-Hand) 현상을 해소할 수 있다.
2. 시퀀스의 캐시 크기를 증가시킨다. 시퀀스의 캐시 크기가 크면 각 노드에서 사용하는 시퀀스의 값 집합이 큰 차이를 보이기 때문에 동일한 인덱스 리프 블록에 대한 경합이 줄어든다.
3. 인덱스 블록의 블록 크기를 키우는 방법도 사용 가능하다. 블록 크기가 크면 그만큼 인덱스 분할이 덜 발생하기 때문이다. 하지만 블록 크기는 여러 가지 상황을 고려한 후 결정해야 하는 사안이므로 신중히 접근해야 한다. 블록의 크기가 커지면 인덱스 분할 횟수는 줄일 수 있지만 버퍼 락에 의한 경합은 증가하는 경향이 있기 때문이다.

Technical Tip

Index Split이란

Index Split이란, Leaf Node나 Branch Node가 꽉 찬 상태에서 새로운 키 값이 삽입될 때 공간 확보를 위해서 키 값을 Split하는 것을 말한다. Index Split이 발생하면 새로운 블록을 할당받고, 기존의 키 값들을 기존 블록과 새로운 블록으로 나누어(Split) 저장한다.
Index Split은 보통 50-50 Split과 90-10 Split으로 구분된다.

50-50 Split은 중간에 위치한 Leaf Node가 Split되는 경우에 발생한다. 기존 블록과 새로운 블록이 값을 50:50으로 나누어 갖는다고 해서 50-50 Split이라는 이름이 붙여졌다.
90-10 Split은 가장 오른쪽 마지막에 위치한 Leaf Node에 최대값이 insert되는 경우에 발생한다. 기본 블록과 새로운 블록이 값을 90:10으로 나누어 갖는다고 해서 90-10 Split이라는 이름이 붙여졌다.
엄밀하게 말하면 90-10이 아니라 99-1이 맞을 것이다. 새로운 블록에는 기존 블록 중 최대 값만이 들어가고 나머지는 모두 기존 블록에 남기 때문이다. 그리고 이 새로운 블록에 새로운 최대값이 추가된다.
최대값이 insert되는 경우에 한해 90-10 Split을 수행하는 이유는 Split의 횟수를 줄이기 위해서이다. 제일 오른쪽 블록에 insert가 집중되는 경우에 대비해 제일 오른쪽 블록에 여유 공간을 많이 만들기 위한 일종의 트릭이다.

RAC
DFS lock handle

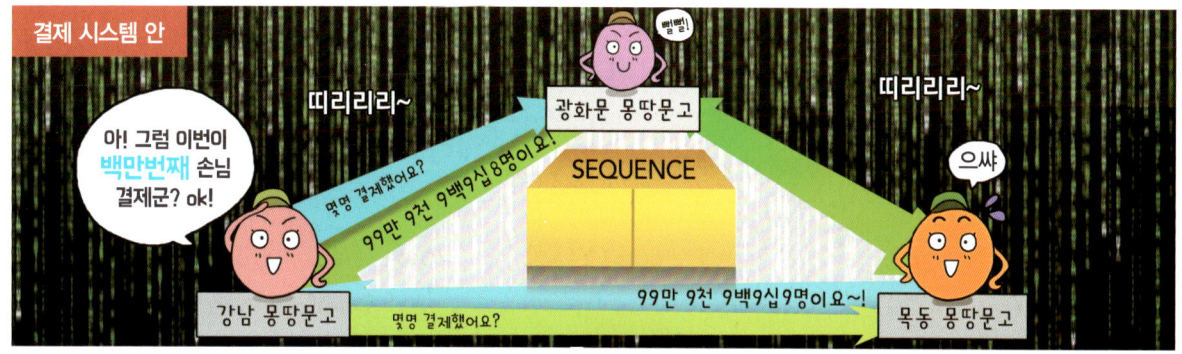

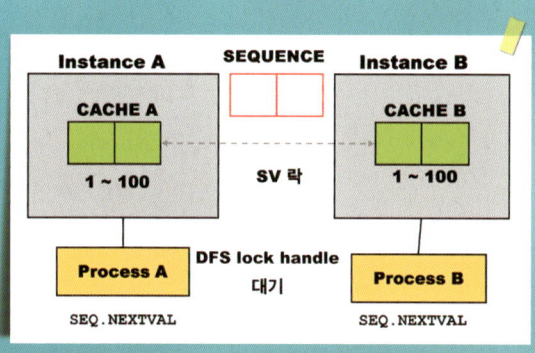

2 노드의 RAC Cache 100+order 속성의 시퀀스를 사용한다면, 노드 A와 노드 B 모두 1~100 사이의 로컬 캐시 집합을 사용합니다.

Nextval을 호출할 때마다 SV 락을 이용한 동기화 필요 → 이 때, DFS Lock handle을 대기합니다.

참고 10g R2 부터 DFS Lock handle 이벤트는 Place handle 이벤트이고, events in waitclass other라는 Fixed-up 이벤트로 기록됩니다.

DFS lock handle

DFS lock handle은 요청한 Global lock의 lock handle을 기다리고 있는 대기 이벤트이다. 이 lock handle은 global lock과 동일하다. lock handle을 획득하면 global lock을 소유한 상태로 lock conversion이나 lock release 와 같은 여러 작업을 수행할 수 있다. global lock은 DLM에 의해 관리된다.

DFS는 Distributed File System의 약자로, 오라클의 제품 역사(History)와 관련 있는 용어로 생각된다. 오라클 10g 의 RAC 기능이 완성되기 전까지 오라클은 상당한 기간동안 분산 데이터베이스를 구현해 왔으며, 최초의 분산 데이터베이스는 분산 파일 시스템에 기반하고 있었던 것으로 알려져 있다. 이러한 이유로, 아직까지 일부 global lock 경합에서 여전히 DFS 라는 용어를 사용하고 있다.

대부분의 lock에 대한 글로벌 경합은 싱글 인스턴스 환경에서와 같은 대기 이벤트 명으로 관찰된다. 가령 글로 벌 TM lock 경합은 enq: TM-contention 이벤트로 관찰되며, 글로벌 SQ lock 경합은 enq: SQ-contention 이 벤트로 관찰된다. 이들과는 달리 DFS lock handle 대기 이벤트로 관찰되는 대표적인 global lock 경합에는 SV lock과 CI lock 경합이 있다.

 Wait Time

세션이 DLM으로부터 lock handle을 소유할 때까지 loop를 돌며 대기한다.
각 loop 마다 0.5초씩 대기한다.

 Parameter

P1	lock 유형과 요청(requested)모드를 나타낸다. lock 유형은 TX, TM, SQ, SV, CI 등과 같은 lock 유형을 의미한다. 모드는 1(N)~6(X)의 lock 모드를 의미한다. 아래의 SQL을 사용하여 enqueue 명과 요청 모드를 확인할 수 있다.
P2	ID1. V$LOCK.ID1 컬럼과 같은 의미이다.
P3	ID2. V$LOCK.ID2 컬럼과 같은 의미이다.

```
SELECT chr(to_char(bitand(p1,-16777216))/16777215)||
       chr(to_char(bitand(p1, 16711680))/65535) "Lock",
       to_char( bitand(p1, 65535) )     "Mode"
FROM v$session_wait
WHERE event = 'DFS lock handle'

   (32 - bit오라클의 수행 결과)
SID    EVENT              P1            P1RAW            Lock    Mode
-----  ---------------    -----------   --------------   ----    -----
 24    enqueue            1415053318    54580006         TX       6

   (64 - bit오라클의 수행 결과)
SID    EVENT              P1            P1RAW            Lock    Mode
-----  ---------------    -----------   --------------   ----    -----
132    enqueue            1415053318    0000000054580006 TX       6
```

64-bit의 경우 앞의 0을 무시하고 마지막 4byte(32bit는 4byte로 이루어져 있음)에서 상위 2byte는 lock 유형이다. 54580006의 경우 상위 2byte는 0x5458HEX이다. 54는 10진수로 84이고, 58은 88이므로 lock 유형은 아래와 같이 알 아낼 수 있다.

```
Select chr(84) || chr(88) from dual;
CH
--
TX
```

lock 모드는 나머지 2byte에 인코딩되어 있지만 쉽게 알 수 있다. 위의 예에서 lock 모드는 0x0006HEX이므로 6이다. lock 모드는 다음과 같다.

Mode Value	Description
1	Null Mode
2	Sub-Shared
3	Sub-Exclusive
4	Shared
5	Shared/Sub-Exclusive
6	Exclusive

Common Causes and Actions

원인	sequence 속성에 따른 대기 이벤트
진단 방법	sequence 속성 중 cache 및 order 설정 값의 적정 여부를 조사한다.
개선 방법	**1. Sequence의 Cache Size를 늘려라.** DFS lock handle 이벤트는 OPS나 RAC 환경에서 버퍼 캐시 동기화를 제외한 row cache나 library cache의 동기화를 위해 lock을 획득하는 과정에서 대기하는 이벤트이다. 여러 노드 간에 시퀀스의 순서를 보장하려면 글로벌하게 lock을 획득해야 하고 이 과정에서 DFS lock handle 대기가 발생하게 되는 것이다. SV lock을 획득하는 과정에서 발생하는 DFS lock handle 대기 이벤트의 P1, P2 값은 enq: SQ-contention 대기 이벤트와 동일하다. (P1=mode+namespace, P2=object#) 따라서 P1 값으로부터 SV lock인지의 여부를 확인할 수 있고, P2 값을 통해 어떤 시퀀스에 대해 대기가 발생하는지 확인할 수 있다. SV lock 경합 문제가 발생하는 경우의 해결책은 SQ lock의 경우와 동일하다. 캐시 사이즈를 적절히 키워주는 것이 유일한 해결책이다. **2. RAC의 경우 Sequence에 CACHE+NOORDER 속성을 부여하라.** RAC와 같은 멀티 노드 환경에서는 시퀀스의 캐시 사이즈가 성능에 미치는 영향은 싱글 노드 환경에서 보다 훨씬 크다. 따라서 가능하면 CACHE + NOORDER 속성을 부여하고 충분한 크기의 캐시 크기를 부여하는 것이 바람직하다. 만일 순서를 보장하는 것이 반드시 필요하다면 CACHE + ORDER 속성을 부여한다. 하지만 이 경우 순서를 보장하기 위해 인스턴스간에 데이터 교환이 끊임없이 발생한다. 이로 인해 NOORDER 속성을 부여한 경우보다 성능면에서 불리하다.

Technical Tip

Sequence 속성에 따른 대기 이벤트

한가지 주의할 것은 CACHE 속성을 부여하지 않은 경우에는 ORDER 속성 사용여부나 RAC 환경 여부와 무관하게 항상 row cache lock 이벤트를 대기한다는 것이다. Row cache lock은 글로벌하게 사용 가능한 lock이며, 싱글 인스턴스 환경이나 멀티 인스턴스 환경에서 동일하게 사용된다. 시퀀스 생성시 부여한 속성에 따른 대기 이벤트를 정리하면 다음과 같다.

- **row cache lock** → Sequence.nextval을 호출하는 과정에서 딕셔너리 정보를 물리적으로 변경하는 경우에 획득한다. NOCACHE 속성을 부여한 시퀀스에서 사용된다.
- **SQ lock** → 메모리에 캐시되어 있는 범위안에서 Sequence.nextval을 호출하는 동안 획득한다. CACHE 속성을 부여한 시퀀스에서 사용된다.
- **SV lock** → RAC에서 노드간에 순서가 보장된 상태로 Sequence.nextval 을 호출하는 동안 획득한다. CACHE + ORDER 속성을 부여한 시퀀스에서 사용된다.

Row cache lock 경합

캐시(Cache) 속성을 부여하지 않은 시퀀스를 동시에 많은 프로세스가 사용하는 경우 row cache lock 이벤트 대기가 광범위하게 발생할 수 있다. 캐시를 사용하지 않은 시퀀스에 대해 nextval을 호출하면 매번 Dictionary정보가 변경되어야 하기 때문에 row cache lock을 SSX 모드로 획득해야 한다. SSX모드간 에는 상호 호환성이 없기 때문에 이 과정에서 경합이 발생하게 된다. Row cache 덤프와 V$ROWCACHE_PARENT 뷰 부터 정확한 객체 정보를 확인하는 방법을 통해 row cache lock의 정보를 알아보자.

```
SQL> create sequence seq_seq nocache;   -- NOCACHE 속성의 시퀀스를 생성한다.
-- 시퀀스의 Object ID를 얻고, 이를 16진수로 변환한다.   16진수로 변환된 값을 이용해야만 row cache
덤프 내에서 시퀀스에 대한 정보를 참조할 수 있다.

SQL> select object_id from DBA_OBJECTS where object_name = 'SEQ_SEQ';
 OBJECT_ID
 ----------
     107886

SQL> select to_hex(107886) from dual;
TO_HEX(107886)
------------------------------------------
1A56E          alter session set events 'immediate trace name row_cache level 12'
-- Row Cache 덤프 파일의 내용은 다음과 같다.
------------ (덤프 파일 시작)------------------------------------------
....
BUCKET 104:
  row cache parent object: address=201D46CC cid=13(dc_sequences)
  hash=ba7abee7 typ=9 transaction=00000000 flags=00000002
  own=201D4740[201D4740,201D4740] wat=201D4748[201D4748,201D4748] mode=N
  status=VALID/-/-/-/-/-/-/-/-
  data=
  0001a56e 00020004 000f0002 00020001 000002c1 00000000 00000000 00000000
  02c10000 00000000 00000000 00000000 00000000 64640ace 64646464 64646464
  00646464 00800000 00000000 00000000 00000000 00000000 000002c1 00000000
  00000000 00000000 2d2d0000 2d2d2d2d 2d2d2d2d 2d2d2d2d 2d2d2d2d 2d2d2d2d
  2d2d2d2d 2d2d2d2d 2d2d2d2d 2d2d2d2d

---------- (덤프 파일 끝)------------------------------------------
```

위의 덤프 파일에서 의미있는 정보는 다음과 같다.

- Bucket ──── row cache 또한 일반적인 다른 객체들처럼 해시 값에 의한 버킷 구조로 관리됨을 알 수 있다.
- address ──── Row Cache object의 메모리 어드레스. V$ROWCACHE_PARENT 뷰와 조인할 수 있다.
- cid ──── Category id. V$ROWCACHE.CACHE#와 조인할 수 있다.
- own ──── row cache lock을 보유한 프로세스 목록
- wat ──── row cache lock을 대기하는 프로세스 목록
- mode ──── 현재 row cache lock 보유 모드(N=Null)
- data ──── 첫번째 16진수가 1a56e 로 SEQ_SEQ의 object_id의 16진수 값과 동일함을 알 수 있다.

Technical Tip

이제, nextval을 대량으로 호출하면서 row cache lock이 어떻게 획득되는지 관찰해보자.
아래와 같이 10000번 동안 seq_seq.nextval을 호출한다.
row cache lock을 획득하고 해제하는 시간은 매우 짧으므로 많은 횟수를 시도해야 관찰할 수 있다.

```
SQL> declare
SQL>    v_seq number;
SQL> begin
SQL>    for idx in 1 .. 10000 loop
SQL>       select seq_seq.nextval into v_seq from dual;
SQL>    end loop;
SQL> end;
SQL> /
```

위의 PL/SQL이 수행되는 동안 덤프를 통해 얻은 address = 201D46CC 값을 이용해 V$ROWCACHE_PARENT 뷰 정보를 조회하면, 아래 결과와 같이 SSX(Shared Sub-Exclusive) 모드로 row cache lock을 획득함을 알 수 있다.

```
SQL> select * from v$rowcache_parent where address='201D46CC';

INDX                          : 2237
HASH                          : 103
ADDRESS                       : 201D46CC
CACHE#                        : 13
CACHE_NAME                    : dc_sequences
EXISTENT                      : Y
LOCK_MODE                     : 5
```

Shared Sub-Exclusive 모드의 의미는 객체 전체에 대해서는 Shared 모드로, 객체의 일부분에 대해서는 Exclusive 모드로 락을 획득하는 것이다. Sequeuce.nextval 호출에 의해 시퀀스 딕셔너리 정보가 변경되는 경우, 시퀀스 자체를 변경시키는 것은 아니고 시퀀스의 "다음 값"만을 변경시키는 것이므로 SSX 모드로 row cache lock을 획득하는 것이다.
시퀀스를 제외하고는 row cache의 정보를 이처럼 자주 변경하는 일은 거의 없다. 따라서 row cache lock 대기가 나타날 경우 시퀀스에 NOCACHE 속성이 부여되어 있지는 않은 지 확인해봐야 한다. OPS 환경에서 시퀀스의 순서를 완벽하게 보장하기 위해 NOCACHE 속성으로 시퀀스를 생성한 경우에 row cache lock 대기현상이 나타나는 경우가 많다. RAC 환경에서는 CACHE 속성을 사용하면서, 동시에 노드 간에 시퀀스의 순서를 완벽하게 보장하는 것이 가능하다.

끄덕 끄덕~

SQ Lock 경합

CACHE 속성이 부여된 시퀀스에 대해 nextval을 호출하는 동안 SQ lock을 SSX 모드로 획득해야 한다. 동시에 많은 세션이 SQ lock을 획득하기 위해 경쟁하는 과정에서 경합이 발생하면 enq: SQ-contention 이벤트를 대기하게 된다. enq: SQ-contention 이벤트의 P2 값은 시퀀스의 오브젝트 아이디이다. 따라서 P2의 값을 이용해 DBA_OBJECTS 뷰와 조인하면 어떤 시퀀스에 대해 대기현상이 발생하는지 알 수 있다.

시퀀스 생성시 부여한 캐시의 크기가 작은 경우에 enq: SQ-contention 대기가 증가하는 경향이 있다. 캐시의 크기가 작은 경우에는 메모리에 미리 캐시된 값이 빠른 속도로 소진되며, 캐시값이 소진된 경우, 딕셔너리 정보를 물리적으로 변경하고 다시 캐시하는 작업을 해야한다. 그 동안 SQ lock을 계속해서 획득해야 하기 때문에 enq: SQ-contention 이벤트 대기 시간이 그만큼 증가하는 것이다. SQ lock 경합에 의한 성능 문제는 CACHE 속성을 크게 해주는 것으로 문제를 해결할 수 있다. 불행하게도 시퀀스 생성시 캐시 크기의 기본값이 20으로 작게 설정되어 있다. 따라서 사용량이 많을 것으로 예상되는 시퀀스를 생성할 때에는 CACHE 값을 1,000 이상으로 크게 잡아주는 것이 좋다.

간혹 한번에 많은 세션이 동시에 생성될 때 enq: SQ-contention 이벤트 대기가 발생하는 경우가 있다. 그 이유는 V$SESSION.AUDSID(Auditing session id) 컬럼값이 시퀀스를 이용해 생성되는데서 비롯된다. 오라클은 새로운 세션이 생성되면 SYS.AUDSES$ 라는 이름의 시퀀스의 nextval을 이용해 AUDSID 값을 생성한다. SYS.AUDSES$ 시퀀스의 캐시 크기는 기본 값인 20으로 설정되어 있다. 한번에 많은 세션이 동시에 접속하는 경우에는 SYS.AUDSES$ 시퀀스의 캐시 크기를 10,000 정도로 크게 늘려줌으로써 enq: SQ-contention 대기문제를 해결할 수 있다.

RAC에서는 시퀀스 생성시 CACHE 속성을 부여한 상태에서 ORDER 속성을 부여하지 않으면 각 노드가 다른 범위의 시퀀스 값을 메모리에 캐시한다. 예를 들어 2개의 노드로 이루어진 RAC 환경에서 CACHE 100 속성으로 시퀀스를 생성하는 경우 1번 노드는 1~100 번을 사용하고, 2번 노드는 101~200번을 사용하게 된다. 만일 양 노드간에 모두 순차적으로 증가하게끔 시퀀스를 사용하려면 반드시 아래와 같이 ORDER 속성을 부여해야 한다.

```
SQL> create sequence ordered_sequence cache 100 order;
```

SV Lock 경합

SV lock은 Sequence Value Lock의 약자로 RAC에서 ORDER 속성의 시퀀스 값을 보호하기 위해 사용되는 lock 이다.

CACHE + NOORDER 속성의 시퀀스가 성능 면에서는 가장 유리하다. 하지만, NOORDER 속성의 시퀀스는 RAC 시스템에서 노드 간의 순서를 보장할 수 없다는 단점이 있다. 가령 캐시 크기가 100이고 NOORDER 속성이 부여된 시퀀스를 2 노드로 이루어진 RAC 시스템에서 사용하면 노드 1번에는 1~100 번, 노드 2번에는 101~200 번의 시퀀스 캐시를 사용하게 된다. 따라서 클라이언트가 RAC 시스템에 접속해서 해당 시퀀스를 사용하게 되면 시퀀스 값이 "1, 2, 101, 3, 102, 103"과 같이 양쪽 노드의 캐시 값이 혼재되어 추출된다. 대부분의 상황에서는 이러한 현상이 문제가 되지 않지만, 만일 시퀀스 값이 반드시 순차적으로 추출되어야 한다는 제한 조건이 필요하다면 ORDER 속성을 부여함으로써 이런 현상을 해소할 수 있다. ORDER 속성의 시퀀스에서는 RAC의 모든 노드가 동일한 캐시 값을 보유한다. 즉, 노드 1번도 1~100번, 노드 2번도 1~100번의 시퀀스 캐시를 사용하며 두 노드는 SV lock을 이용해서 글로벌 시퀀스 동기화를 수행한다.

ORDER 속성을 사용할 경우 시퀀스의 값을 추출할 때마다 SV lock에 대한 글로벌 동기화 작업이 발생하므로 NOORDER 속성을 사용할 때보다 성능 면에서는 상당히 불리하다. 하지만 NOCACHE 속성을 부여할 때보다는 훨씬 성능 면에서는 유리하다. 따라서 RAC 시스템에서는 가능하면 CACHE + NOORDER 속성을 사용하고, 순서 보장이 필요한 경우에 한해 ORDER 속성을 부여하는 것이 좋다. NOCACHE 속성은 가능한 한 사용하지 않아야 한다.

시퀀스 키 값이 누락(Miss) 없이 항상 순차적으로 증가해야 한다는 전제 조건 때문에 NOCACHE 속성의 시퀀스를 사용하는 경우가 종종 있다. 이것은 우선, 성능 면에서 대단히 불행한 선택이라고 할 수 있다. 특히 RAC와 같은 분산 데이터베이스 환경에서는 NOCACHE 속성의 시퀀스가 미치는 악영향은 치명적일 수 있다. 명심할 것은 시퀀스 값의 누락은 절대 피할 수 없다는 것이다. NOCACHE 속성을 부여하더라도 시퀀스 값의 누락은 항상 발생한다. 가령 50만건의 데이터의 키 값을 시퀀스를 이용해서 생성하다가 파일 공간 부족으로 롤백이 발생했다면, 이 50만개의 시퀀스 키 값은 누락된 상태가 된다. 이런 이유로 NOCACHE 속성의 시퀀스는 절대 사용하지 않는 것을 원칙으로 할 것을 권장한다.

CACHE + ORDER 속성이 부여된 시퀀스인 경우에 오라클은 SQ lock이 아닌 SV lock을 사용해서 동기화를 수행한다. 즉, Order속성이 부여된 Sequence에 대해서 nextval을 호출하면 SSX 모드로 SV lock을 획득해야 한다. SV lock을 획득하는 과정에서 경합이 발생할 경우에는 row cache lock 이벤트나 enq: SQ-contention 이벤트와는 전혀 다른 DFS lock handle 이라는 이름의 이벤트를 대기하게 된다. 이런 이유로, V$EVENT_NAME 뷰에는 "enq: SV-contention"과 같은 이름의 이벤트가 존재하지 않는다.

Memo

RAC
gc cr failure

gc cr failure란?

⟨정의⟩
CR Block을 전송 받는 과정에서 실패(failure)가 발생했음을 의미하는 Fixed-up Event

⟨관련된 이벤트⟩
gc current retry | Current Block을 전송받는 과정에서 오류가 발생했음을 의미하는 Fixed-up Event
gc cr/current block lost | Block을 전송받는 과정에서 유실(Loss)이 발생했음을 의미하는 Fixed-up Event. 10g R2에서 추가

gc cr failure

gc Block을 전송 받는 과정에서 실패가 발생했음을 의미하는 Fixed-up Event이다. 이는 보통 Block 손실, 잘못된 Block을 요청하여 프로세스가 요청에 대한 처리를 할 수 없었다고 볼 수 있다.

보통 gc cr Failure 대기 이벤트가 발생하기 전에 gc cr request와 같은 이벤트가 발생하는 경향이 높다.

 Parameter

gc cr failure 이벤트와 같은 Fixed-up 이벤트는 P1, P2, P3 값이 별도로 부여되지 않으며, Placeholder 이벤트 (여기서는 gc cr request 이벤트)와 동일한 값을 가지는 것으로 해석하면 된다.

 Common Causes and Actions

원인	네트워크가 지연되서 발생하는 문제
진단 방법	V$SYSSTAT에서 gc block lost나 gc claim block lost 지표를 확인하고, LMS의 상태 그리고 Interconnect의 상태를 점검한다.
개선 방법	**LMS의 지연 이유와 해결책** LMS 프로세스가 요청 메시지를 확인하는 과정에서 지연(1ms 이상)이 발생하는 이유와 해결책은 다음과 같다. • 인터커넥트를 통한 메시지 요청 자체가 지나치게 많은 경우에는 LMS 프로세스의 메시지 확인 작업에 지연이 발생하게 된다. 따라서 SQL 튜닝이나 버퍼 캐시 튜닝, 핫 블록 해소 등을 통해 불필요하게 많은 블록 전송 요청이 발생하는 것을 방지하는 것이 해결책이 된다. LMS 프로세스가 필요한 CPU 자원을 원활하게 보장받지 못하는 경우에도 메시지 확인 작업의 지연이 발생할 수 있다. LMS 프로세스의 성능을 극대화하는 방법을 간략히 정리하면 다음과 같다. • LMS 프로세스에 대해 실시간 스케줄링을 적용한다. 시분할 스케줄링을 적용할 경우에는 LMS 프로세스의 NICE 값을 낮추어서 보다 높은 우선순위를 할당 받도록 한다. • 오라클 10g R2부터는 LMS 프로세스는 기본적으로 실시간 스케줄링 기법을 사용한다. • CPU 자원이 충분한 경우에는 LMS 프로세스의 수를 증가시킨다. • OS 차원의 불필요한 작업을 제거해서 CPU 자원을 확보하는 것 또한 중요하다. 가령 메모리 부족으로 인해 페이징(Paging) 작업이 빈번하게 발생한다면 LMS 프로세스의 성능에 부정적인 영향을 주게 된다.

gc blocks lost

블록 전송 과정에서 유실(Lost)된 블록의 수를 의미한다. 블록 유실은 RAC 시스템의 성능에 결정적인 영향을 미치기 때문에 gc blocks lost 통계 값은 가능한 낮은 수치를 유지해야 한다. 만일 gc blocks lost 통계 값이 증가한다면 다음과 같은 확인 절차를 거쳐야 한다.

네트워크 설정이나 하드웨어 설정에 이상 없는가를 점검한다. netstat과 같은 툴을 이용해서 네트워크 패킷 에러가 발생하지 않는지 점검하고, 네트워크 파라미터가 지나치게 작게 설정되어 있지 않은지 확인한다. 네트워크 버퍼 크기를 크게 하고, MTU의 크기를 크게 하는 것 등도 해결 방법이 될 수 있다.

잘못된 네트워크 프로토콜을 사용하고 있지 않은가를 점검한다. 대부분의 OS에서 오라클은 UDP를 기본 프로토콜로 사용할 것을 권장한다. 많은 종류의 프로토콜에 대해 RAC 성능 테스트와 적용이 이루어졌지만, UDP에서 가장 안정적으로 작동하는 것이 경험적으로 검증되었다. 만일 특정 벤더가 제공하는 특정 프로토콜을 사용한다면 반드시 오라클로부터 검증을 거쳐야 한다.

지나치게 인터커넥트 부하가 높은 경우에는 패킷 유실을 피할 수 없다. 이 경우에는 네트워크 대역폭을 높이거나 SQL/애플리케이션 튜닝을 통해 블록 전송 수를 줄여야 한다.

Buffer
buffer busy waits
- 동일 블록 변경에 의한 Data Block에 대한 경합

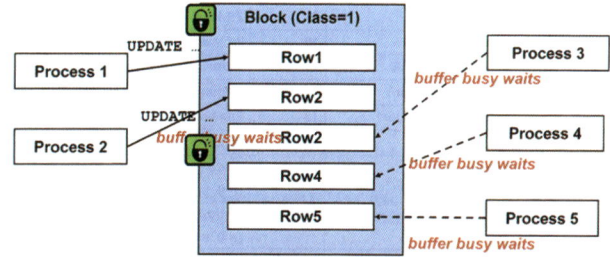

buffer busy waits

buffer busy waits

특정 블록(Block)을 액세스하는 프로세스는 해당 블록에 대해 Buffer Lock을 획득해야 한다. 가령 특정 블록을 변경하려면 해당 블록에 대해 Buffer Lock을 Exclusive 모드로 획득해야 한다. 반면, 특정 블록을 읽으려면 해당 블록에 대해 Buffer Lock을 Shared 모드로 획득해야 한다.

프로세스 A가 블록 X에 대해 Buffer Lock을 획득하고 있는 상태에서 프로세스 B가 동일 블록에 대해 호환되지 않는 모드로 Buffer Lock을 획득하지 못하고 내기해야 한다. 이때 발생하는 대기 이벤트가 buffer busy waits 이벤트이다.

buffer busy waits 이벤트가 가장 흔히 목격되는 경우는 동시에 여러 프로세스가 동일 블록에 대해 Insert를 하거나 Update를 하는 경우이다. Insert나 Update 작업은 해당 블록에 대해 Buffer Lock을 Exclusive 모드로 획득할 것을 요구한다. 여러 프로세스가 동시에 동일 블록에 대해 Buffer Lock을 Exclusive 모드로 획득하는 경우에는 Buffer Lock 경합이 발생하게 되고 buffer busy waits 이벤트에 대한 대기로 관찰된다.

Wait Time

일반적으로 1초까지 기다린다. 만일 Exclusive 모드로 Buffer Lock을 획득하기 위해 buffer busy waits 이벤트를 1초 대기하고, 다시 대기하는 경우에는 3초까지 기다린다. 특정 블록을 읽고자 하는 세션은 반드시 Buffer Lock을 획득해야 한다.

Parameter

P1	File#
P2	Block#
P3	오라클 10g에서는 블록 클래스(Block Class)를 의미하며, 오라클 9i에서는 Reason Code를 의미한다.

Common Causes and Actions

원인	비트맵 블록(블록 클래스=8,9,10)에 대한 경합
진단 방법	이벤트 발생시 v$session_even, v$session 뷰를 통해 p3 값이 비트맵 블록에 해당되는지 조사한다.
개선 방법	ASSM(Automatic Segment Space Management)를 사용하는 경우에는 세 단계의 비트맵 블록에서 경합이 발생할 수 있다. 비트맵 블록에서 발생하는 블록 경합은 오라클 튜닝을 통해 개선할 수 없으며, 애플리케이션의 수정을 통해 과도한 동시 DML을 줄여야 한다. ASSM은 대규모의 동시 DML에 있어서는 FLM에 비해 약간의 오버헤드를 가지고 있다. 하지만 대부분의 경우 이러한 오버헤드는 무시할 정도이다. ASSM은 FLM에 비해 여러 가지 장점을 제공하며 특히 RAC에서 최적의 성능을 제공한다.

원인	데이터 블록(블록 클래스=1)에 대한 경합
진단 방법	이벤트 발생시 v$session_even, v$session 뷰를 통해 p3 값이 데이터 블록에 해당되는지 조사한다.
개선 방법	사용자 애플리케이션이 동시에 여러 세션이 동일 블록을 변경하게끔 동작하는 경우 이러한 블록을 흔히 핫 블록(Hot Block)이라고 부른다. 핫 블록을 해소하는 방법들에는 다음과 같은 것들이 있다.

- **사용자 애플리케이션의 수정**: 애플리케이션 수정을 통해 동시에 여러 프로세스가 동일 블록을 변경하지 않게끔 한다.
- **PCTFREE 값의 조정**: PCTFREE 값을 크게 해서 오브젝트를 생성하면 하나의 블록에 들어가는 로우 수가 줄어들고 그만큼 블록 경합이 줄어든다.
- **우편향 인덱스의 변경**: 인덱스의 키가 우편향되어 있으면 인덱스 리프 노드에 대한 블록 경합이 발생할 수 있다. Sequence 값을 이용해 생성된 키 값이 인덱스로 쓰이는 경우가 대표적이다. 리버스 인덱스(Reverse Index)를 이용해 키 값을 분산시키면 블록 경합을 줄일 수 있다.
- **FLM을 사용하는 경우**: FLM(Free List Management)를 사용하는 경우에는 오브젝트의 Storage 속성 중 FREELISTS 속성 값을 충분히 크게 주어야 한다. FREELISTS의 값이 1이면 동시에 여러 프로세스가 동일 블록에 Insert를 수행하기 때문에 블록 경합이 생길 수 있다. FREELISTS 속성 값은 동시에 Insert를 수행하는 프로세스의 최대 개수만큼 부여하는 것이 좋다.
- **파티셔닝**: 세그먼트 파티셔닝을 통해 블록을 임의로 분산할 수 있다. 가령 해시 파티션(Hash Partition)과 같은 기법을 통해 하나의 블록에 모여 있던 블록들을 물리적으로 임의의 공간에 분산시키면 블록 경합을 줄이는 효과를 얻을 수 있다.

원인	세그먼트 헤더 블록(블록 클래스=4)에 대한 경합
진단 방법	이벤트 발생시 v$session_even, v$session 뷰를 통해 p3 값이 세그먼트 헤더 블록에 해당되는지 조사한다.
개선 방법	FLM을 사용하는 경우, Storage 속성 중 FREELISTS 속성 값을 충분히 크게 해준다. 만일 OPS나 RAC 환경이라면 FREELIST GROUPS 속성 값을 인스턴스의 개수와 동일하게 부여한다. FREELIST GROUPS 속성 값을 부여하면 세그먼트 헤더 블록과 별도로 프리리스트 블록을 사용하기 때문에 그만큼 세그먼트 헤더 블록의 경합이 줄어든다.

원인	언두 헤더 블록(블록 클래스=15+2*r)에 대한 경합
진단 방법	이벤트 발생시 v$session_even, v$session 뷰를 통해 p3 값이 언두 헤더 블록에 해당되는지 조사한다.
개선 방법	AUM(Automatic Undo Management)를 사용하는 경우에는 언두 헤더에서의 블록 경합은 잘 발생하지 않는다. 수동 모드의 롤백 세그먼트를 사용하는 경우에는 롤백 세그먼트의 개수를 충분히 키워줌으로써 언두 헤더 블록에 대한 경합을 줄일 수 있다.

Technical Tip

buffer busy wait과 reason code

Buffer Busy Wait Event의 경우, 어디에 경합이 발생했는지까지도 P3 파라미터를 통하여 알 수 있다. 따라서 오라클 버전별로 P3가 의미하는 Reason Code와 Block Class에 대해 간략하게 정리해 보도록 하겠다.

오라클 9i와 8i에서 제공하는 Reason Code의 종류와 의미는 아래 표와 같다. 괄호 안의 Reason Code는 오라클 8.1.5 이하에서 사용되는 값이다.

Reason Code	설명
100(1003)	블로킹(blocking)세션은 버퍼 캐쉬로 블록을 적재하는 중이며, 롤백을 위한 Undo블록일 가능성이 높다. 해당 정보를 이용하여 새로운 버전의 블록을 생성하기 위해, 배타적인(exclusive) 액세스를 하려는 세션은 대기해야 한다.
110(1014)	대기 세션은 블로킹 세션이 버퍼 캐쉬로 적재하고 있는 블록에 대한 현재(current) 이미지를 읽거나, 기록하려고 한다.
120(1014)	하나 이상의 세션이 버퍼 캐쉬에 존재하지 않는 블록을 액세스하려고 할 경우, 하나의 세션이 db file sequential read 또는 db file scattered read 이벤트를 발생시키면서 I/O 작업을 수행하는 동안, 다른 세션들은 해당 원인코드를 가지고 buffer busy waits 이벤트를 발생시킨다.
130(1013)	하나 이상의 세션이 버퍼 캐쉬에 존재하지 않는 블록을 액세스하려고 할 경우, 하나의 세션이 db file sequential read 또는 db file scattered read 이벤트를 발생시키면서 I/O 작업을 수행하는 동안, 다른 세션들은 해당 원인코드를 가지고 buffer busy waits 이벤트를 발생시킨다.
200(1007)	블로킹 세션이 버퍼 캐쉬 안의 블록을 변경하는 동안, 새로운 버전의 블록을 생성하기 위해 해당 블록에 배타적인(exclusive) 액세스를 해야 하는 세션은 대기해야 한다.
210(1016)	블로킹 세션이 블록을 변경 중일 때 배타적인(exclusive) 모드로 블록의 현재(current) 버전을 원하는 세션은 대기해야 한다. 두 개의 세션이 동일한 블록을 변경하려고 할 때 발생한다.
220(1016)	블로킹 세션이 블록을 변경 중일 때 현재(current) 모드로 블록을 액세스하려는 세션은 대기해야 한다.
230(1010)	블로킹 세션이 블록을 변경 중일 때 해당 블록을 공유(shared) 모드로 액세스하려는 세션은 대기해야 한다.
231(1012)	블로킹 세션이 블록을 변경 중일 때, 해당 블록의 현재(current) 버전을 읽고 있는 세션이 해당 블록에 대한 공유(shared) 액세스를 하려고 할 경우에 대기 해야 한다.

오라클 10g에서는 P3가 블록 클래스를 의미한다. 블록 클래스의 값과 의미는 다음과 같다.

```
1    data block
2    sort block
3    save undo block
4    segment header
5    save undo header
6    free list
7    extent map
8    1st level bmb
9    2nd level bmb
10   3rd level bmb
11   bitmap block
12   bitmap index block
13   file header block
14   unused
15 + 2*r   undo header block(r = Undo Segment 번호. 0 = System undo segment)
16 + 2*r   undo block(r = Undo Segment 번호. 0 = System undo segment)
```

Buffer
free buffer waits

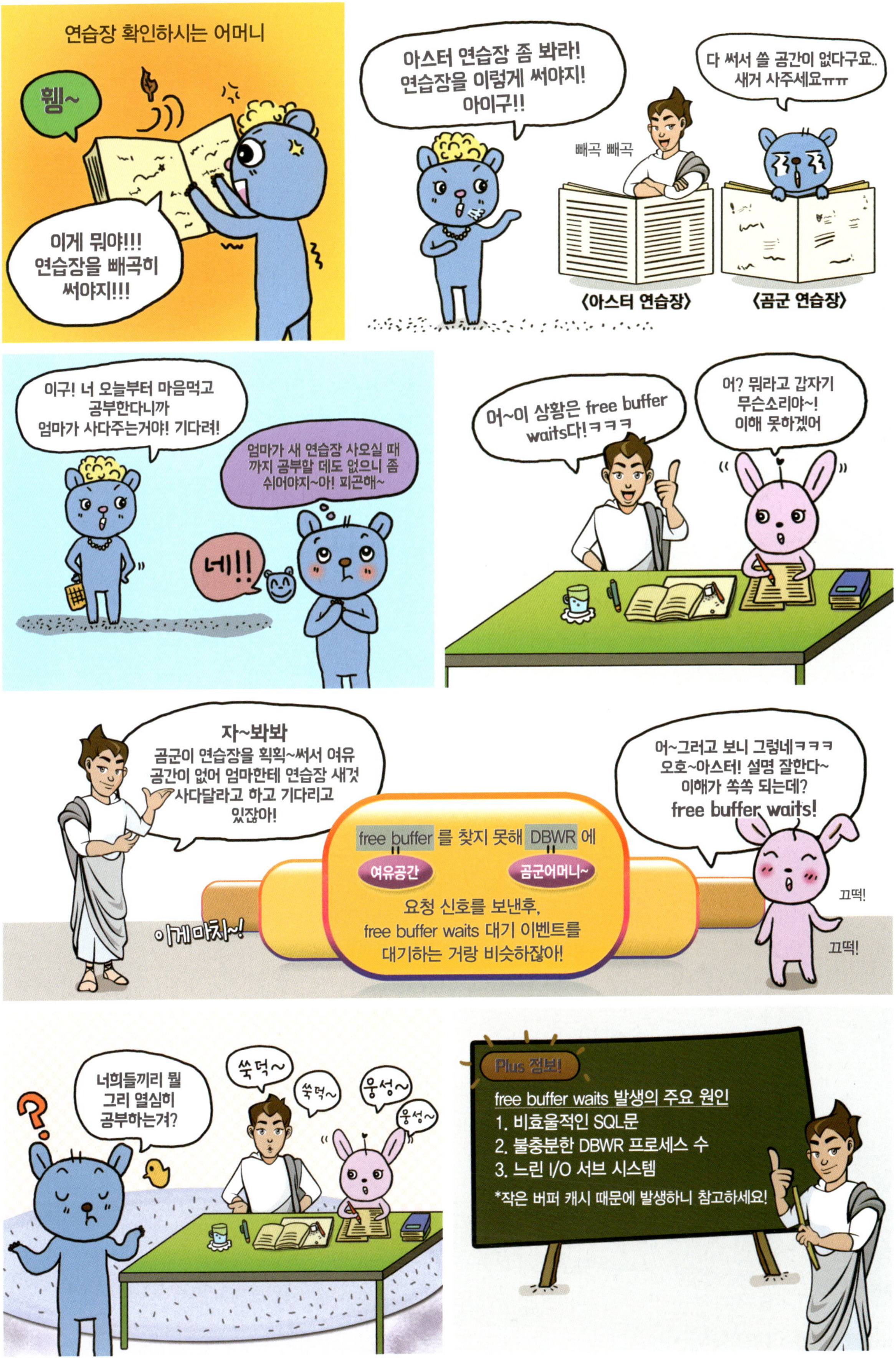

free buffer waits

free buffer waits 대기 이벤트는 버퍼 캐시 내부에 데이터 블록을 읽어 들이거나, CR(consistent read) 이미지를 생성하기 위한 프리 버퍼(free buffer)를 찾지 못할 때 발생한다. 이것은 버퍼 캐시가 너무 작거나, 더티(dirty) 블록들을 디스크로 기록하는 작업이 충분히 빠르지 못하다는 것을 의미한다. 버퍼 캐시 내의 프리버퍼를 찾지 못한 프로세스는 DBWR 프로세스에 요청신호(더티버퍼를 디스크에 기록해달라는 신호)를 보낸 후 free buffer waits 대기 이벤트를 대기한다.

Free buffer가 필요한 포그라운드 프로세스는 정의된 임계치까지 lru 리스트를 스캔한다. 임계치는 lru 리스트의 특정 퍼센트만큼 지정되며, 오라클 9i에서의 임계치는 40%이다. 이 수치는 X$KVIT(kernel performance information transitory instance parameters) 뷰의 "Max percentage of lru list foreground can scan for free"로 표시된다. 만일 임계치에 도달할 때까지 프리 버퍼를 찾지 못하면, 포그라운드 세스가 해당 작업을 수행하는 동안, 오라클 세션은 free buffer waits 대기 이벤트를 대기한다.

오라클은 모든 프리 버퍼 요청에 대한 횟수를 기록한다. 통계정보 명은 V$SYSSTAT 뷰의 free buffer requested 이다. 오라클은 프리 버퍼 요청에 대한 실패 횟수도 기록한다. 이것은 free buffer waits 이벤트의 TOTAL_WAITS 에서 찾아볼 수 있다. 프리 버퍼 요청은 기술적으로는 buffer gets이고, 프리 버퍼 요청 실패는 buffer misses라 할 수 있다. V$SYSSTAT의 free buffer inspected 통계정보는 오라클 프로세스가 요청된 프리 버퍼를 획득하기 위해서 얼마나 많은 버퍼를 검색했는지를 알려준다. 만일 free buffer inspected 수치가 free buffer requested 보다 월등히 높은 경우는, 프로세스들이 가용한 버퍼를 획득하기 위해 lru 리스트를 그만큼 더 검색했다는 것을 의미한다. 아래의 쿼리는 시스템 레벨의 free buffer requested, free buffer inspected 및 free buffer waits의 통계정보를 보여준다.

```
select *
from   v$sysstat
where  name in ('free buffer requested', 'free buffer inspected');

STATISTIC#      NAME                          CLASS   VALUE
--------------- ----------------------------- ------- ------------------
        75 free buffer requested                 8    3,311,443,932
        79 free buffer inspected                 8      108,685,547

select *
from   v$system_event
where  event = 'free buffer waits';

EVENT                    TOTAL_WAITS    TOTAL_TIMEOUTS    TIME_WAITED    AVERAGE_WAIT
------------------------ -------------- ----------------- -------------- --------------
free buffer waits        30369          15795             2187602        72.0340479
```

Wait Time

가용 프리버퍼를 위해 1초까지 대기하며, 타임아웃 발생 후 또 다시 1초를 대기한다.

Parameter

P1	오라클이 버퍼캐쉬로 읽어 들이려는 블록에 해당되는 File#
P2	오라클이 버퍼캐쉬로 읽어 들이려는 Block#
P3	오라클이 10g 이전에서는 사용되지 않았다. 오라클 10g부터 lru, lruw 리스트의 SET=ID#를 나타낸다.

Common Causes and Actions

원인	비효율 SQL문
진단 방법	V$SQL 및 DBA_HIST_SQLSTAT 테이블 등에서 비효SQL이 존재하는 확인한다.
개선 방법	V$SQL 및 DBA_HIST_SQLSTAT 테이블 등에서 DISK I/O가 높은 SQL을 추출하여, BLOCK I/O 횟수를 최소화한다. 더불어 INDEX FAST FULL SCAN및 Full Table Scan등의 경우, DIRECT PATH I/O을 고려해 BUFFER CACHE를 우회하도록 한다.

원인	불충분한 DBWR 프로세스 수
진단 방법	LGWR 프로세스가 로그 버퍼의 공간을 확보하는 역할을 수행하는 것처럼, DBWR 프로세스는 lru 리스트상의 프리 버퍼를 확보하는 역할을 수행한다. DBWR 프로세스는 버퍼 캐시의 "working set"과 관계가 있다. "working set"은 lru와 lruw 리스트로 구성된다. 만일 하나의 DBWR 프로세스만 존재한다면, 모든 "working set"에 대한 서비스를 하나의 DBWR 프로세스가 수행해야 한다. 다수의 DBWR 프로세스가 존재한다면, 오라클은 "working set"을 균등하게 분배하게 된다. 당연히, 더 많은 DBWR 프로세스는 더욱 효율적으로 "working set"을 서비스 할 수 있고 더 높은 처리량을 보장할 수 있다. 아래의 X$KCBWDS(kernel cache buffer working set descriptors) 뷰의 결과는 8개의 "working set"과 2개의 DBWR 프로세스가 있음을 나타낸다.

```
select set_id, dbwr_num
  from  x$kcbwds
order by set_id;

    SET_ID    DBWR_NUM
----------  ----------
         1           0
         2           0
         3           0
         4           0
         5           1
         6           1
         7           1
         8           1
```

개선 방법	많은 사람들이 비동기식 I/O 환경에서는 하나의 DBWR 프로세스를 사용하라는 이야기를 들은 적이 있을 것이다. 이것은 단지 가이드라인에 불과하며, free buffer waits 대기이벤트가 발생하는 경우에는 비동기식 I/O 환경에서도 다수의 DBWR 프로세스를 사용할 수 있다. CPU_COUNT에 따라서 DB_WRITER_PROCESSES 파라미터를 조정하여 DBWR 프로세스의 개수를 증가 시킬 수 있다. 하지만, SQL 문이 최적화 되지 않아서 다수의 버퍼를 사용할 경우에는 별다른 효과가 없게 된다. 게다가 다수의 DBWR 프로세스를 사용하면, DBWR 체크 포인트 횟수가 증가함에 따라 free buffer waits 발생 횟수를 감소 시킬 수 있다. 오라클 9i에서, FAST_START_MTTR_TARGET 파라미터를 이용하여 MTTR(Mean Time To Recovery)을 단축하는 방법으로도 동일한 효과를 낼 수 있다. 더 짧은 MTTR은 DBWR 프로세스의 활동성을 높이게 하여, 결과적으로 클린 버퍼(clean buffer)의 공급을 더 원활하게 만든다. 하지만, DBWR 프로세스의 활동성을 높이는 것은 디스크로 전송되는 블록을 변경하려는 프로세스들이 write complete waits 대기이벤트를 대기할 가능성을 높이게 된다. 따라서 애플리케이션의 유형에 따라 적절한 균형점을 찾아야 한다.
원인	느린 I/O 서브 시스템
진단 방법	DBWR 프로세스에서 db file parallel write의 대기시간이 길지 않은지 확인한다.
개선 방법	DBWR 프로세스에서 db file paralle write 대기시간이 길어지면, 서버 프로세스는 연쇄적으로 free buffer waits 대기나 write complete waits 대기를 겪게 된다. 로디바이스(Raw device)와 AIO(Asychronous IO. 비동기 I/O)를 조합해서 사용하는 것이 I/O 성능을 개선시키는 가장 좋은 방법으로 알려져 있다. 로디바이스가 아닌 경우라도 AIO를 지원하는 시스템이 있으므로 이를 활용할 수 있다. AIO를 사용하는 경우, DBWR 프로세스의 개수를 늘리는 것은 의미가 없다는 의견이 많다. 복수개의 DBWR 프로세스을 사용하는 목적이 결국 AIO를 소프트웨어적으로 흉내내는 것이기 때문이다. 하지만 Write가 매우 많은 시스템이라면 AIO와 복수개의 DBWR 프로세스를 동시에 구성하는 것도 가능하다. OS차원에서 Direct I/O를 사용하는 것도 성능에 큰 도움이 된다. Direct I/O를 사용하는 경우에는 로디바이스를 사용할 필요가 없다는 의견도 있다. Direct I/O를 사용하는 경우에는 CPU 개수가 충분하다면, DB_WRITER_PROCESSES 값을 조정해서 DBWR 프로세스의 개수를 증가시키는 것을 병행할 수 있다. 오라클의 기본 DBWR 개수는 CPU_COUNT/8 이다.
원인	Delayed Block Cleanouts
진단 방법	실질적으로 delayed block cleanout에 대해 어느 정도 발생할지 예측하기는 어렵다. 다만 delayed block cleanout과 free buffer waits 대기 이벤트를 감소 시키기 위해, DML이 자주 발생하는 테이블에 대해서는 애플리케이션 수행전 Full Table Scan을 한다면, 경합을 줄일 수 있다.

테이블이 버퍼 캐쉬로 적재된 후에, 애플리케이션에서 해당 테이블을 사용하기 전에 테이블에 대한 Full Table Scan 오퍼레이션을 수행할 필요가 있다. 이러한 이유는 해당 데이터 블록을 처음으로 읽는 프로세스가 delayed block cleanout을 수행해야 하며, 이것은 free buffer waits 대기이벤트를 야기시킨다. 따라서, 애플리케이션에서 해당 테이블을 사용하기 전에 Full Table Scan을 수행함으로써 애플리케이션에서 발생할 free buffer waits 대기이벤트를 제거할 수 있게 된다. 아래의 예제 테스트를 이용하여 오라클 9i에서의 처리 방법을 알 수 있을 것이다.

버퍼 캐쉬를 20,000 블록으로 설정한다.

FAST_START_MTTR_TARGET을 5초로 낮게 설정한다. 이것은 DBWR가 활발하게 더티 버퍼를 디스크에 기록하게 하여 향후에 해당 블록에 대한 쿼리를 수행할 경우 반드시 delayed block cleanout을 수행하도록 한다.

인덱스 없는 테이블에 많은 양의 레코드(약 150만 건 정도)를 insert한 후 커밋을 수행한다.

데이터베이스를 셧다운(shutdown)한 후 재구동 한다.

테이블의 레코드를 카운트 해보자. 오라클 프로세스는 해당 테이블에 대한 Full Table Scan 오퍼레이션을 수행할 것이다. V$SESSION_EVENT 뷰를 조회하여 이 세션을 찾아보자.

delayed block cleanout으로 인해 free buffer waits 대기이벤트를 대기하고 있음을 확인할 수 있을 것이다.

4번과 5번의 과정을 반복해 보자. 하지만, 이번에는 old ITL들이 정리되어 free buffer waits 대기이벤트가 발생하지 않는다.

delayed block cleanout과 commit cleanout – 트랜잭션은 버퍼 캐쉬 내의 많은 블록들을 더티(dirty)로 만들 수 있다. DBWR 프로세스는 다양한 간격으로 커밋 블록과 커밋 되지 않은 블록들을 데이터파일에 기록한다. 트랜잭션이 커밋 되었을 때, 오라클 프로세스는 DBWR 프로세스에 의해 디스크로 기록되지 않은 블록에 대해서 commit cleanout을 수행한다. 이미 디스크에 기록된 블록들은 해당 블록을 처음 읽는 프로세스에 의해 정리(cleaned)된다. 이것을 delayed block cleanout이라고 한다. 더 많은 정보를 원할 경우 메타링크 Note #40689.1을 참조하라.

Technical Tip

Buffer 적재 과정

- 사용자가 요청한 블록에 대해 해시 함수를 적용해서 적절한 해시 버킷을 찾는다.
- 해시 버킷에 연결된 해시 체인(Hash chain)을 탐색해서 블록에 해당하는 버퍼 헤더가 존재하는지 확인한다. 버퍼 헤더가 이미 존재하고 해당 블록이 버퍼 캐시에 올라와 있는 상태라면 해당 블록을 사용한다.
- 아직 버퍼 캐시에 존재하지 않으면 우선 lru 리스트를 가장 덜 사용된 순서로 프리 버퍼를 찾는다. 이 과정에서 더티 버퍼가 발견되면 lru 리스트로 이동시킨다. 프리 버퍼를 찾게 되면 데이터 파일로부터 블록을 해당 버퍼로 읽어 들인다.
- lru 리스트에서 프리 버퍼를 찾을 때 _DB_BLOCK_SCAN_PCT(기본값 40) 파라미터 값만큼 스캔을 하고도 프리 버퍼를 찾지 못하면 오라클은 스캔을 멈추고 DBWR에게 더티 블록을 디스크에 기록하고 프리 버퍼를 확보할 것을 요청한다. 쓰기가 완료되면 해당 버퍼를 사용한다.

Network
SQL*net more data from/to client

우리가 흔히 보게되는 SQL *net message from/to client 이벤트 있잖나~

SQL*net message from client 대기 이벤트는 세션이 클라이언트(또는 사용자)로부터 메시지를 대기할 때 발생해~
(일반적으로 해당 이벤트는 세션이 Idle 상태라는 것을 의미)

SQL*net message to client 대기 이벤트는 클라이언트로 메세지를 전송할때 발생하지. (클라이언트 프로세스가 메세지를 전송 받을 수 없을 만큼 바쁘게 다른 일을 하거나, 네트워크 지연으로 인해 메세지 전송 시간이 오래 걸릴 때 발생)

그런데, SQL*net more data from/to client 라고 "more"라는 수식어가 붙는 경우에는 시크릿 중학교 2-7반 아이들이 한 열차에 타지 못하고 두대로 나눠서 타야했던 것 처럼 data 전송량이 커서 한번에 전송하지 않고 여러 번 나누어서 한다는 것을 의미하는거야!

Tip 그래서 "more"가 붙은 경우에는 message가 아니라 "data"라는 용어가 사용됩니다!

쉽게 생각해보면 아주 긴 SQL 문장의 수행을 Oracle에게 요청하는 경우 Oracle은 OS에 전송을 요청하고 응답이 올 때까지 SQL*net more data from client를 대기하게되고 거꾸로 아주 큰 Data를 client에 보내줘야 하는 경우(LOB이 대표적) Oracle SQL*net more data to client를 대기합니다.

SQL*net more data from/to client

SQL*net과 관련된 모든 대기 이벤트는 System API Call에서 비롯됨을 이해해야 한다. 가령, SQL*net과 관련된 대표적인 대기 이벤트인 SQL*net message to client는 Server Process가 OS에서 Network Send API 요청을 하고 응답이 오기를 기다린다는 것을 의미한다. OS는 Server Process가 요청한 Data를 TCP Send Buffer에 넣는 것으로 일을 마치고 Server Process에게 응답을 보낸다. 즉, SQL*net message to client 대기는 실제 Network 전송이 끝나기를 기다린다는 의미가 아니라 OS가 Send Buffer에 성공적으로 Data를 등록하기를 기다린다는 것을 의미한다. Network API들은 이런 속성을 지니고 있다.
{ 대기 이벤트 = System API Call }

위와 같은 명제를 기억해야 한다.

"more" 수식어가 붙는 경우에는 Data의 전송량이 많아서 한번에 전송하지 않고 여러 번에 나누어서 한다는 것을 의미한다. more가 붙은 경우에는 message가 아닌 "data"라는 용어가 사용된다. 가령, 아주 긴 SQL 문장을 Oracle에 수행요청하는 경우 Oracle은 OS에 전송 요청을 하면 응답이 올 때까지 SQL*net more data from client 이벤트를 대기한다. 거꾸로 아주 큰 Data를 Client에게 보내주어야 하는 경우(LOB가 대표적인 경우) Oracle은 SQL*net more data to client 이벤트를 대기한다.

💡 Common Causes and Actions

원인	아주 큰 Data의 전송 과정에서 발생하는 Wait Event
진단 방법	Oracle이 대기하는 시간은 Client와의 통신이 아닌 Network API Call 수행시간 임
개선 방법	• SQL*net 류의 대기 이벤트는 Network 성능과는 직접적인 관련이 없다.

SQL*net 류의 대기 이벤트 Mechanism

1. Client가 Server Process에 Data 요청을 한다.

2. Server Process는 Data를 Fetch 한 후 OS에서 Network Data 전송을 요청하고 OS로부터 응답이 올 때까지 SQL*net message to client 이벤트를 대기한다. OS는 Oracle로부터 받은 Data를 Send Buffer에 채우고 Oracle에게 전송이 완료되었다는 응답을 보낸다. 이때 SQL*net message to client 이벤트에 대한 대기가 끝난다.

3. Server Process는 OS에게 Client로부터 전송된 Network Data를 요청하고 OS로부터 응답이 올 때까지 SQL*net message from client 이벤트를 대기한다. OS는 Receive Buffer에 Client가 보낸 Data가 도착하면 Oracle이 전송이 시작되었다는 것을 알린다. 이때 SQL*net message from client 이벤트에 대한 대기가 끝난다. Oracle은 전송받은 Client의 요청을 처리한다. 다시 2번으로 돌아간다.

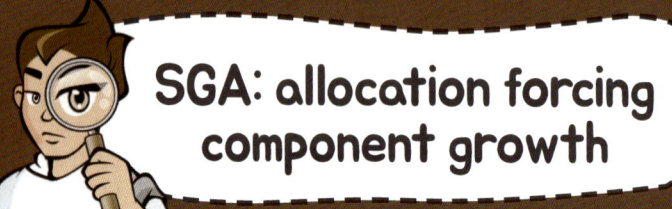

SGA: allocation forcing component growth

SGA: allocation forcing component growth 이벤트는 Oracle 10g부터 발생하는 이벤트로써, ASMM(Automatic Shared Memory Management)을 통해 SGA의 영역을 자동관리되도록 설정했을 때 발생한다.

ASMM은 오라클 내부의 통계나, 각 영역별 사용률을 기반으로, 사용 DB에 가장 최적화된 구성을 함으로써, 메모리를 보다 효율적으로 사용할 수 있다는 장점이 있다.

하지만 DB의 사용률이 항상 일정하지 않다면,(예: 낮에는 온라인 밤에는 배치, 마케팅 등 이벤트를 자주하는 DB) 당시 상황에 따라 SGA를 재설정해야 할 빈도가 높아지게 된다.
즉, ASMM에 의해 SGA의 구성을 변경하는 순간, 모든 세션은 SGA: allocation forcing component growth 대기 이벤트를 기다리게 되며, Active Session이 수직으로 상승하며 성능 문제로 이어지게 되는 경우가 대부분이다.

따라서 DB의 사용률 편차가 크거나, 매우 중요한 DB라면 ASMM을 사용하지 않고 Manual로 사용하는 것이 좋다.

 Common Causes and Actions

원인	ASMM 설정에서 SGA 사이즈 변경
진단 방법	SGA: allocation forcing component growth 이벤트가 발생하는지 확인한다.
개선 방법	• ASMM을 사용을 정지하고 Manual하게 값을 지정하여 사용한다.

Technical Tip

DBA_HIST_SGASTAT의 활용

ASMM을 사용하지 않는다면 각 영역별 값을 수동으로 세팅을 해야 하는데, 적정 값을 구하기가 어려울 수 있다. 하지만 AWR에서 제공하는 DBA_HIST_SGASTAT을 활용하면, 어렵지 않게 값을 정할 수 있다. 이 View는 Snap ID별 각 component의 사이즈가 얼마였는지를 확인 할 수 있다.

이를 기반으로 각 Component 별로, 최저 사용 값과 최고 사용 값을 고려해 Manual 하게 값을 지정할 수 있다.

Memory의 적정 값은 사이트 환경별로 다른 부분이 많아 공통적인 값을 정하기는 어려우므로, 이곳에서는 적정값을 찾는 것에 대한 이야기는 따로 언급하지 않겠다.

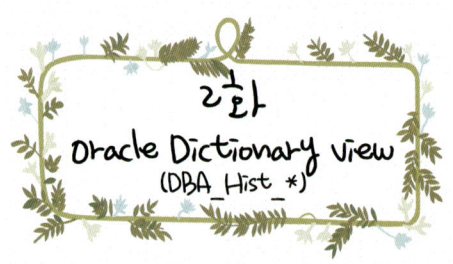

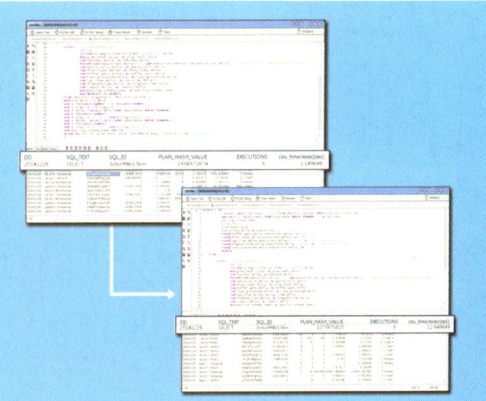

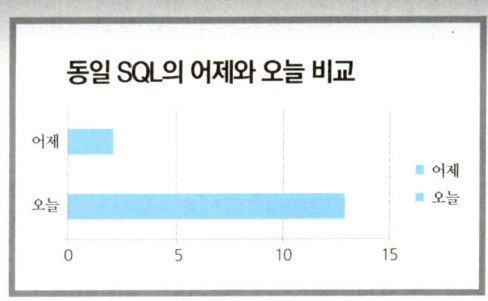

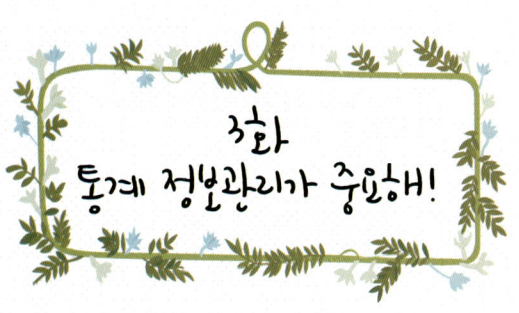

인덱스를 타지 못한 경우

① 통계정보의 불확실성

Query Optimizer는 SQL의 실행계획을 수립하는 과정에서 통계정보를 활용한다. 하지만 통계정보 데이터가 테이블에 대한 부정확한 데이터로 구성되어 있다면, 아마도 인덱스의 사용이 효율적인데도 불구하고 잘못 계산된 Cardinality에 의해 Table Full Scan이 효율적인 수행이라고 판단할 수 있다.

② 인덱스 컬럼의 데이터 형 변환

컬럼의 데이터 형 변환은 2가지로 확인할 수 있는데, 항상 사용할 수 있는 방법은 테이블을 구성하는 컬럼에 대한 Description을 확인하는 것이다. 컬럼에 대한 정보는 Dictionary View중 All_Tab_Columns에서 확인 가능하다. 컬럼의 데이터 형 변환을 확인할 수 있는 2번째 방법은 SQL의 실행 내역중 Predicate Information정보를 활용하는 것이다. 자주 사용되는 튜닝 Utility인 DBMS_XPLAN의 Predicate Information에서 힌트를 얻을 수 있다. 이 정보에는 SQL이 수행되는 단계에서 Where 절에 사용되는 컬럼들 어떠한 형태로 변형되었는지에 대한 정보를 포함하고 있다.

(통계정보 확인 중)
통계정보 확인 결과~ 모두 0...0...0

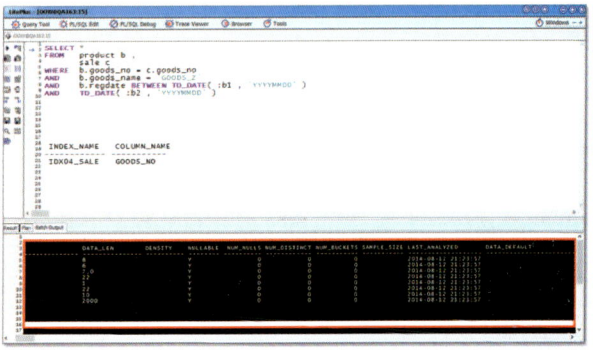

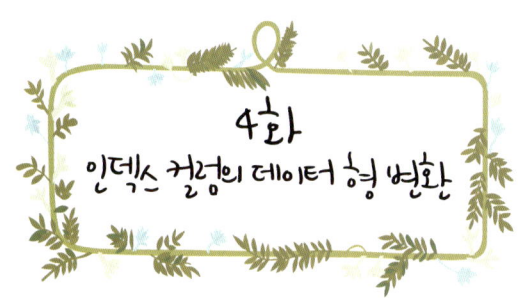

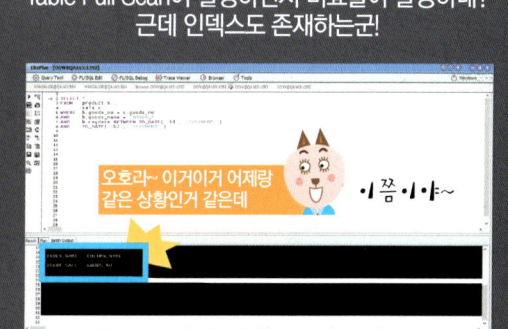
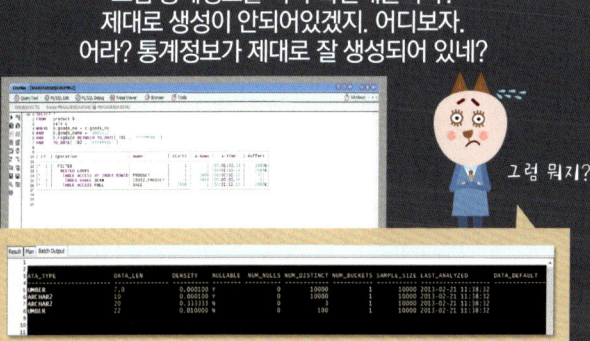

인덱스를 타지 못하는 경우

① 통계정보의 불확실성

Query Optimizer는 SQL의 실행계획을 수립하는 과정에서 통계정보를 활용한다. 하지만 통계정보 데이터가 테이블에 대한 부정확한 데이터로 구성되어 있다면, 아마도 인덱스의 사용이 효율적인데도 불구하고 잘못 계산된 Cardinality에 의해 Table Full Scan이 효율적인 수행이라고 판단할 수 있다.

② 인덱스 컬럼의 데이터 형 변환

컬럼의 데이터 형 변환은 2가지로 확인할 수 있는데, 항상 사용할 수 있는 방법은 테이블을 구성하는 컬럼에 대한 Description을 확인하는 것이다. 컬럼에 대한 정보는 Dictionary View중 All_Tab_Columns에서 확인 가능하다. 컬럼의 데이터형 변환을 확인할 수 있는 2번째 방법은 SQL의 실행내역 중 Predicate Information정보를 활용하는 것이다. 자주 사용되는 튜닝 Utility인 DBMS_XPLAN의 Predicate Information에서 힌트를 얻을 수 있다. 이 정보에는 SQL이 수행되는 단계에서 Where절에 사용되는 컬럼들 어떠한 형태로 변형되었는지에 대한 정보를 포함하고 있다.

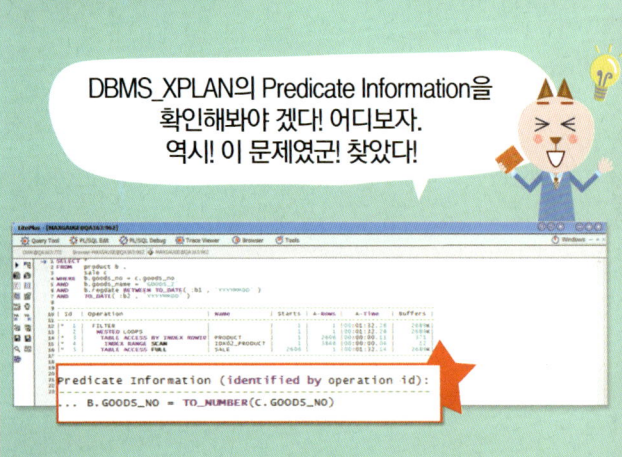

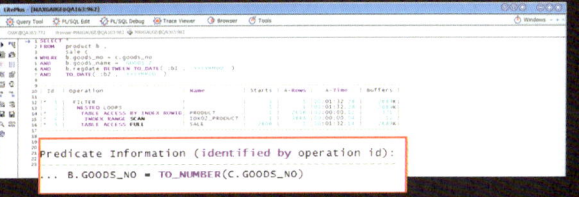
자~ 문제로 돌아와서 DBMS_XPLAN을 보자구. PROUCT.GOODS_NO = TO_NUMBER(SALE.GOODS_NO)로 수행하여 SALE테이블에 GOODS_NO 컬럼으로 인덱스가 생성되어 있지만, 형 변환으로 인해 인덱스를 사용할 수 없게 된 거지.

그렇다고 테이블을 Data Type에 맞게 재 생성하는 것은 현실적으로 무리가 있으니... Function-Based Index를 활용하면 이 문제를 해결할 수 있단다.

Function Based Index? 그게 뭐에요?

찾아서 공부하시오. ㅋㅋ FBI를 이용해 GOODS_NO 컬럼이 아닌, 함수가 적용된 TO_CHAR(C.GOODS_NO) 형태로 인덱스를 생성한다면 암묵적인 데이터 형 변환에 의한 인덱스가 사용되지 않는 문제는 개선할 수 있지. 그러나, FBI를 생성하게 되면 인덱스를 하나 더 생성해야 하니까. FBI 생성이 어려운 경우라면 SQL을 수정해서 비효율을 제거 해야 해.

지금 SQL의 경우 조인 컬럼의 DataType이 다르고, 형 변환 우선 순위에 의해 인덱스 사용을 희망하는 컬럼에 가공이 발생한 것이 원인이니. SALE.GOODS_NO의 조인 대상이 되는 PRODUCT.GOOD_NO 컬럼에 TO_CHAR 함수를 명시적으로 사용해 준다면 SALE.GOODS_NO 컬럼의 DataType인 VARCHAR2형식으로 데이터를 비교하게 되어서, SALE.GOODS_NO 컬럼에는 어떠한 가공도 발생하지 않기 때문에 기존의 인덱스 사용이 가능해지지.

와우! 형 변환에 우선순위도 있군요~ FBI도 그렇고 오늘 새로운 지식을 엄청 배웠어요. FBI 생성보다는 SQL수정하는게 빠르겠네요. 집에 가서 책도 보고 더 공부해야겠어요.
역시 선배님 멋지십니다!!

그치? 내가 쫌 멋있지. 하늘같은 선배 잘 모시라규~ 그럼 우리 점심 먹으러가자~ 나 배고파.. 비싼거 먹을 꺼당 ㅎㅎㅎㅎㅎㅎㅎ

여기서 잠깐! 선배의 특별 Mini 강의

1. 모듈명 or SQL에 식별자가 있는 경우
배치프로그램에서 수행되는 모든 SQL의 수행정보를 V$SQL의 MODULE컬럼으로 조회가 가능하다.
총 I/O 처리량이 많이 발생한 순서대로 정렬하여 추출하고자 한다면 아래의 스크립트를 수행하면 된다.

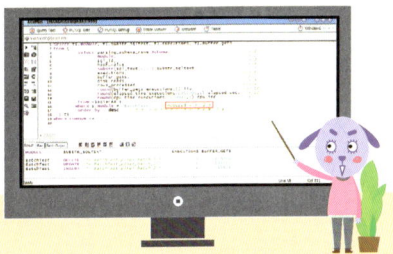

2. 모듈명 or SQL에 식별지가 없는 경우
Oracle이 제공하는 X$KGLRD테이블과 DBA_OBJECT.OBJECTID와 V$SQL.PROGRAM_ID으로 배치 프로그램에서 튜닝대상 SQL을 추출할 수 있다.

Note. Oracle 버전이 10g 이전까지는 X$KGLRD를 활용하여 추출해야 한다. 왜냐하면 10g 이후 버전에 V$SQL나 V$SQLAREA에 PROGRAM_ID가 추가 되었기 때문이다.

여기는 오라클 11g를 사용하니까 오늘은 DBA_OBJECT와 V$SQLAREA를 활용해서 조회를 해볼까나?

잘보라구. Oracle 버전이 110g이후부터 V$SQL과 V$SQLAREA에 PROCEDURAM_ID 컬럼이 추가되었어. PROGRAM_ID컬럼은 DBA_OBJECT의 OBJECT-ID컬럼과 연결이 되므로 PROCEDURE나 FUNCTION으로 작성된 배치 프로그램의 경우, DBA_OBJECT와 V$SQL[V$SQLAREA]을 통해 튜닝 대상 SQL을 추출할 수 있지.

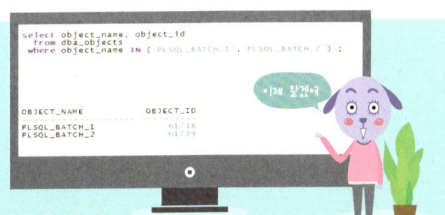

이렇게 추출한 OBJECT_ID값으로 V$SQLAREA의 PROGRAM_ID와 연결하여 조회하면 다음과 같이 SQL을 추출할 수 있지!

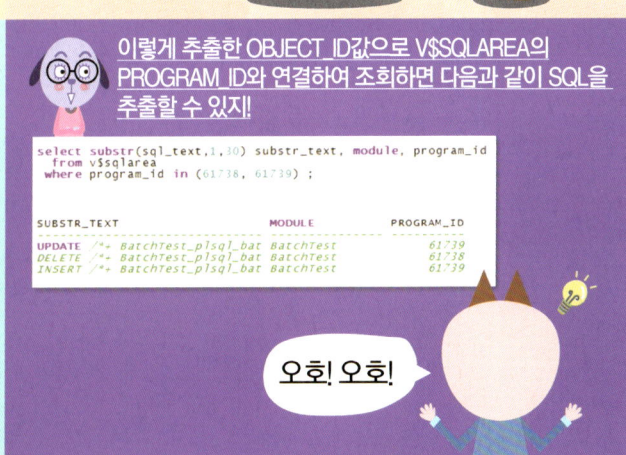

오호! 오호!

그다음, DBA_OBJECT와 V$SQLAREA를 활용하여, 해당 배치 프로그램에서 수행한 모든 SQL에 대한 수행 정보를 다음과 같이 조회하면 되겠지~

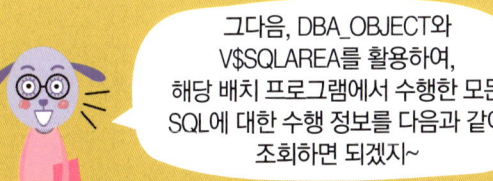

오늘 너무 중요한걸 다 한 번에 많이 알려준거 같은데. 오늘의 요점은 뭐다?

DBA_OBJECT와 V$SQLAREA를 활용하여, 해당배치 프로그램에서 수행한 모든 SQL에 대한 수행정보를 위와 같이 조회할 수 있다라는 것 그리고 조회된 정보를 면밀히 분석하면 배치 프로그램의 SQL 중 튜닝대상을 추출하는 것은 그리 어렵지 않을 것이라는 것!

역시! 선배님 짱입니다요!

아! 너무 많은걸 알려줬어. 피곤하다. 쫌 쉬자!!

제가 어깨 좀 주물러 드릴까요? 앞으로도 많은 가르침 부탁드립니다!

선배의 미니강의 Tip!

1. V$SQL_PLAN이란?
V$SQL_PLAN은 Library Cache된 SQL의 수행 PLAN을 추출할 수 있다.
V$SQL_PLAN의 OPERATION Column과 OPTION Column을 활용하여 특정 실행 계획을 포함한 SQL 추출에 많이 이용된다.

2. V$SQL_AREA이란?
V$SQL의 Grouping 정보이며 누적정보이다.
SQL의 기본 수행내역과 SQL Full Text 를 담고 있으며 이정보들을 활용하여 특정 Resource의 과다 SQL을 추출하기 위해 많이 활용된다. V$SQLAREA는 성능 개선 대상을 추출하는 용도로 많이 활용된다.

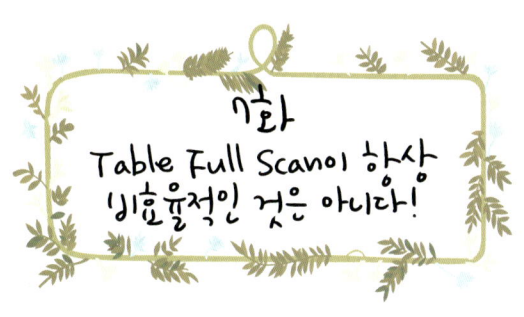

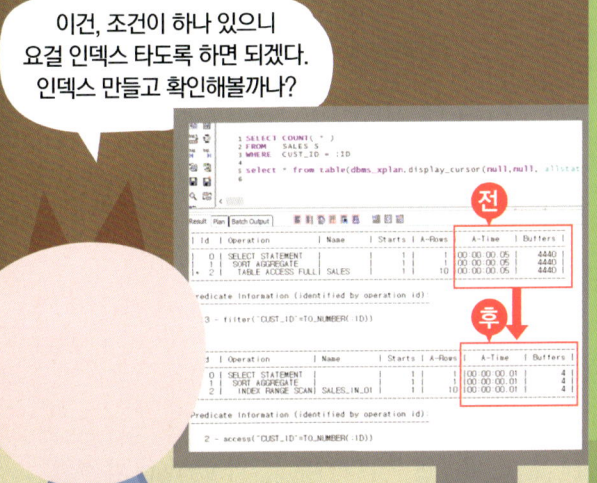

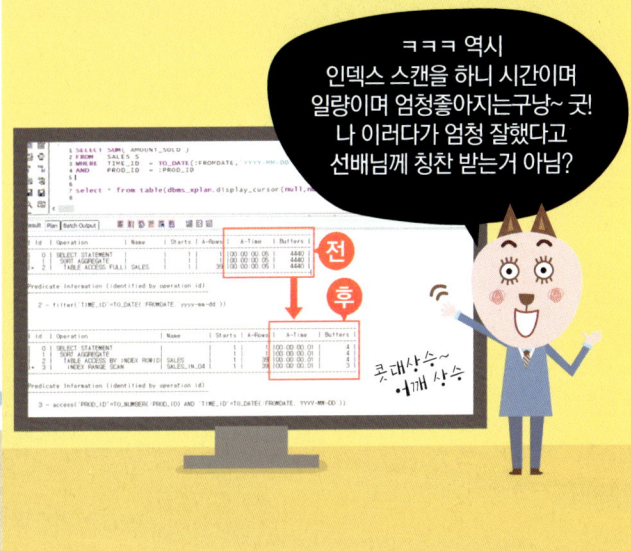

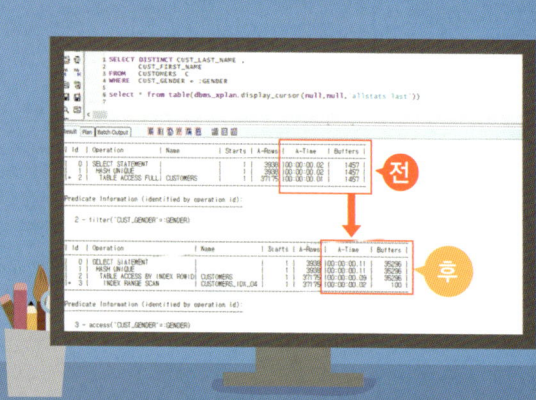

이 쿼리 잘 봐! 조건이 Gender잖어. Gender가 뭐야? 남자아니면 여자인데. 이건 인덱스를 만들어도 추출되는건 수가 많지 않겠어? 인덱스를 생성할 때는 그냥 생성하는 것이 아니라 해당 컬럼의 효율성! 즉, NDV(Number of Distinct Value) 값을 따져봐야 한다구!!

네? 전... 그냥 아무 생각없이 인덱스를 만들면 다 좋아질 줄 알고... 인덱스만 만들었는데...

이그!!

선배님 그리고 NDV가 뭐예요? 제가 아직 공부가 미흡한지라.

잘들어! 선배의 미니 강의를~!

미니 강의 ✨

#NDV: Number of Distinct Value의 약자이며 특정 Column에 Unique값이 얼마나 존재하는지를 뜻한다. 예를들어, Column c1이 {1, 2, 3, 4, 5} 다섯 가지 종류의 값으로 이루어져 있다면 NDV(C1) = 5가 된다

인덱스에서 추출되는 건수가 많으면 많을 수록 Table Random Access가 증가하므로 인덱스를 생성할 때는 해당 컬럼의 효율성을 알아볼 수 있는 NDV(Number of Distinct Value) 값을 잘 확인하고 따져봐야 한다.

즉, Table Full Scan이 항상 비효율적인 것은 아니다.

그렇군요! 제가 아무생각없이 인덱스를 만들어서 그렇군요, 지금까지 인덱스를 만들면 성능이 좋아져서 다 그런건 줄 알았어요... 제가 생각이 짧았네요.

튜닝을 할때는 쿼리가 가지고 있는 의미나 기타 조건들에 대해서 항상 생각하고 조사하고 확인해야 해! 100% 모든 경우가 이렇다는 것은 없으니, 항상 공부하고! 알겠느냐?

Yes, Sir! 명심하겠습니다. 남은 쿼리들은 NDV도 하나하나 확인하고 조금 더 신중하게 확인해보겠습니다. 계속해서 많은 가르침 부탁드려요~ 선배님~

큐군... 근데 나 배고파 우리 뭐 요기 좀 하고 오자~ㅎㅎ

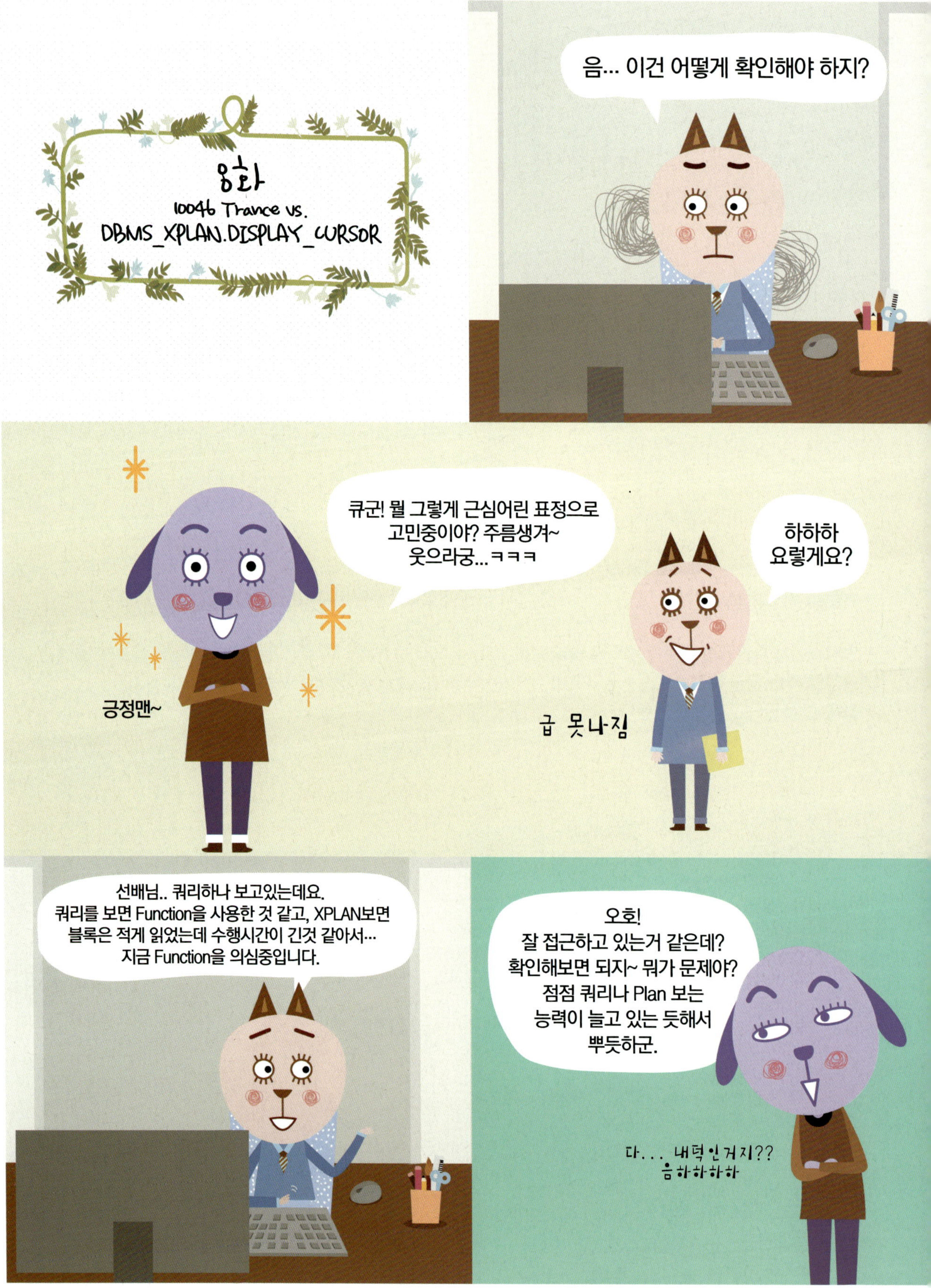

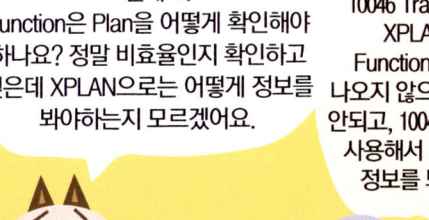

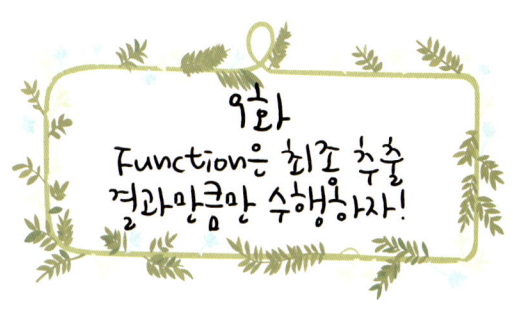

그림1

```
WITH T_T1 AS (
        SELECT *
          FROM T1
         WHERE c2 IN ('A','B','C')
), T_T2 AS (
        SELECT *
          FROM T2
         WHERE c2 IN ('A','B','C')
           AND c3 <= 10
)
SELECT t1.*,
       t2.*
  FROM T_T1 T1,
       T_T2 T2
 WHERE t1.c1 = T2.c1
   AND t1.c2 = 'A' ;
```

Id	Operation	Name	Rows	Bytes	Cost (%CPU)	Time
0	SELECT STATEMENT		1092	17472	335 (2)	00:00:05
* 1	HASH JOIN		1092	17472	335 (2)	00:00:05
* 2	TABLE ACCESS FULL	T2	1092	10920	277 (1)	00:00:04
* 3	TABLE ACCESS FULL	T1	3870	23220	57 (4)	00:00:01

그림2

```
WITH T_T1 AS (
        SELECT /*+ MATERIALIZE */
               *
          FROM T1
         WHERE c2 IN ('A','B','C')
), T_T2 AS (
        SELECT /*+ MATERIALIZE */
               *
          FROM T2
         WHERE c2 IN ('A','B','C')
           AND c3 <= 10
)
SELECT T1.*,
       T2.*
  FROM T_T1 T1,
       T_T2 T2
 WHERE t1.c1 = t2.c1
   AND t1.c2 = 'A' ;
```

Id	Operation	Name	Rows	Bytes	Time
0	SELECT STATEMENT		122	5490	00:00:05
1	TEMP TABLE TRANSFORMATION				
2	LOAD AS SELECT				
* 3	TABLE ACCESS FULL	T1	11172	67032	00:00:01
4	LOAD AS SELECT				
* 5	TABLE ACCESS FULL	T2	1092	10920	00:00:04
* 6	HASH JOIN		122	5490	00:00:01
7	VIEW		1092	31668	00:00:01
8	TABLE ACCESS FULL	SYS_TEMP_0FD9D6683	1092	10920	00:00:00
* 9	VIEW		11172	174K	00:00:01
10	TABLE ACCESS FULL	SYS_TEMP_0FD9D6682	11172	67032	00:00:00

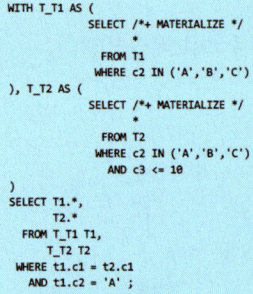

— 어? 이 쿼리에는 Materialize 힌트가 부여되었네요?

— 응! 쿼리를 보면 알겠지만. 사실 이 쿼리는 With절을 SQL에서 각각 1회만 수행되었기 때문에 Materialize 동작방식이 아닌 Inline View 동작방식으로 수행 돼. 그림1 처럼. 하지만, 그림2 처럼 Materialize 힌트를 부여하자 Global Temporary Table을 이용하는 Materialize 동작방식으로 수행되는 것을 확인 할 수 있어.

자. 그 다음 여기도 봐봐~ Inline View 동작방식이야

그림3

```
WITH T_T1 AS (
        SELECT *
          FROM T1
         WHERE c2 IN ('A','B','C')
), T_T2 AS (
        SELECT *
          FROM T2
         WHERE c2 IN ('A','B','C')
           AND c3 <= 10
)
SELECT T1.*,
       T2.*
  FROM T_T1 T1,
       T_T2 T2
 WHERE t1.c1 = t2.c1
   AND t1.c2 = 'A'
UNION ALL
SELECT T1.*,
       T2.*
  FROM T_T1 T1,
       T_T2 T2
 WHERE t1.c1 = t2.c1
   AND t1.c2 = 'B' ;
```

Id	Operation	Name	Rows	Bytes	Cost (%CPU)	Time
0	SELECT STATEMENT		244	10980	13 (54)	00:00:01
1	TEMP TABLE TRANSFORMATION					
2	LOAD AS SELECT					
* 3	TABLE ACCESS FULL	T1	11172	67032	58 (6)	00:00:01
4	LOAD AS SELECT					
* 5	TABLE ACCESS FULL	T2	1092	10920	277 (1)	00:00:04
6	UNION-ALL					
* 7	HASH JOIN		122	5490	7 (15)	00:00:01
8	VIEW		1092	31668	2 (0)	00:00:01
9	TABLE ACCESS FULL	SYS_TEMP_0FD9D	1092	10920	2 (0)	00:00:00
* 10	VIEW		11172	174K	4 (0)	00:00:01
11	TABLE ACCESS FULL	SYS_TEMP_0FD9D	11172	67032	4 (0)	00:00:00
* 12	HASH JOIN		122	5490	7 (15)	00:00:01
13	VIEW		1092	31668	2 (0)	00:00:01
14	TABLE ACCESS FULL	SYS_TEMP_0FD9D	1092	10920	2 (0)	00:00:00
* 15	VIEW		11172	174K	4 (0)	00:00:01
16	TABLE ACCESS FULL	SYS_TEMP_0FD9D	11172	67032	4 (0)	00:00:00

그림4

```
WITH T_T1 AS (
        SELECT /*+ INLINE */
               *
          FROM T1
         WHERE c2 IN ('A','B','C')
), T_T2 AS (
        SELECT /*+ INLINE */
               *
          FROM T2
         WHERE c2 IN ('A','B','C')
           AND c3 <= 10
)
SELECT T1.*,
       T2.*
  FROM T_T1 T1,
       T_T2 T2
 WHERE t1.c1 = t2.c1
   AND t1.c2 = 'A'
UNION ALL
SELECT T1.*,
       T2.*
  FROM T_T1 T1,
       T_T2 T2
 WHERE t1.c1 = t2.c1
   AND t1.c2 = 'B' ;
```

Id	Operation	Name	Rows	Bytes	Cost (%CPU)	Time
0	SELECT STATEMENT		2184	34944	669 (51)	00:00:09
1	UNION-ALL					
* 2	HASH JOIN		1092	17472	335 (2)	00:00:05
* 3	TABLE ACCESS FULL	T2	1092	10920	277 (1)	00:00:04
* 4	TABLE ACCESS FULL	T1	3870	23220	57 (4)	00:00:01
* 5	HASH JOIN		1092	17472	335 (2)	00:00:05
* 6	TABLE ACCESS FULL	T2	1092	10920	277 (1)	00:00:04
* 7	TABLE ACCESS FULL	T1	3687	22122	57 (4)	00:00:01

자, 이쿼리도 왼쪽은 With절이 SQL에서 각각 2회 이상 사용되어 Materialize 동작으로 수행된거고, 오른쪽은 Inline 힌트를 부여해서 수행한거야. 어때? 어떻게 비교해서 보니까 동작방식이 이해되지?

오호...이렇게 비교해서 보니까 조금은 와 닿는것 같습니다. 선배님! 어쨌든 이 두 동작방식에 따라서 성능 개선시 목적에 맞게 활용할 수 있겠네요!!

나이스~

배고파~~

그렇지! 상황에 맞게 성능을 개선하는데 도움이 되겠지? 그럼 With절을 가지고 어떻게 성능개선에 활용되는지도 함 볼까나? 어랏? 벌써 점심시간이네? 시간 금방가는구나~ 금강산도 식후경~ 활용은 **밥먹고 보장**!

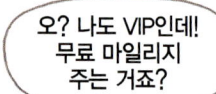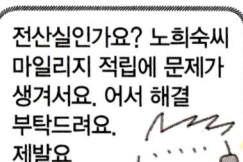

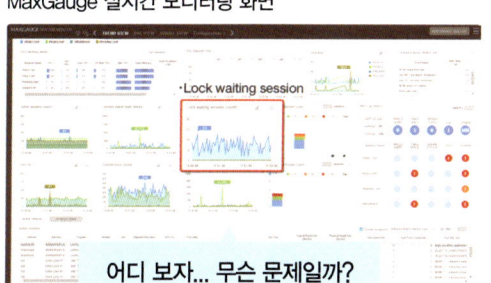
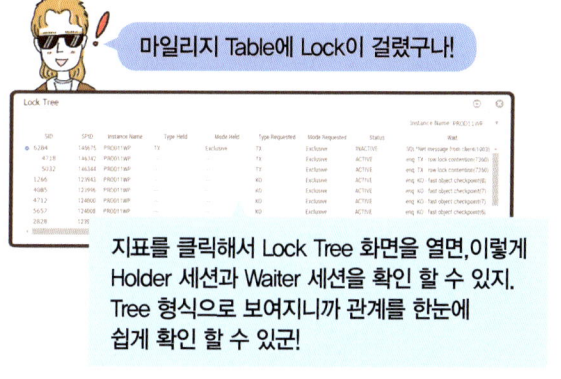
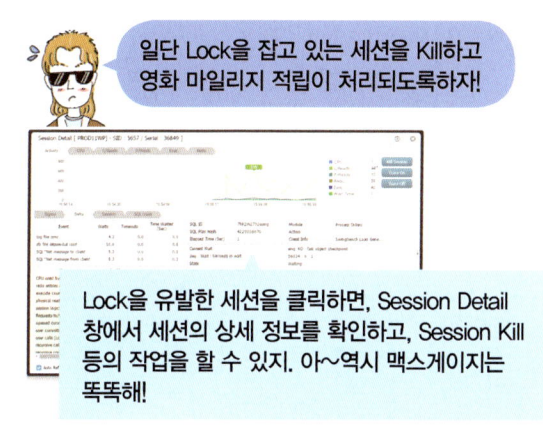

아~ 참으로 올바른 신입이군...

이라고 할 줄 알았나?

비장

맥스게이지는 Alert 기능이 있지. 이 기능을 활용했다면 지금 자네곁에 다른 업무들이 그렇게 쌓여있진 않았을거야! 맥스게이지 Alert 기능은 사용자가 CPU, Lock Wating Session 등 문제가 될만한 지표에 임계치를 설정하고 그 값이 넘어가면 알람 메시지가 뜨는 기능이지.

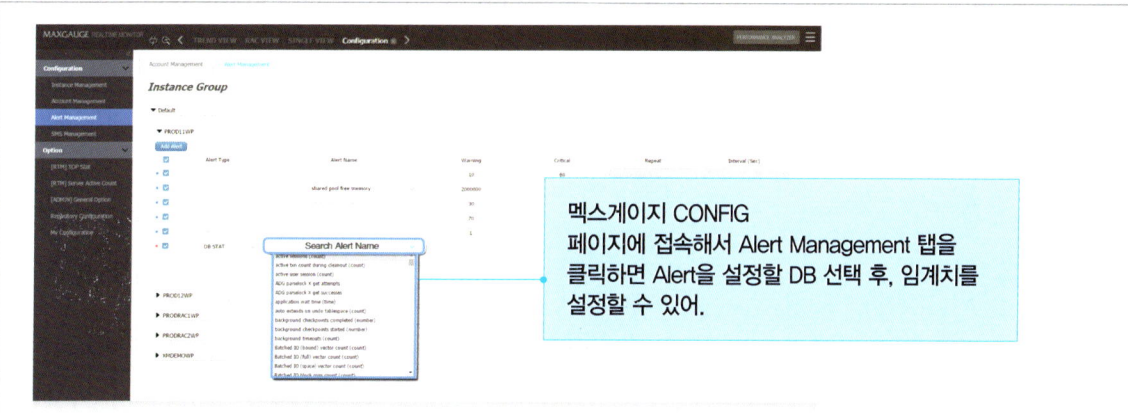

멕스게이지 CONFIG 페이지에 접속해서 Alert Management 탭을 클릭하면 Alert을 설정할 DB 선택 후, 임계치를 설정할 수 있어.

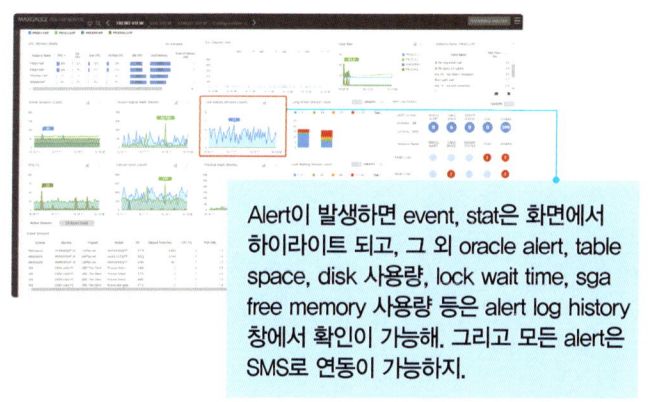

Alert이 발생하면 event, stat은 화면에서 하이라이트 되고, 그 외 oracle alert, table space, disk 사용량, lock wait time, sga free memory 사용량 등은 alert log history 창에서 확인이 가능해. 그리고 모든 alert은 SMS로 연동이 가능하지.

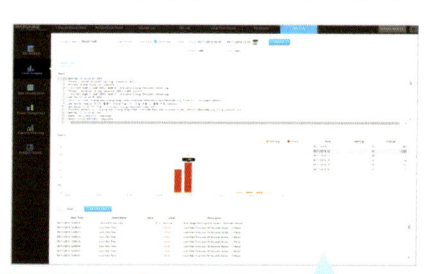

만약 실시간 확인을 놓쳤어도 걱정할 필요 없어. 사후 분석시에도 모든 정보가 기록으로 남아 있으므로, 분석에 도움이 되지.
(Oracle Alert, STAT, EVENT 임계치 정보)

우아, 정말 감격스러운 기능이네요. 이 기능을 진작 알았더라면...ㅠㅠ
선배님, 저 좀 자고 와도 될까요?

어딜가~ 쌓인 업무 마저해야지!!!

일자별로 조회도 가능하지만! 특정한 기간의 성능을 비교하려면 Daily Trend 기능을 사용하면 편리하다구!

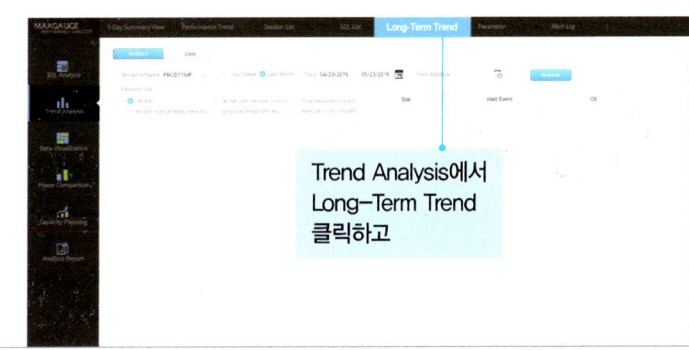

Trend Analysis에서 Long-Term Trend 클릭하고

원하는 날짜 및 기간, 등 조건 검색하면!

조회 결과가 나타남

선배님...MaxGauge는 정말 알 수록 감동적이에요!

그럼! MaxGauge가 있으니까 DBA들이 그나마 커피브레이크라도 갖는거 아니겠어? 이제 커피마시러 가자~!

잠시 뒤

선배님! 보고서 다 작성했습니다. 오라클 업그레이드 하니까 DB 주요 지표 평균이 전과 비교해서 전체적으로 5~10%정도 개선된 것 같아요!!

음~이렇게 간단하게 자료 뽑으니 좋지? 자, 이렇게 팀장님께 보고 드리자!

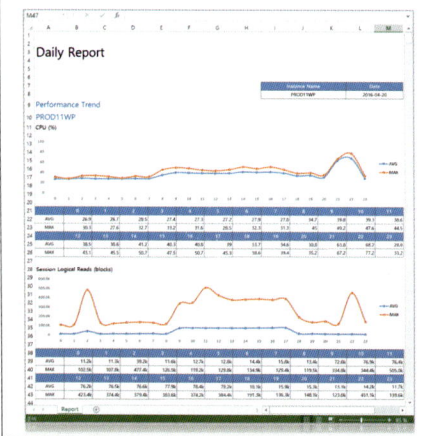

MaxGauge Performance Analysis를 실행하고 SQL Analysis 의 Top-N Analysis 화면에서 SQL 탭을 클릭해서 보면돼~

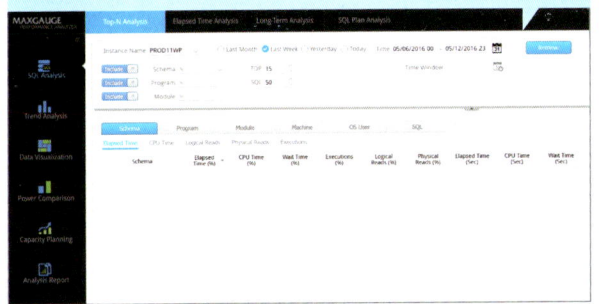

Instance명 및 Top SQL 조회 기간, TOP SQL 개수 설정 후 Retrieve 적용하면 결과가 나오지.

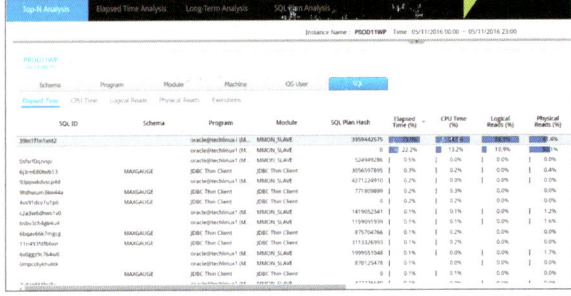

TOP SQLs는 특정 구간 사이(상단Bar에 표시된 구간)에 수행되었던 SQL중 Elapsed Time이 가장 길었던 상위 10개의 SQL에 대하여, 오라클 일량에 대한 누적 치, 평균치 및 SQL수행시간, CPU사용 시간(초), 대기 Event에 대한 대기 시간(초) 및 Full SQL Text를 제공하지.

TOP SQLs은 오라클 성능지표 중 튜닝 시에 중요한 항목으로 여겨지는 Session logical reads, Physical reads, Table scan blocks gotten, Table scan rows gotten, Redo entries, Sorts-rows, Execute count에 대한 누적 일량 및 1회 수행당 일량을 표시하며, Elapsed Time, CPU Time 및 대기 Event 별 누적 대기시간을 표시해.

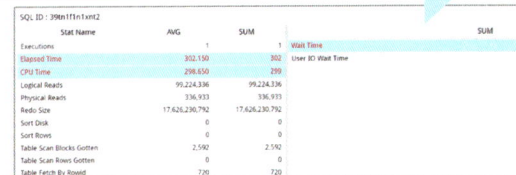

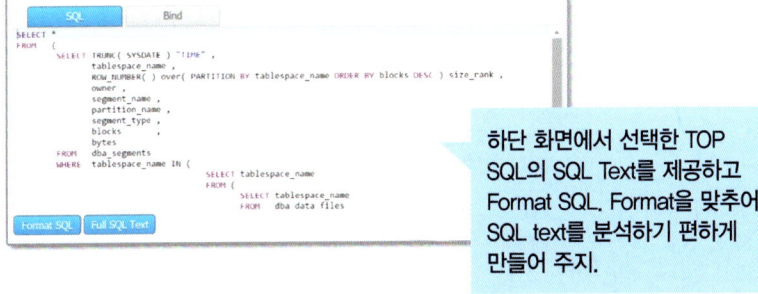

하단 화면에서 선택한 TOP SQL의 SQL Text를 제공하고 Format SQL. Format을 맞추어 SQL text를 분석하기 편하게 만들어 주지.

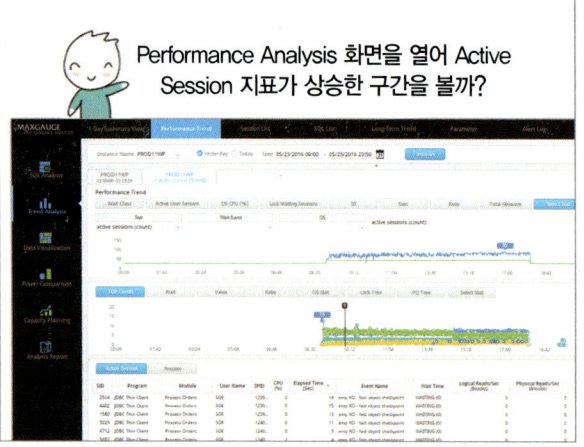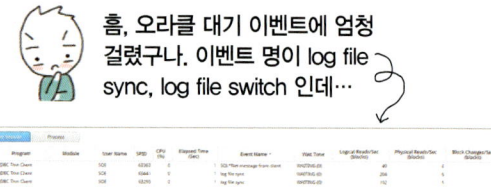

이벤트 명을 클릭하면 Event Description이 있어. 여길 통해 해당 이벤트에 대한 정보로 바로 연결되지. log file sync는 경합이 일어났다긴 보다는 commit을 하고 단순히 대기하는 경우 발생하고, log file switch completion은 리두 로그 파일이 꽉 차서 더 이상 쓰기를 할 수 없을 때, 로그 파일 스위치가 끝날 때까지 대기 할 때 발생한다는 걸 알 수 있겠지!

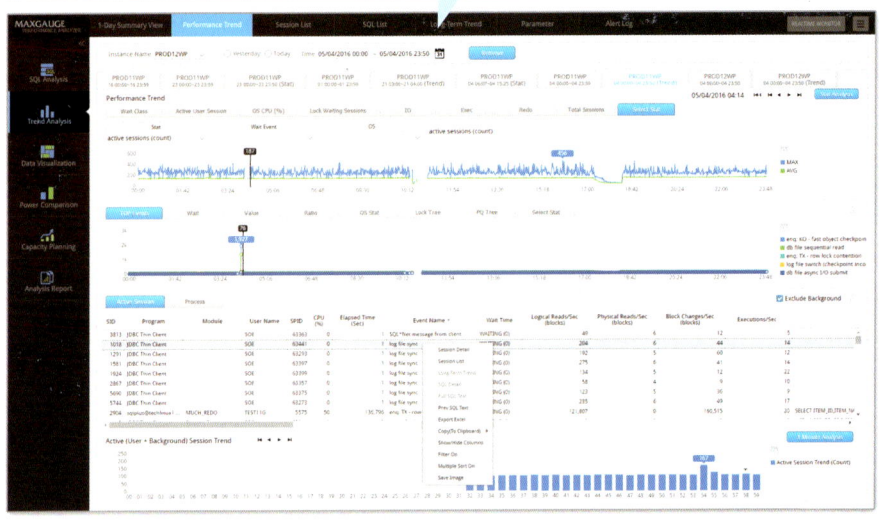

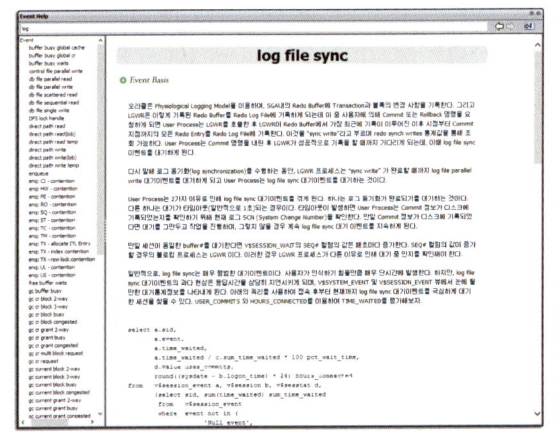

만약 전체적인 정보를 보고 싶다면 HELP 페이지로 이동해서 자주 발생하는 주요 이벤트를 검색해서 찾아 볼 수도 있어. 이 정보로도 부족하다면 집에서 엑셈이 제공하는 "오라클 백과사전"(http://www.exemwiki.com) 사이트에 들어가 보고, 엑셈에서 발간한 서적들도 참고하도록!

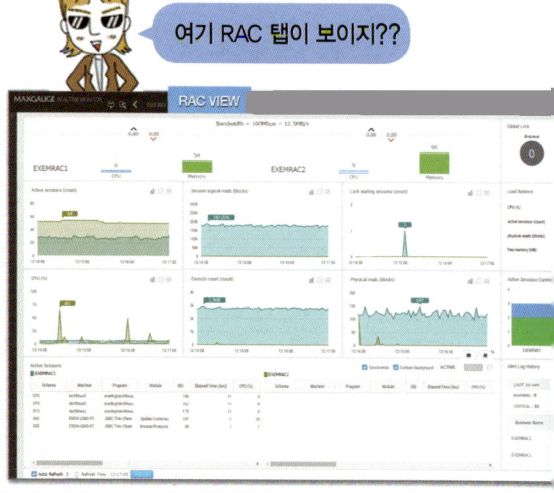

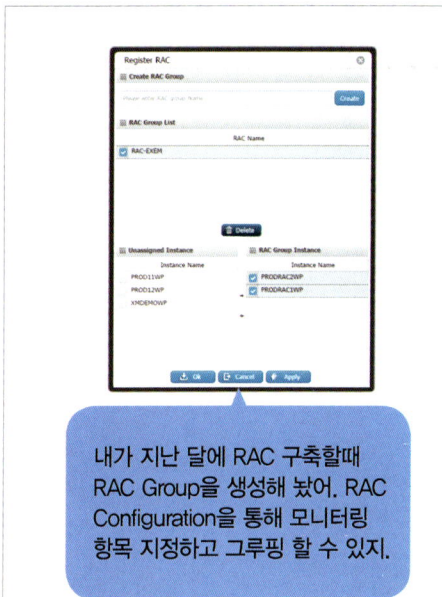

내가 지난 달에 RAC 구축할때 RAC Group을 생성해 놨어. RAC Configuration을 통해 모니터링 항목 지정하고 그루핑 할 수 있지.

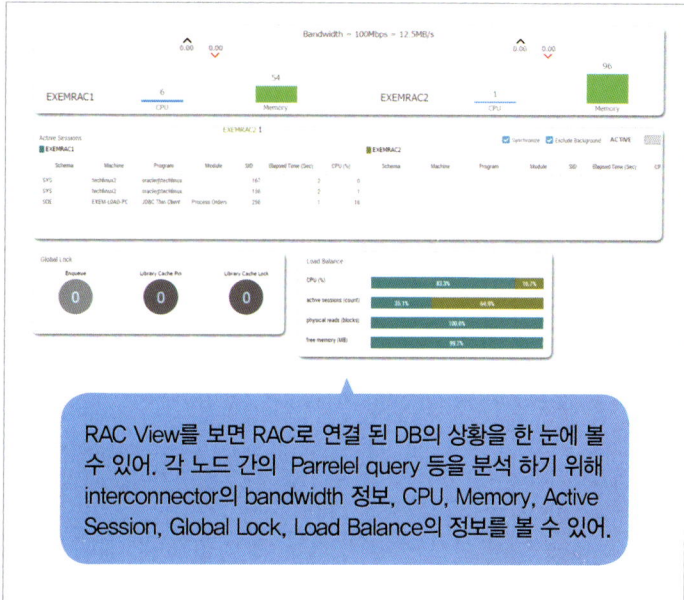

RAC View를 보면 RAC로 연결 된 DB의 상황을 한 눈에 볼 수 있어. 각 노드 간의 Parrelel query 등을 분석 하기 위해 interconnector의 bandwidth 정보, CPU, Memory, Active Session, Global Lock, Load Balance의 정보를 볼 수 있어.

우앙~! 제가 원하던 정보가 바로 이거에요!!

선배님, 저 부장님께 당장 좀 다녀 올게요!!

하~ 오늘도 맥스게이지 때문에 선배 역할 톡톡히 했네~ 오랜만에 맥콜 한잔?

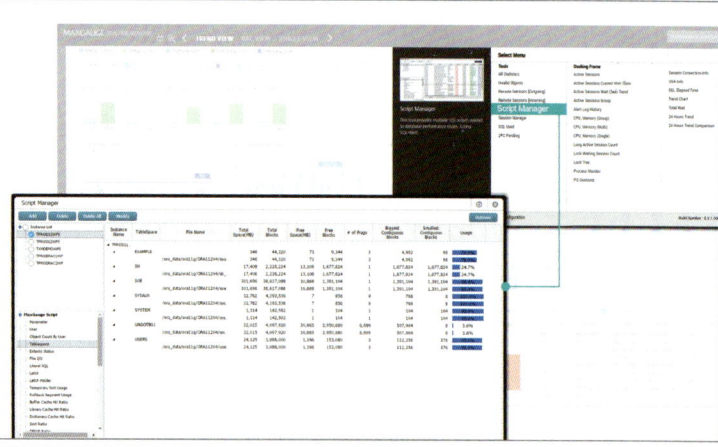
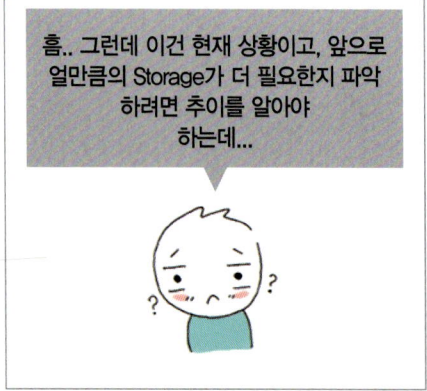

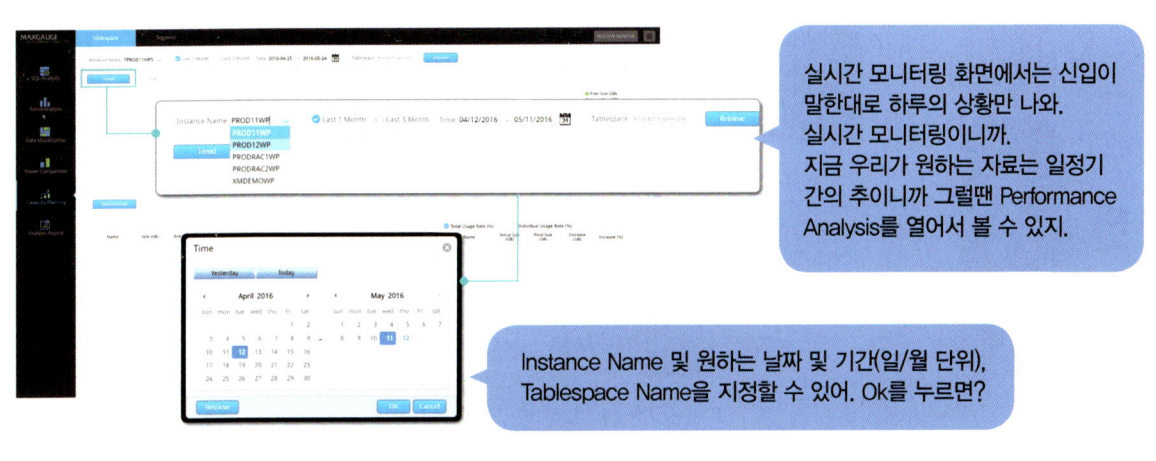
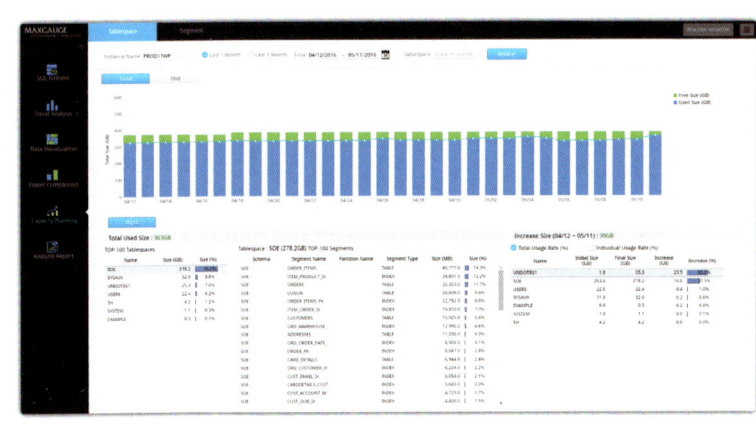

상단에 SQL List 탭 보이지? 클릭 하면 바로 이런 화면이 뜬단다. 얘야~

SQL List는 Schema, Program, Module, SQL 수행시간, 수행구간, 일량 발생량 등 다양한 필터 조건을 통해 사용자가 검색하기를 원하는 SQL 데이터를 보여주지.

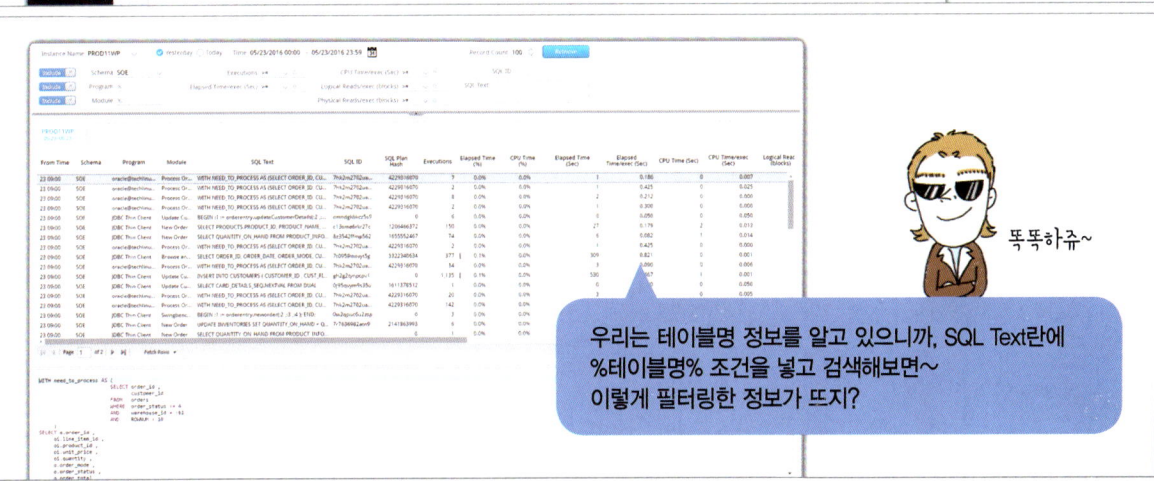

우리는 테이블명 정보를 알고 있으니까, SQL Text란에 %테이블명% 조건을 넣고 검색해보면~
이렇게 필터링한 정보가 뜨지?

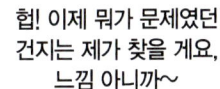

헙! 이제 뭐가 문제였던 건지는 제가 찾을 게요, 느낌 아니까~

아 역시! 선배님, 2시 즈음 개발팀 유저가 Table에 alter문을 수행한 내역이 있습니다.

누구야 그게? 수강신청하는 날 정보를 변경하면 어떡해?

그게.. 저와 친한 개발팀 동기네요.

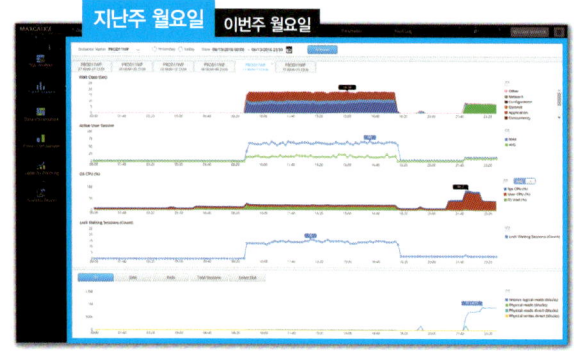
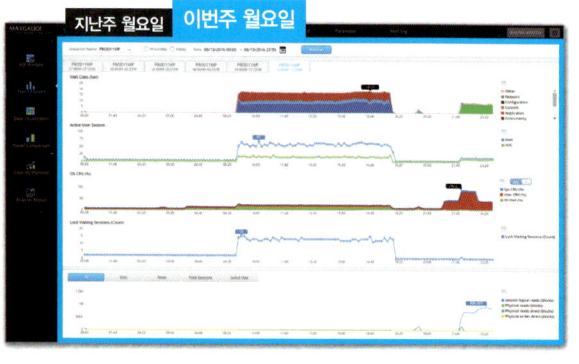

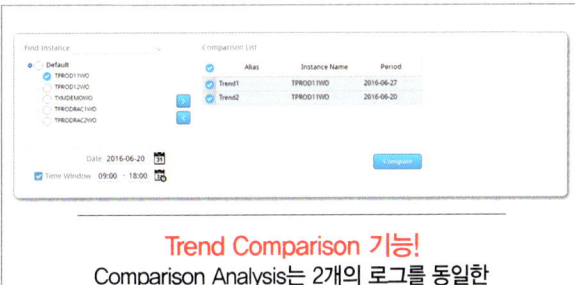

Trend Comparison 기능!
Comparison Analysis는 2개의 로그를 동일한 시간 축으로 동시에 비교하는 기능을 제공하지. 비교하고자 하는 날짜의 로그를 선택하면~

이렇게 두 날짜 로그의 정보가 그래프로 겹쳐져 보여, 서로 다른 Instance간, 또는 날짜가 서로 다른 로그 데이터로 DB의 일량 및 대기시간, Session정보, Process, 리소스 사용량 등을 상호 비교할 수 있어.

시간대를 자세하게 들여다 보니 지난 주 동일 시간대에 비해 오늘이 훨씬 일량이 많네요~!

보아하니 처음보는 SQL들에 의해 DB일량이 급증하고 있어요. 지난주에는 수행되지 않았던 배치인 것 같은데요.

이런 누군가 일량이 많은 배치 작업을 아침 시간대 돌려서 다른 서비스들이 전체적으로 느려진 거였군!

신입, 따라와! 누가 그랬는지 잡으러 가자!

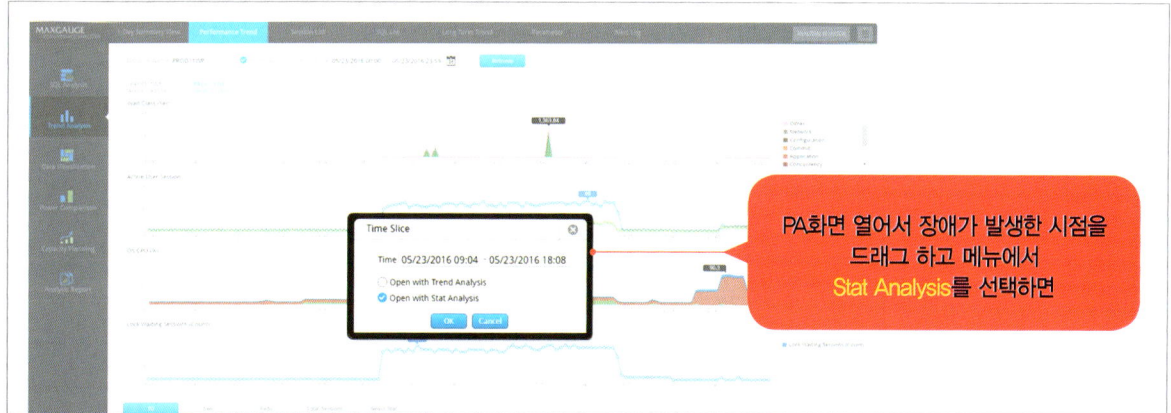

PA화면 열어서 장애가 발생한 시점을 드래그 하고 메뉴에서 Stat Analysis를 선택하면

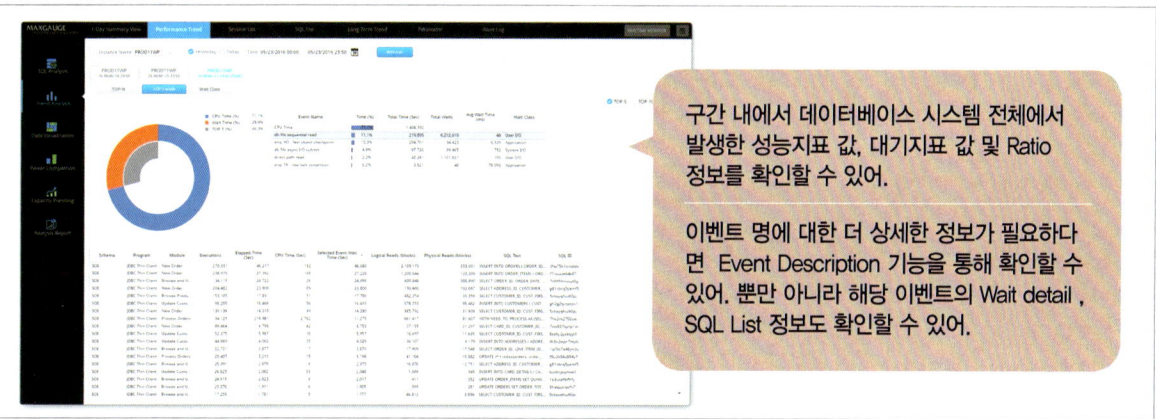

구간 내에서 데이터베이스 시스템 전체에서 발생한 성능지표 값, 대기지표 값 및 Ratio 정보를 확인할 수 있어.

이벤트 명에 대한 더 상세한 정보가 필요하다면 Event Description 기능을 통해 확인할 수 있어. 뿐만 아니라 해당 이벤트의 Wait detail, SQL List 정보도 확인할 수 있어.

우아~ 클릭 몇번으로 원인을 바로 분석 할 수 있으니까 좋네요~!

이제 식사하러 가도 될까요? 헤헤

그래 나도 밥 먹어야 겠어. 머리썼더니 배가 고파 다이어트는 개나주자 ㅋㅋ

후다닥~

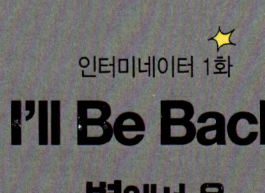

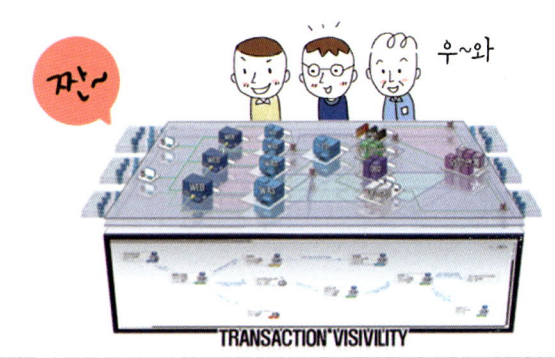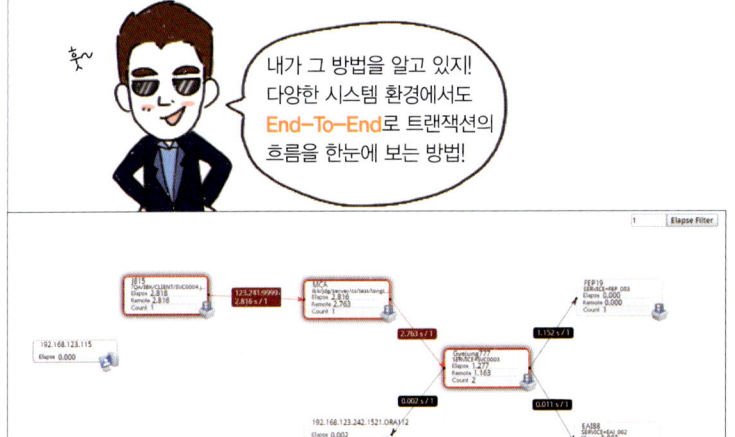

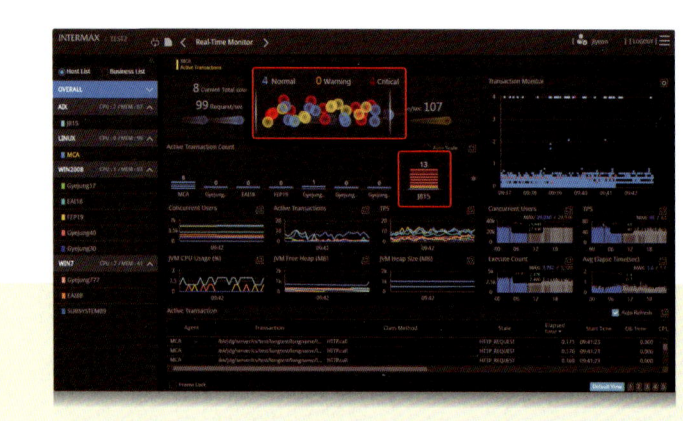

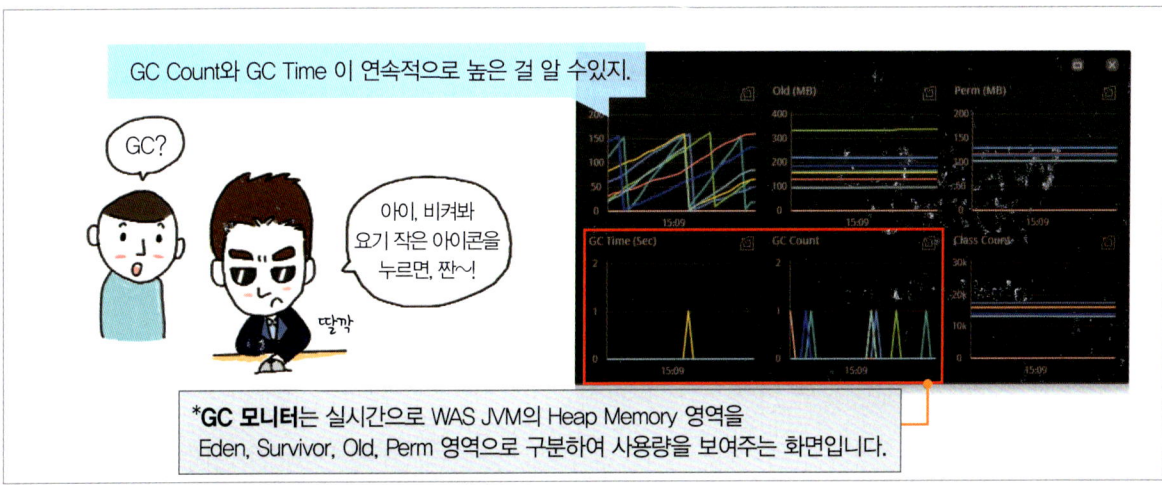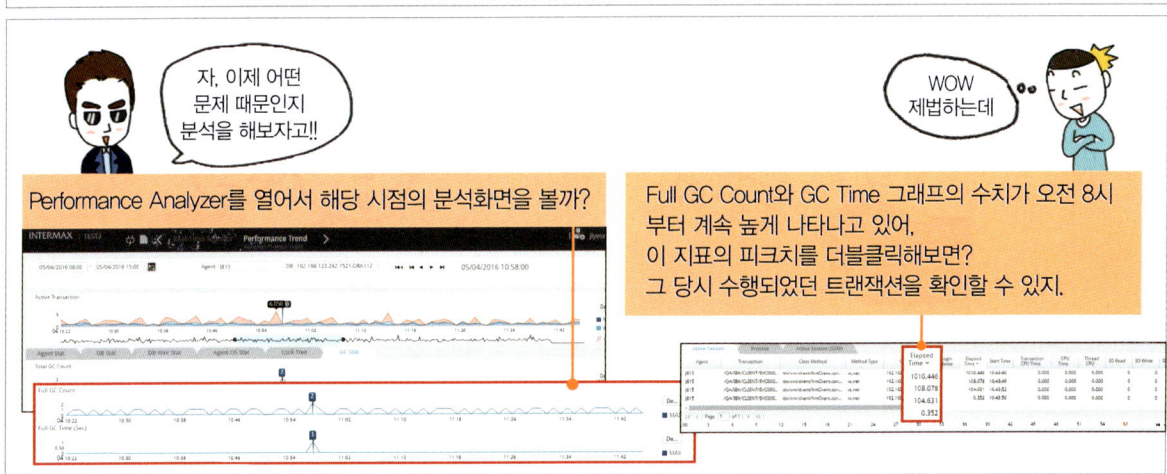

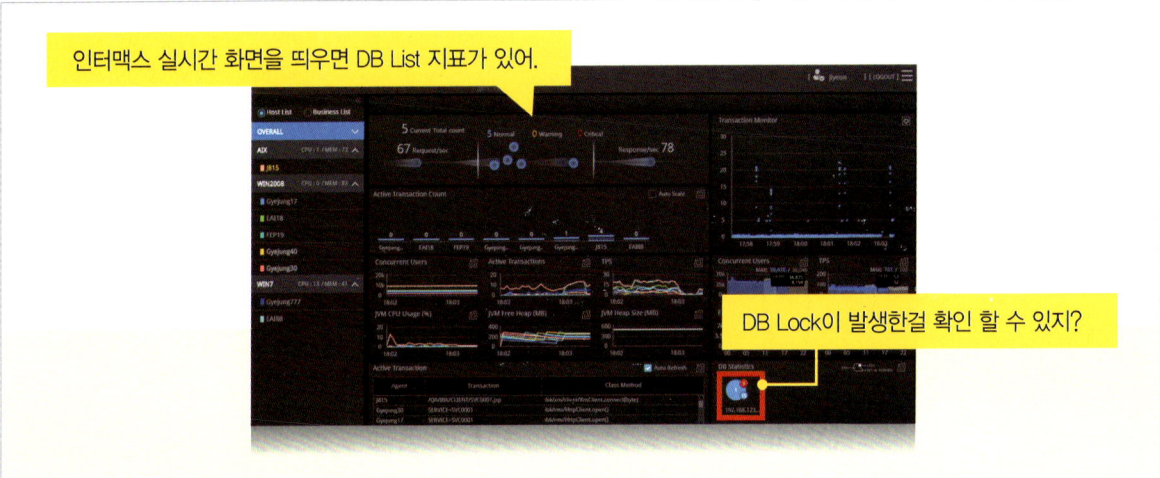

인터맥스 실시간 화면을 띄우면 DB List 지표가 있어.

DB Lock이 발생한걸 확인 할 수 있지?

Perfomance Analyzer를 시켜 DB Trend 화면을 띄우고 Lock이 발생한 시간대를 조회하면,

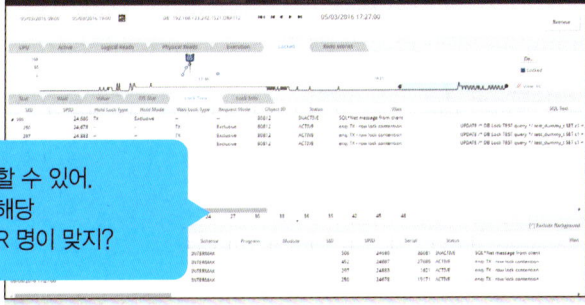

Lock Tree와 Active 세션 정보를 이렇게 한눈에 확인할 수 있어.
실제로 DB Lock에 의한 서비스 지연 발생하고 있고 해당
DB USER 명을 확인하니 WAS 쪽에서 사용하는 USER 명이 맞지?

그렇군!

이제 문제 원인을 분석해보자고!

DB Lock 발생하는 대부분은 connection commit () 하지 않은 Transaction이 있을 경우야.
Lock을 잡고 있는 Application에 이런 문제가 있는지 분석해 보기 위해 Call Tree 화면으로 이동!

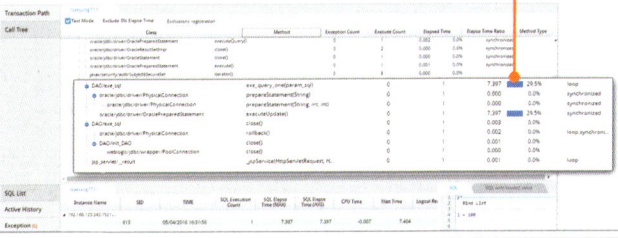

역시 예상대로 connection commit ()
이 처리되지 않은 Transaction이 있네.
그래서 Lock 이 발생한 거였어~!

Call Tree 화면에서
Application 내부의 호출구조가
정확히 표현되어 있어서
분석하기에 아주 편하군!!!

우아~

역시 감탄하는군~
오늘도 문제 해결~

음하하하

뿌듯~

개발자에게 수정 요청 해야겠네!
인터미네이터 고마워!

황당, 얘 어디갔니?

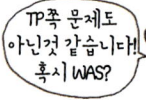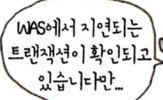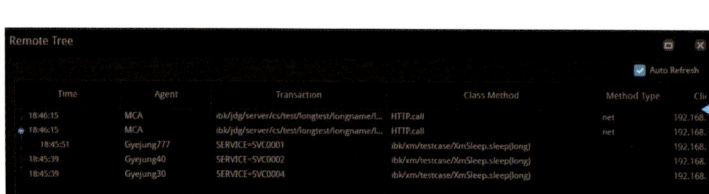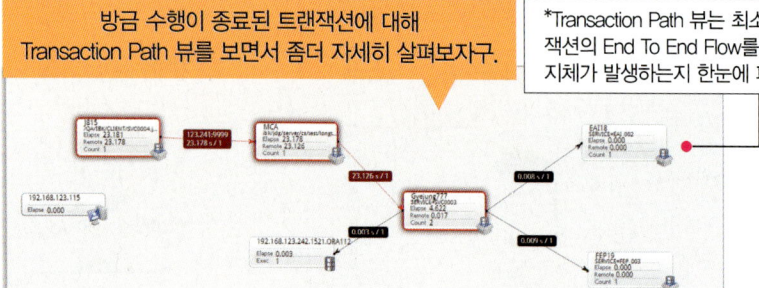

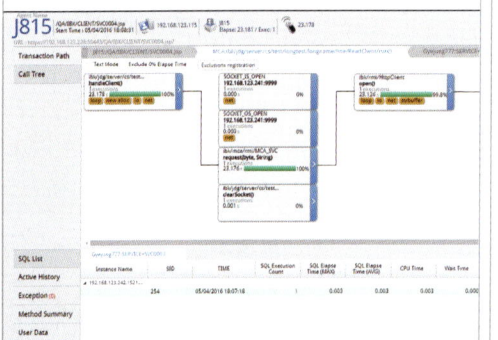

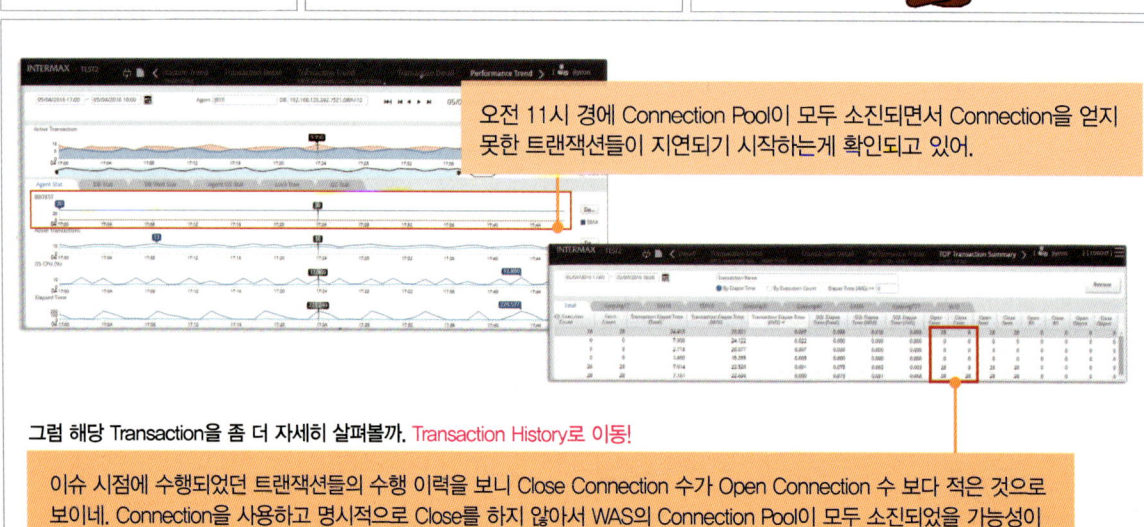

인터미네이터, 천천히 좀 해. 못 따라가겠다구~

인터맥스 조회 속도는 역시 LTE급이야~ 하하하

JAVA Source Viewer를 가동시켰네~

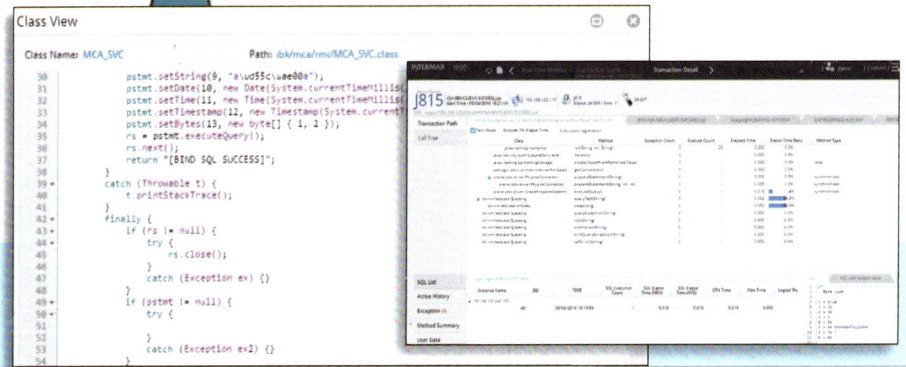

음, 예상대로 connection, close();가 누락되어있네~

개발자가 실수했나보네... 아참 Connection Pool Monitor 화면을 실시간 모니터링 화면에서 본 기억이 있어!

오랜만에 예리하네, 아니 처음인가? ㅎㅎ 난 바빠서 이만!

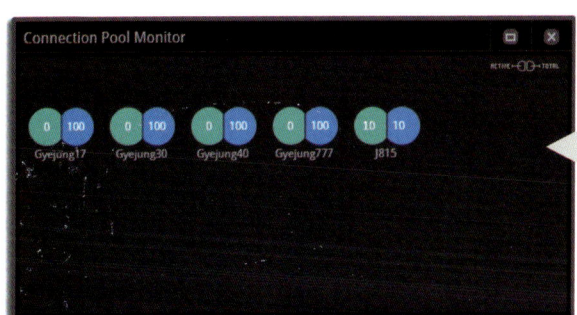

인터맥스 실시간 화면에서 Connection Pool을 모니터링 할 수 있습니다. WAS Container 혹은 인스턴스별로 현재 사용중인 Connection과 Idle Connection, 그리고 Connection Max값이 확인 가능합니다.

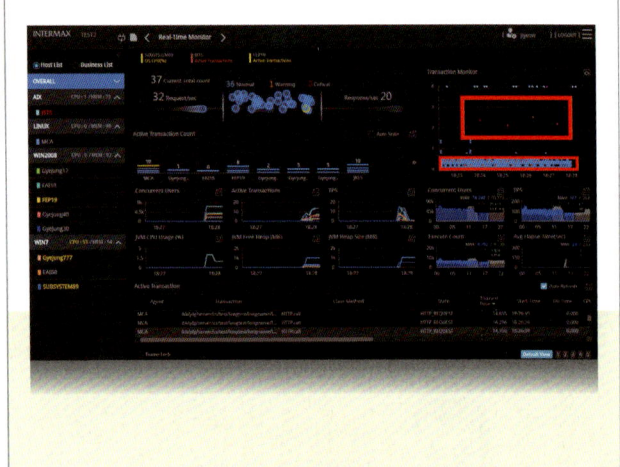

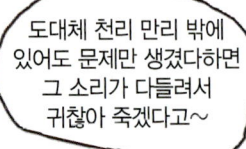

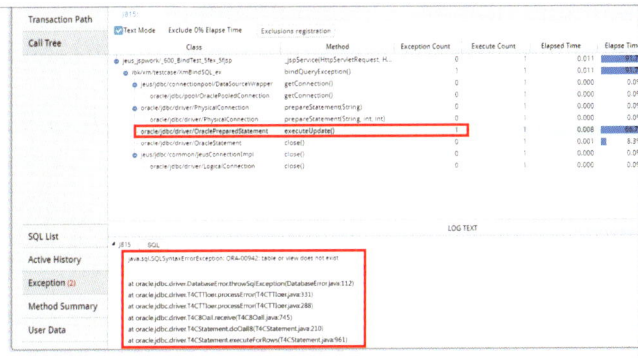

 그나저나 Exception이 왜 이렇게 많이 발생한거야?

 홈페이지에서 반값 이벤트를 방금 시작했는데 아무래도 관련된 문제인것 같아요~

 흠, 이럴 땐 이 빨간 점들 부분을 마우스로 드래그 해서 Transaction Detail로 이동하면 Exception이 발생한 Transaction을 상세 분석 할 수 있지.

 맞아, 해당 Transaction에서 발생한 Exception은 java.sql.SQLException으로 무결설 제약 조건 위배 관련 내용이군.

 역시 Exception이 발생한 Transaction이 모두 반값 이벤트와 관련된 Transaction이군요!

 우와, Transaction과 관련된 Exception을 바로 알 수 있어서 어떤 문제인지 바로 알수 있네요~

 이제 좀 알겠나? 굳이 순차적인 채번이 필요한 업무가 아닌데 Insert시 Max값+1 방식을 사용했구만, 채번 시 Sequence를 사용하도록~!

*참고: 채번 시 Max값 + 1 방식은 별도의 Transaction 동시성 제어를 하지 않으면 중복값이 채번되어 위와 같이 ORA-00001 에러를 만날 수 있다. 반드시 순차적인 채번이 필요한 상황이 아니라면 Sequence를 사용하는 것이 좋다.

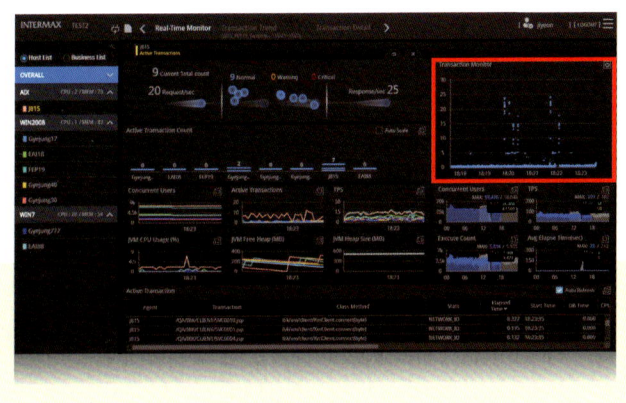

 변경하고 나니 더 이상 빨간점이 찍히지 않네요~ (신기방기) 문제해결ㅋㅋ 변경 완료

여기서 잠깐, 인터맥스는 아래와 같이 Exception 종류별로 해당 Exception을 발생시킨 Transaction List와 Exception 상세 내용은 물론 해당 Transaction의 Call Tree도 같이 확인할 수 있습니다!

인터맥스는 이렇게 WAS log를 일일이 확인하지 않고도 Transaction과 Exception을 연계해서 분석할 수 있어서 문제 원인을 빠르게 파악 할 수 있지~!

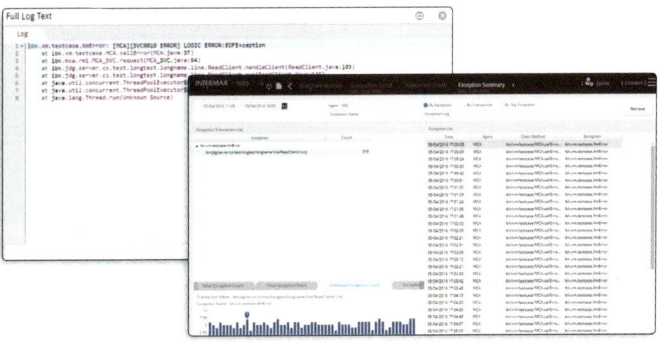

 모니터링 잘해~ "난 이만~! 안녕"

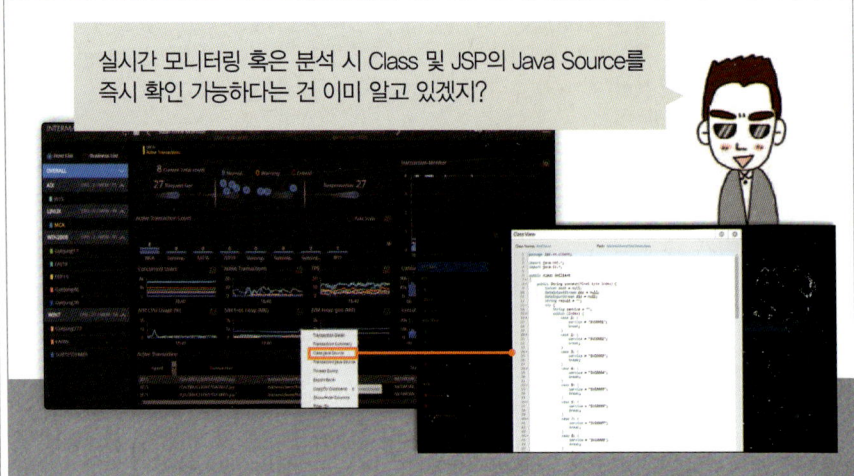

네? 당연하죠-!
(사실 지금 알았어요 ㅎㅎ)

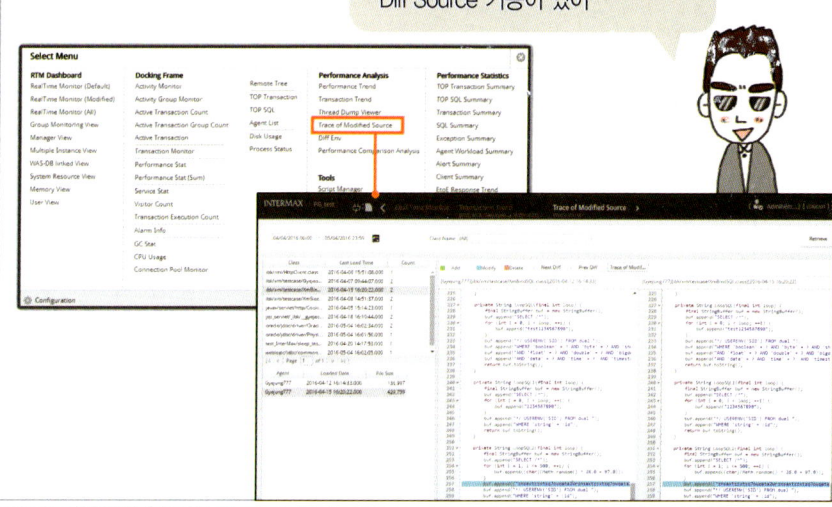

그리고 다음으로 인터맥스의
Performance Analyzer를 실행하면
Diff Source 기능이 있어

이렇게 한번 확인한 Java Source는 변경사항이 있을 때마다
자동으로 계속 Repository에 이력이 쌓이게 되지.
소스 변경이 발생해도 이력을 절대
놓칠 수가 없다는 거지~!

Diff Source 기능

Diff Source는 WAS에서 사용하는 Class Source의
변경 이력을 관리 할 수 있는 기능 입니다.
Source Download는 InterMax Configuration에서 설정한
이후부터 동작하며 WAS 재기동시마다 Source
변경 여부를 체크하여 변경된 Source를
계속하여 추가하는 방식으로 되어 있습니다.

와~!
다행이다. 인터맥스
니가 모든 히스토리를
갖고 있구나!!! 이제
맘편히 다리뻗고
자겠군. 음하하~

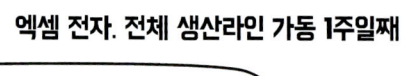

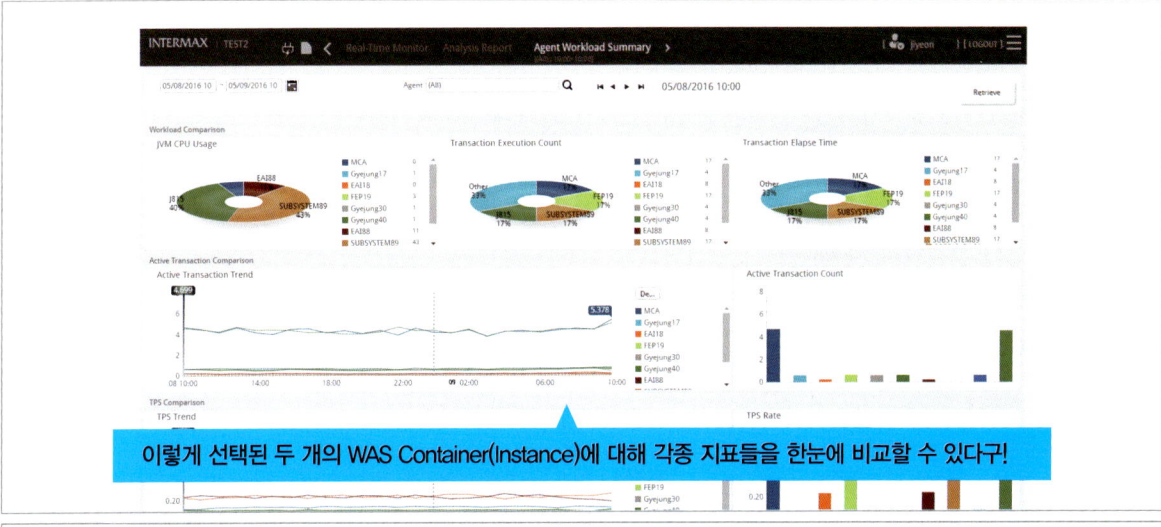

이렇게 선택된 두 개의 WAS Container(Instance)에 대해 각종 지표들을 한눈에 비교할 수 있다구!

CPU 비교.

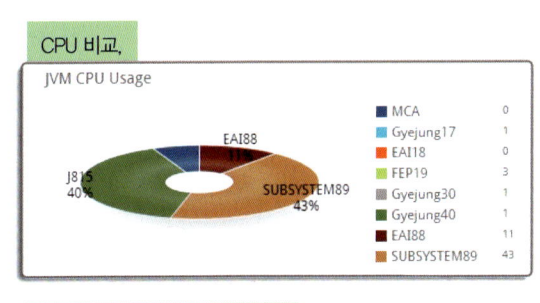

트랜잭션 수행 횟수 비교.

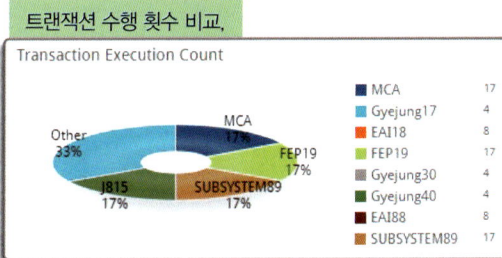

트랜잭션 응답시간 비교(AVG).

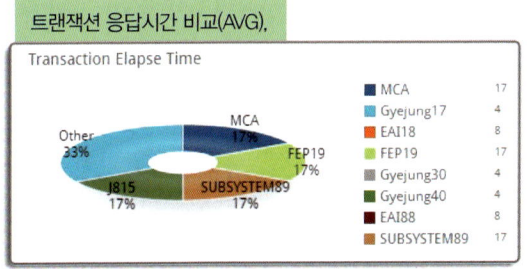

Active 트랜잭션 개수 비교.

트랜잭션 처리량 비교까지~!

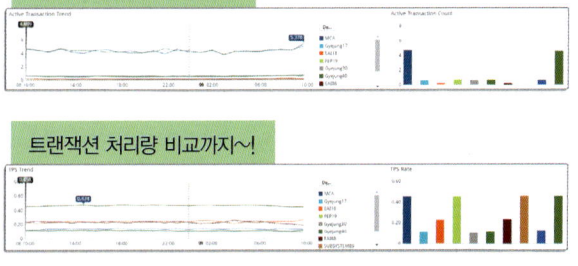

앗 이렇게 보니 17 WAS의 Workload량이 더 많다는 것이 명확히 확인 되네요!!

그렇지. 벌써 알아차렸군. 이렇게 보니 한 눈에 Workload 비교가 가능하지? Sevice Call이 한쪽으로 몰리고 있어. WAS 앞단의 L4를 한번 확인해봐!

예썰!!

결국 L4의 스케줄링 알고리즘을 Hash 방식에서 Round Robin 방식으로 변경하여 적절하게 로드밸런싱이 되도록 개선되었다는 해피엔딩 스토리~!